PRINCÍPIOS CONSTITUCIONAIS E INFRACONSTITUCIONAIS DO PROCESSO, PRESSUPOSTOS PROCESSUAIS E CONDIÇÕES DA AÇÃO

COM ÊNFASE NO PROCESSO DO TRABALHO

AUTORIA
MANOEL ANTONIO TEIXEIRA FILHO
MANUEL ANTONIO TEIXEIRA NETO

LTr

PRINCÍPIOS CONSTITUCIONAIS E INFRACONSTITUCIONAIS DO PROCESSO, PRESSUPOSTOS PROCESSUAIS E CONDIÇÕES DA AÇÃO

COM ÊNFASE NO PROCESSO DO TRABALHO

2023

LTr Editora Ltda.

Rua Jaguaribe, 571
CEP 01224-003
São Paulo, SP — Brasil
Fone: (11) 2167-1101
www.ltr.com.br
Junho, 2023

Projeto Gráfico e Editoração Eletrônica: Peter Fritz Strotbek - The Best Page
Projeto de Capa: Danilo Rebello
Impressão: Meta Brasil

Versão impressa: LTr 6407.0 — ISBN 978-65-5883-231-7
Versão digital: LTr 9891.4 — ISBN 978-65-5883-232-4

Dados Internacionais de Catalogação na Publicação (CIP)
(Câmara Brasileira do Livro, SP, Brasil)

Teixeira Filho, Manoel Antonio
Princípios constitucionais e infraconstitucionais do processo : pressupostos processuais : condições da ação (com ênfase no processo do trabalho) / Manoel Antonio Teixeira Filho, Manuel Antonio Teixeira Neto. — 1. ed. — São Paulo : LTr, 2023.

Bibliografia.
ISBN 978-65-5883-231-7

1. Direito processual do trabalho 2. Pressupostos processuais 3. Princípios constitucionais 4. Processo de execução — Brasil 5. Processo do trabalho — Brasil I. Teixeira Neto, Manuel Antonio. II. Título.

23-150689 CDU-347.9:331(81)

Índice para catálogo sistemático:

1. Brasil : Direito processual do trabalho
347.9:331(81)

Eliane de Freitas Leite - Bibliotecária - CRB 8/8415

Este livro é dedicado, in memoriam, *a* ***Aristides de Sousa Mendes****, Cônsul-geral de Portugal em Bordéus, sudoeste da França, responsável por salvar da fúria nazista, durante a Segunda Guerra Mundial, mediante a concessão de vistos de saída, milhares de pessoas, dentre as quais, expressivo número de judeus.*

Índice Sistemático da Matéria

Preâmbulo

Em outros livros de nossa autoria, fizemos considerações de ordem geral a respeito dos princípios constitucionais e infraconstitucionais do processo, assim como dos pressupostos processuais e das condições da ação.

Dedicamos, agora, a esses importantes temas um livro específico, no qual a análise de cada um deles recebeu mais subsídios históricos e doutrinais, assim como mereceu exame mais aprofundado e submeteu-se a uma visão com intensidade crítica.

Foram, também, inseridos novos exemplos extraídos da realidade prática, visando à melhor compreensão do assunto.

Além disso, incluímos outros princípios que nos pareceram apropriados para figurar nessa taxinomia e renomeamos alguns deles.

Os ilustres leitores haverão de perceber que alguns argumentos foram inseridos no exame de mais de um princípio; foram repetidos, enfim. Esse fato, todavia, não decorreu de inadvertência dos autores, como se possa imaginar, e sim de um propósito didático, levando-se em conta a autonomia de cada princípio tratado. Se o argumento fosse utilizado somente na análise de determinado princípio, acabaria não sendo conhecido por quem fosse consultar outros princípios.

Nas transcrições de textos constitucionais do passado, preferimos manter a ortografia da época.

De resto, foram realizadas as atualizações necessárias.

Os autores

Capítulo I

Generalidades

1. Conceito de princípio

Conquanto o processo, como instrumento jurisdicional de solução de conflitos de interesses, seja, substancialmente, uno, justificam-se as alusões ao processo *civil*, ao processo *penal*, ao processo *do trabalho* etc., pois, longe de desrespeitarem a unidade ontológica e conceitual de *processo*, essas alusões indicam a modalidade de lide, de conflito de interesses que o processo se destina a solucionar. Cuida-se, portanto, de manifesta reverberação do direito material no terreno processual.

Os princípios referentes ao processo judicial podem ser classificados, quanto à *extensão*, em: a) gerais; e b) específicos. Aqueles dizem respeito a todo e qualquer processo (civil, penal, trabalhista), ao passo que estes são próprios de cada processo, em particular.

Se adotarmos como critério a *destinação*, podemos classificar os princípios em três grupos básicos, que dizem respeito: a) à elaboração da norma processual; b) ao procedimento; e c) ao processo propriamente dito.

Enfim, a classificação do processo variará segundo o ângulo óptico que adotarmos para examiná-lo.

Considerando haver um nexo entre a experiência jurídica e o processo, cumpre-nos observar que, consoante pensamento doutrinário difundido, essa experiência pode ser estudada segundo três aspectos: a) norma; b) valor; e c) fato.

Sob a perspectiva:

a) da *norma*, edifica-se a *epistemologia* — ciência do direito positivo —, na qual se encontra a dogmática jurídica. A epistemologia, por sua vez, dedica-se ao estudo do direito como ordem normativa;

b) os *valores* são de natureza ética e constituem objeto da *deontologia* jurídica (ciência dos deveres);

c) à *culturologia* cabe o estudo do *fato*, aqui entendido como todo acontecimento da vida, capaz de provocar repercussão na ordem jurídica.

Muitos dos denominados *princípios gerais de direito* posicionam-se, topologicamente, entre a epistemologia e a deontologia e entre a norma e o valor.

O substantivo *princípio* (do latim *principium*, ii) é, reconhecidamente, polissêmico, significando o primeiro momento da existência de algo; começo, início; causa primeira, aquilo que serve de base para alguma coisa; ditame, regra moral, preceito (*Dicionário Houaiss da Língua Portuguesa.* 1.ª ed. Rio de Janeiro: Editora Objetiva, 2001. p. 2.299). Interessa-nos, em particular, o seu significado nos domínios da ciência jurídico-processual.

Na concepção de Miguel Reale, princípios são "verdades fundantes de um sistema de conhecimento, como tais admitidas, por serem evidentes ou por terem sido comprovadas, mas também por motivos de ordem prática de caráter operacional, isto é, como pressupostos exigidos pelas necessidades da pesquisa e da *praxis*" (*Lições preliminares de Direito.* 7.ª ed. São Paulo: 1980. p. 229).

Eduardo Couture, por sua parte, conceitua o princípio como "o enunciado lógico, extraído de ordenação sistemática e coerente de diversas normas de procedimento, de modo a outorgar à solução constante destas o caráter de uma regra de validade geral" (*Vocabulário jurídico.* Montevidéu: 1950. p. 489).

Dá-nos o seu precioso contributo De Plácido e Silva: "princípios revelam o conjunto de regras ou preceitos, que se fixaram para servir de norma a toda espécie de ação jurídica, traçando, assim, a conduta a ser tida em qualquer operação jurídica. Desse modo, exprimem sentido mais relevante que o de própria norma ou regra jurídica. Mostram-se a própria razão fundamental de ser das coisas jurídicas, convertendo-se em perfeitos axiomas". Assim, nem sempre os princípios se inscrevem nas leis. Mas, porque servem de base ao Direito, são tidos como preceitos fundamentais para a prática do Direito e proteção aos direitos (*Vocabulário jurídico*. 2.ª ed. Rio/São Paulo: Editora Forense, 1967. volume III, p. 1.220).

Robert Alexy entende que para a constitucionalização do processo é fundamental a divisão entre *regras* e *princípios. Regras,* para ele, "son normas que ordenan algo definitivamente. Son mandatos definitivos. En su mayoría, ordenan algo para el caso de que se satisfagan determinadas condiciones"; *princípios* "son normas que ordenan que algo sea realizado en la mayor medida posible, de acuerdo con las posibilidades fácticas o jurídicas", concluindo que os princípios são "*mandatos de optimización*" (*Teoría de la argumentación jurídica*. Lima: Palestra, 2007. p. 458).

Princípios jurídicos, sem dúvida, significam os aspectos básicos que servem de ponto de partida ou de elementos vitais do próprio Direito. Indicam o alicerce do Direito, por assim dizer.

E, neste sentido, não se incluem somente os fundamentos jurídicos, legalmente instituídos, mas todo axioma jurídico derivado da cultura jurídica universal. Compreendem, por isso, os fundamentos da ciência jurídica, na qual se firmaram as normas originárias ou as leis científicas do Direito, que traçam as noções em que se estrutura o próprio Direito.

A nosso ver, alfim, *princípios* são formulações genéricas, de caráter normativo, destinadas não apenas a tornar logicamente compreensível a ordem jurídica e a justificar, ideologicamente, essa mesma ordem, como também a servir de fundamento para a interpretação ou para a própria criação de normas legais. Sem prejuízo destas considerações, devemos acrescentar que os princípios também podem ser invocados para motivar a sentença, quando houver uma lacuna da lei quanto ao ponto a ser apreciado pelo juiz; é o que dispunha o art. 126 do CPC de 1973: não havendo norma legal, cumpriria ao julgador decidir com base na analogia, nos costumes ou nos *princípios gerais de direito*. Em que pese ao fato de o art. 140 do CPC de 2015, não haver reproduzido a regra, isso não significa que ela se tornou incompatível com o novo Código ou que foi por este anatematizada. Estamos diante de um fenômeno a que bem poderíamos denominar de *absorção sistêmica* em que, mesmo após a revogação da norma legal em que se inspirou, o princípio sobrevive por haver-se incorporado à tradição jurídica. De tal arte, o efeito sobrevive à causa, embora essa afirmativa possa ser contestada no campo da física.

Em outras situações, os princípios emanam de construção puramente doutrinária ou jurisprudencial, ditadas, quase sempre, pelo bom senso. O princípio *non reformatio in pejus* não está previsto em lei. Por ele, se afirma que a situação jurídica do recorrente não pode ser empiorada: o tribunal pode mantê-la, negando provimento ao recurso; ou melhorá-la, provendo o recurso. Feriria o bom senso imaginar que o recorrente, visando a obter um acórdão que melhorasse o seu *status* jurídico-processual, pudesse receber uma resposta do tribunal que, ao contrário, lhe agravasse esse *status*.

Os *princípios*, portanto, traduzem preceitos de caráter genérico, mas dotados de certa carga de normatividade, cuja finalidade é múltipla: tornar compreensível o ordenamento jurídico; justificar, sob o aspecto ideológico, a razão de ser desse ordenamento; servir como supedâneo para a interpretação de normas legais ou para a criação dessas normas, bem como de fundamento da sentença. Neste último caso atuam no vazio legislativo com o escopo de regular as situações que, acaso, tenham ficado fora da previsão do legislador. Funcionam, de tal arte, como uma espécie de elemento de colmatagem dessas lacunas.

É oportuno rememorar que a integração ou colmatação das lacunas da lei pode ocorrer de dois modos, a saber: a) pela autointegração; b) pela heterointegração. No primeiro caso, atua a analogia; no segundo, entram os costumes, os *princípios gerais de direito* e a equidade.

Ao declarar que o juiz não se pode eximir de decidir sob a alegação de lacuna ou de obscuridade do ordenamento jurídico, o art. 140 do CPC abre espaço, muitas vezes, à atuação dos princípios. Em rigor, esse preceptivo processual reproduz a regra inscrita, há cerca de oito décadas, no art. 4.º da Lei de Introdução às Normas do Direito Brasileiro — usualmente identificada sob o acrônimo de LINDB. Ambas as normas colocam em evidência a *indeclinabilidade da jurisdição*, esse veto moderno ao *non liquet*(1) ("não está claro"), em voga no direito romano antigo, que autorizava o magistrado recusar-se a decidir, alegando obscuridade da lei.

Em nosso sistema processual moderno, portanto, o juiz pode colmatar as lacunas da lei por meio de incidência dos princípios gerais de direito; o que não lhe é lícito é *criar* norma

(1) Em sua obra *Noctes Atticae*, o jurista romano Aulo Gélio escreveu: "*iuravi mihi non liquere, atque ita ludicatu illo solutus sum*", a demonstrar que, não estando clara a causa, o juiz poderia eximir-se de decidi-la. Isso não significa, necessariamente, que a causa ficaria sem solução, pois poderia ser decidida por outro magistrado (*iudex*), caso se sentisse habilitado a fazê-lo.

para preencher o vazio legislativo, assumindo, desse modo, a figura heterotópica do *judge made law* (juiz fazedor de leis). A função do juiz, convém repisar, não é criar normas legais, e sim, aplicar as normas legais existentes, podendo, nesse mister, dar a elas a interpretação que lhe pareça apropriada ou, até mesmo, recusar-se a aplicá-las por entendê-las inconstitucionais. Em um sistema político-constitucional que consagra a separação dos Poderes, eventual elaboração de norma legal pelo magistrado implicará indevida usurpação da competência do Poder Legislativo.

É certo que, em determinados casos, o Executivo *legisla* por meio de medidas provisórias (CF, art. 62) e o Legislativo (Senado), nos crimes de responsabilidade, *processa e julga* o presidente e o vice-presidente da República, assim como os ministros de Estado e os comandantes da Marinha, do Exército e da Aeronáutica nos crimes da mesma natureza conexos com aqueles (CF, art. 52, I). Ao Senado também compete *processar e julgar* os ministros do Supremo Tribunal Federal, os membros do Conselho Nacional de Justiça e do Conselho Nacional do Ministério Público, o procurador-geral da República e o advogado-geral da União nos crimes de responsabilidade (*idem*, *ibidem*, II).

Nos denominados *dissídios coletivos*, cuja solução é da competência constitucional da Justiça do Trabalho (CF, art. 114, § 2.º), há um certo abrandamento ao veto do *judge made law*, porquanto o tribunal, no exercício do seu inegável *poder normativo*, pode criar a norma que regerá as relações jurídicas materiais entre as partes, durante determinado período de tempo. O que se exige do tribunal, nos dissídios coletivos de natureza econômica, é o respeito às "disposições mínimas legais de proteção ao trabalho, bem como as convencionadas anteriormente" (CF, art. 114, § 2.º).

Situações há, entretanto, que configuram deflexão ou distorção no uso dos princípios, vale dizer, em que a sua aplicação se revela inadequada. Isso ocorre, por exemplo, nos sítios do processo do trabalho, quando o juiz, diante da denominada "prova dividida", invoca o vetusto princípio latino *in dubio pro misero* para decidir em favor do trabalhador. Esse princípio só incide em tema de direito *material*, pois sendo — ainda que em tese — esse direito devotado à proteção do trabalhador, é compreensível que, diante de uma norma legal ambígua, o juiz opte pela interpretação que for mais favorável ao trabalhador. Tratando-se de "prova dividida", cumprirá ao juiz, como sujeito neutro do processo, decidir em consonância com aquela que lhe pareceu ser a *melhor prova*, considerando a adequação do meio utilizado para produzi-la e a eficácia suasória de que se fez dotada.

É nesse importante momento do processo que o juiz se dedica à sutil habilidade de valorar, juridicamente, a prova existente nos autos. Valorar sob a perspectiva jurídica significa não se deixar influenciar por fatores políticos, religiosos, étnicos, sociais etc.

Do ponto de vista sistemático, os princípios integram a teoria geral do processo, entendida esta como um conjunto de conceitos e princípios elevado ao grau máximo de generalização útil e condensado a partir do confronto dos diversos ramos do direito processual; é uma disciplina altamente teórica, voltada à indagação dos princípios comuns às várias figuras processuais (DINAMARCO, Cândido Rangel. *A instrumentalidade do processo.* 11.ª ed. São Paulo: Revista dos Tribunais, 2003. p. 71/73).

De tal magnitude se revela a importância dos princípios gerais, também na ordem política, que a Constituição da República declara no § 2.º do art. 5.º: "Os direitos e garantias expressos nesta Constituição não excluem outros decorrentes do regime e dos *princípios* por ela adotados (...)". (Destacamos)

Não se admite, todavia, a formulação de princípios contra a lei (*contra legem*), embora sejam tolerados os princípios que visem a interpretar o texto legal à luz das transformações da realidade normativa e das novas exigências derivantes do dinamismo das relações sociais intersubjetivas. Conforme assinala a doutrina da atualidade, a interpretação realizada pelo magistrado não mais consiste no mero descobrimento da vontade concreta da lei, como pensava Chiovenda (teoria declaratória), e sim, na reconstrução do seu sentido (teoria reconstrutivista). Com isso, se assevera que o texto não pode ser visto como norma pronta e acabada: na verdade, ele necessita da atividade do intérprete para ter o seu sentido revelado. Interpretar seria, por isso, um ato discricionário, porquanto implicaria optar entre um dos sentidos que o texto legal apresenta. Daí deflui a conclusão de que a *norma* é produto da interpretação do texto; este seria, assim, estático, enquanto aquela é dinâmica. Não se confunda, porém, a discricionariedade com a arbitrariedade.

Inexistem, assim, princípios jurídicos eternos: eles podem ser reformulados ou, até mesmo, substituídos por outros, com significação oposta, como quando ocorre modificação da matriz legislativa ou dos fatos em que se inspiraram.

Sob outro aspecto, a "autoridade" (normatividade) dos princípios decorre de sua aceitação pela generalidade (ou, quando menos, pela grande maioria) dos juristas e dos aplicadores do Direito. Essa aceitação geral, a propósito, chega a atribuir-lhes, não raro, caráter axiomático.

2. Princípios e características

Princípio e *característica* não são vocábulos sinônimos, ainda que, vulgarmente, costumem ser confundidos entre si.

Em primeiro lugar, devemos lembrar que o *princípio* tem o atributo da *generalidade*, ao passo que a *característica*, como a própria palavra indica, diz respeito a algo particular. Em segundo, enquanto o *princípio* é dotado de certa carga de normatividade, a *característica* contém pouca ou nenhuma carga dessa natureza. Em terceiro, a função do *princípio*, como vimos, é a de permitir a interpretação, a compreensão e a justificação do ordenamento jurídico ou a criação de normas legais; a da *característica* não vai além de revelar a particularidade de alguma coisa, para desassemelhá-la de outra (exemplo: a resposta em audiência, seja oral ou escrita, é uma característica do procedimento trabalhista legislado, não um princípio). Em quarto, o *princípio*, por sua eventual relevância (política, jurídica), pode ter natureza institucional; a *característica*, jamais.

Os princípios também não devem ser confundidos com os brocardos. Estes, sinônimos de máxima, aforismo, anexim, rifão, adágio, são ditos sentenciosos que valem como simples preceitos. A propósito, a palavra *brocardo* é originária do latim *brocarda*. *Brocardus*, por outro lado, foi autor de um compêndio de máximas. O Bispo de Woms (século XI) também elaborou uma coletânea de aforismos, a que deu o nome de *Decretum Burchardi*, cujas máximas foram chamadas de *Burcardos*.

Ainda que os brocardos tenham a sua finalidade, e sejam aceitos por muitos, Carlos Maximiliano se dedicou à tarefa de coligir as críticas mais frequentes à aceitação desses axiomas no âmbito jurídico. Conforme o referido jurista, essas críticas eram as seguintes: a) a fórmula genérica e ampla dos brocardos, não raro, é ilusória, pois muitas vezes são destacados de um determinado contexto, em que possuíam sentido diverso daquele que passaram a ter, quando interpretados isoladamente; b) em certos casos, os brocardos não possuem valor científico, chegando, inclusive, a consagrar princípios falsos; c) o emprego desses aforismos, muitas vezes, ultrapassa o campo de aplicação; d) a multiplicidade de brocardos pode fazer com que sejam encontrados brocardos contraditórios; e) embora sejam expressos em Latim, nem sempre ostentam a autoridade do Direito Romano, sendo muitas vezes difícil descobrir-se a sua origem (*Hermenêutica e aplicação do Direito*. 7.ª ed. Rio de Janeiro: Freitas Bastos, 1961. p. 298).

Em que pese ao fato de reconhecermos que Paul Léataud tinha certa razão ao afirmar não haver "sentenças, máximas, aforismos de que não se possa escrever o contrário", não podemos deixar de dizer que as críticas feitas à existência de brocardos jurídicos são injustas, pois não se pode negar a utilidade destes como preceitos destinados a formular regras de conduta ou de bom senso, a serem adotadas em situações que estejam a reclamar uma solução jurídica. Sob essa perspectiva pragmática, ninguém poderá negar, por certo, a excelência de brocardos, como: *Actiones non natae non praescribuntur* (As ações não nascidas não prescrevem); *Bis de eadem re non sit actio* (Não se dê ação duas vezes sobre a mesma coisa); *Confessio est probatio omnibus melior* (A confissão é a melhor de todas as provas); *In dubio pro reo* (Na dúvida, em favor do réu); *In medio consistit virtus* (A virtude está no meio); *Lex clara non indiget interpretatione* (Lei clara não necessita de interpretação); *Judex secundum allegata et probata judicare debet* (O juiz deve julgar segundo o alegado e provado); *Judex ultra petita condemnare non potest* (O juiz não pode condenar além do pedido); *Dura lex, sed lex* (a Lei é dura, mas é a lei); *Nemo debet inauditus damnari* (Ninguém deve ser condenado sem ser ouvido); *Non probandum factum notorium* (O fato notório não precisa ser provado); *Nulla poena sine lege* (Não há pena sem lei), dentre tantos outros que poderiam ser aqui mencionados.

3. Princípios informativos e princípios fundamentais

Desde o século passado (Mancini-Pisanelli-Scialoja. *Commentario del codice de procedura civile per gli stati sardi*. Vol. I, parte II. Torino: Amministrazione della Società Editrice, 1855. p. 7), a doutrina classificou os princípios processuais em: a) *informativos* e b) *fundamentais*.

a) Os princípios *informativos*, por dispensarem demonstrações, são elevados à categoria de axiomas. Têm, por isso, caráter universal. Como observam Cintra, Grinover e Dinamarco, os princípios informativos "não se limitam ao campo da deontologia e perpassam toda a dogmática jurídica, apresentando-se ao estudioso do direito nas suas projeções sobre o espírito e a conformação do direito positivo" (*Teoria geral do processo.* 21.ª ed. São Paulo: Malheiros Editores, 2005. p. 53). Por outro lado, esses princípios se fundam em critérios técnicos e lógicos, sendo praticamente destituídos de conteúdo ideológico. Subdividem-se em: a.a.) *lógico*; a.b.) *jurídico*; a.c.) *político*; a.d.) *econômico*.

a.a.) *Lógico*. Significa que o processo e o procedimento deverão ser coerentes em sua estrutura. Assim, a petição inicial deve anteceder à resposta do réu, do mesmo modo como as preliminares vêm antes do mérito e a instrução deve ser realizada antes da sentença. Em rigor, essa exigência de "logicidade" não constitui um traço exclusivo do processo, sendo, isto sim, um imperativo de qualquer obra ou texto produzido pelo homem. Pode-se também asseverar que o princípio lógico consiste na seleção dos meios mais eficazes e rápidos de descobrimento da verdade e de evitar o erro.

a.b.) *Jurídico*. Tanto significa que o processo não deve ser produto da vontade arbitrária do juiz, mas atender a normas legalmente preestabelecidas, como deve ser um instrumento justo, na sua função instrumental de solução de conflitos de interesses, tendo por objeto bens ou utilidades da vida. Há nesse princípio, ainda, a ideia de igualdade no processo e justiça na decisão.

a.c.) *Político*. Não se pode negar o fato de o processo ser também um instrumento da democracia. Daí, o seu sentido político, consistente na regra de que ele deve corresponder a um máximo de segurança social, com um mínimo de sacrifício das liberdades individuais. A história do direito dos povos demonstra, aliás, haver uma íntima ligação entre os regimes políticos e o processo, de tal arte que, quase sempre, a instauração de regimes com vocação ditatorialesca tem acarretado uma considerável redução dos direitos processuais dos indivíduos.

a.d.) *Econômico*. Preconiza um processo acessível a todos, com um mínimo de dispêndio de tempo e de despesa.

b) Os princípios *fundamentais*, também denominados de *gerais*, ao contrário dos *informativos*, possuem (ou podem possuir) conteúdo político e ideológico. Justamente por esse motivo é que permitem ser contrapostos por outros princípios, levando-se em conta determinadas circunstâncias (políticas, sociais, ideológicas etc.). Consequentemente, não possuem caráter axiomático. Para exemplificar: enquanto no processo civil vigora o princípio da verdade formal, no processo penal é soberano o princípio da verdade real. Ainda: no processo civil predomina o princípio dispositivo, ao passo que no processo penal a preeminência é do princípio da indisponibilidade. Esta afirmação deve ser feita com certa reserva, porquanto no processo civil há casos de indisponibilidade, como ocorre no âmbito do direito de família, assim como o processo penal contém casos de disponibilidade, como se dá nas ações penais privadas.

É oportuno lembrar que alguns autores têm colocado em dúvida a utilidade dos princípios, e do seu estudo, no terreno jurídico. Essas críticas, no entanto, são infundadas, pois, como dissemos antes, os princípios se destinam não apenas a tornar logicamente compreensível a ordem jurídica e a justificá-la sob o aspecto ideológico, como a servir de fundamento para a interpretação e a própria criação de normas legais. Naturalmente, esses princípios não são eternos nem inflexíveis, razão pela qual poderão ser eliminados ou modificados, ao logo do tempo, a fim de atenderem às transformações sociais, políticas, ideológicas etc., impostas pela dinâmica da sociedade, ou à própria evolução do pensamento jurídico.

Capítulo II

Princípios Constitucionais

Sem Direito não há sociedade (*Ubi societas ibi jus*). Esse é o postulado fundamental legado pela Roma antiga.

O Direito possui, na sociedade, a função de coordenar os interesses de que são titulares os indivíduos e as coletividades, assim como de solucionar os conflitos dessa natureza entre uns e outros. Esse conflito se instaura quando se verifica a coincidência de duas (ou mais) pessoas manifestarem interesse em relação ao mesmo bem ou à mesma utilidade da vida, sem que uma delas renuncie à sua pretensão.

A função do Direito, todavia, não se resume à coordenação e proteção dos interesses de natureza *material*, visando ao denominado *controle social*, senão que compreende também os interesses *processuais*. Sob essa perspectiva, o nosso sistema jurídico é complexo, por enfeixar tanto normas materiais quanto normas processuais.

Considerando que o processo não pode ser visto apenas como um método ou uma técnica estatal de solução de conflitos de interesses, e sim, em uma perspectiva mais ampla, como autêntico e eficaz instrumento de *pacificação social*, muitas normas processuais foram, ao longo do tempo, sendo incorporadas aos próprios textos constitucionais, como foi o caso do Brasil.

Essas normas, embora objetivamente identificáveis no texto constitucional, apresentam-se aos olhos da doutrina como *princípios*, que, conforme vimos no Capítulo I, item 3, os divide em informativos e fundamentais.

Em suma, em nosso meio, possuímos normas processuais consubstanciadas em leis ordinárias e normas processuais contidas na Constituição da República. As primeiras são denominadas de infraconstitucionais e, as segundas, de constitucionais – cujas denominações também se aplicam aos correspondentes princípios.

É conveniente esclarecer, entretanto, que a Constituição da República também contém princípios gerais de natureza *política*, dentre os quais podemos destacar os seguintes: a) Estado Democrático de Direito; b) soberania popular; c) soberania institucional; d) cidadania; e) dignidade da pessoa humana; f) valorização do trabalho; g) livre-iniciativa; h) pluralismo político. Não será desses princípios que nos ocuparemos neste livro.

Embora a Constituição declare que a República Federativa do Brasil se constitui em *Estado Democrático de Direito* (art. 1.º, *caput*), devemos chamar a atenção ao fato de certos setores da doutrina sustentarem que, nos tempos atuais, devemos falar em *Estado Constitucional*. Não se trata de simples substituição de nomenclatura, senão de uma profunda modificação de paradigma e de conceito. O Estado Constitucional pode ser visto sob duas perspectivas: a) *formal* e b) *material*. No primeiro caso, temos o Estado que possui como norma suprema a Constituição, da qual emanam os poderes e seus limites; no segundo, o Estado pressupõe que a Constituição deve conter uma série de princípios e valores materiais característicos do constitucionalismo, sem os quais não se pode cogitar de Estado Constitucional. Não basta, contudo, a presença desses princípios e valores no texto constitucional: é essencial que atuem no terreno da realidade prática, revestidos de força normativa, sob pena de se tornarem simples adornos constitucionais. Piero Calamandrei já advertia:

> "quando o legislador permanecer inerte, os juízes devem fazer com que o espírito da Constituição viva em suas sentenças; podem colocar-se em contato direto com ela, e ouvir as suas sugestões; podem traduzi-la dia a dia, para a realidade das relações humanas" (*Instituciones de derecho procesal civil según el nuevo código*. Buenos Aires: EJEA, 1962. vol. III, p. 248).

Pois bem. Em que pese ao fato de concordarmos com esse segmento doutrinal, seguiremos, por fidelidade à nossa Constituição, a aludir a Estado Democrático de Direito.

Nossa classificação dos princípios processuais em *constitucionais* e *infraconstitucionais* adota como critério fundamental — e, de algum modo, óbvio — o fato de estarem previstos, ou não, na Suprema Carta Política do país. Assim fazemos porque estamos considerando a existência de um *Direito Processual Constitucional*, que sistematiza as normas e princípios reguladores da jurisdição constitucional, e de um *Direito Constitucional Processual*, que se ocupa dos dispositivos processuais contidos na Constituição. Como observa Cândido Dinamarco (*Fundamentos do processo civil moderno*. São Paulo: RT, 1986. p. 76 e 79), o exame analítico das relações entre processo e Constituição revela dois sentidos vetoriais em que elas se desenvolvem: o primeiro, no sentido Constituição-processo, no qual se tem a tutela constitucional deste e dos princípios que os devem reger, elevados ao altiplano constitucional; o segundo, no sentido processo-Constituição, que revela a jurisdição constitucional, destinada ao controle da constitucionalidade das leis e dos atos normativos do Poder Público e à preservação das garantias contidas na Constituição (jurisdição constitucional das liberdades), além de toda a ideia de instrumentalidade do processo, em que este se apresenta como sistema instituído para a realização da ordem pública, inclusive a constitucional.

Tem-se entendido que a garantia constitucional do processo possui sua origem na Magna Carta (*Magna Charta Libertatum*) de 1215 do rei inglês João Sem-Terra — outorgada por pressão dos barões —, cujo art. 39 dispunha: *"No free man shall be seized or imprisoned, or stripped of his rights or possessions, or outlawed or exiled, or deprived of his standing in any other way, nor will we proceed with force against him, or send others to do so, except by the lawful judgement of his equals or by the law of the land"* (em tradução livre: "Nenhum homem livre será preso ou privado de seus direitos ou propriedades, declarado fora da lei ou exilado de qualquer forma privado de sua posição, nem mandaremos forças contra ele ou que outros o façam, salvo pelo julgamento legal feito por seus pares ou pela lei do país").

Aí também estava delineada a figura do *devido processo legal*, que viria a ser incorporada aos sistemas constitucionais dos tempos modernos, e ao qual dedicaremos o próximo item (1.).

Nossa divisão dicotômica dos princípios, em constitucionais e infraconstitucionais, ao contrário do que se possa imaginar, não é inútil: basta observar que se o princípio estiver inscrito na Constituição não poderá ser eliminado ou modificado pelo legislador ordinário. Esses princípios representam, portanto, uma garantia constitucional dos indivíduos e das coletividades. Apenas para exemplificar: o princípio da inafastabilidade da jurisdição (direito de ação) está contido no art. 5.º, inciso XXXV, do texto constitucional; sendo assim, o legislador ordinário (infraconstitucional) não poderá, por mais relevante que lhe pareça o motivo, cercear ou restringir o exercício desse direito de invocar-se a prestação da tutela jurisdicional, com a finalidade de obter-se a satisfação de interesses ligados a bens ou a utilidades da vida.

Interessa-nos, em particular, para efeito de justificar a classificação que logo a seguir apresentaremos, a denominada *tutela constitucional do processo*, que se caracteriza segundo o seu objetivo de amoldar os institutos processuais, sob seus aspectos dinâmico e estático, aos princípios inscritos na Constituição. Efetivamente, é da ordem constitucional que emanam os princípios medulares do processo, que irão constituir a base, o fundamento de todo o Direito Processual; por esse motivo, procuramos formular uma classificação dos princípios informativos do processo que tenha como critério primordial a norma legal que os prevê.

O CPC de 2015 procurou realçar, ainda mais, a relação entre o processo e a Constituição, e a subordinação daquele a esta. Basta ver o que está no art. 1.º desse Código: "O processo civil será ordenado, disciplinado e interpretado *conforme os valores e as normas fundamentais estabelecidos na Constituição de República Federativa do Brasil* (...)" (Destacamos). Nem poderia ser de outra forma, considerando-se a posição apical que a Constituição ostenta no complexo sistema normativo de nosso país.

Poder-se-ia indagar por que motivo, mesmo estando o princípio processual inscrito na Constituição da República, o legislador infraconstitucional, muitas vezes, dele se ocupa, via de regra, na elaboração de códigos. Há uma resposta lógica para essa indagação: o objetivo é fazer com que o princípio, genericamente contido na Constituição, encontre condições de concreta e adequada atuação no campo da realidade prática. Há, portanto, quase sempre, um intuito pragmático a motivar esse ato do legislador infraconstitucional. Afinal de contas, não podemos ignorar que códigos, como o de processo civil, mantêm com a Constituição aquilo que a doutrina tem denominado de (imprescindível) "sintonia fina". Podemos asseverar, por essa razão, que, visando a tornar concreta a incidência de princípios constitucionais nos casos concretos, o legislador adotou a política de reiterar e repisar esses princípios em normas processuais ordinárias.

O art. 11 do CPC, por exemplo, refletindo a regra do art. 93, IX, da Constituição Federal, declara que todos os julgamentos dos órgãos do Poder Judiciário serão públicos e fundamentadas todas as decisões, sob pena de nulidade. É evidente que, se esse preceptivo não tivesse sido incluído no texto do CPC, nem por isso os juízes estariam autorizados a proferir decisões destituídas de fundamentação jurídica, sob pena de transgressão à norma imperativa inscrita na Constituição da República. A repercussão desse mandamento constitucional na ordem legal subalterna se destina, conforme ressaltamos, a aproximar o processo da Constituição e, por que não dizer, a manter o juiz em contato mais íntimo com os princípios constitucionais refletidos em um código que ele manuseia, rotineiramente, no exercício das suas funções.

Efetuadas essas considerações propedêuticas, examinemos os princípios atinentes ao processo, que se encontram inscritos na Constituição, ou seja, que caracterizam a *tutela constitucional do processo.*

1. Devido processo legal

A cláusula do "devido processo legal" (*due process of law*), conforme dissemos em linhas anteriores, teve origem na *Magna Charta Libertatum*, do rei João Sem-Terra, de 1215 (art. 39). Inicialmente, a garantia de um "julgamento regular", referida nessa Carta, fora denominada de *law of the land* ("lei da terra"), expressão que foi mais tarde substituída, no Estatuto *(Statute of Westminster of the Liberties of London*) de 1354, de Eduardo III, por *due process of law.*

Na América do Norte, algumas Constituições estaduais também previram a cláusula do devido processo legal, como as de Maryland, Pennsylvania, Massachussets e Virgínia. As Constituições da Virgínia ("Declaração dos Direitos", de 16.8.1776), de Maryland (de 3-11-1776) e da Carolina do Norte (de 14-12-1776) faziam expressa referência à *law of the land.* Coube à de Maryland, todavia, o mérito de haver aludido, pela primeira vez, ao trinômio: *vida-liberdade-propriedade* (*life, liberty or property*), que seria incorporado por outras Constituições norte-americanas.

Foi, contudo, por força da Emenda n. 5, elaborada por Madison em 1791, que se inseriu na Constituição norte-americana de 1787 a cláusula do *devido processo legal*, cuja redação era a seguinte:

> "Nenhuma pessoa poderá responder por qualquer grave ou infame crime senão mediante apresentação e libelo de um grande júri, exceto nos casos surgidos nas forças militares e policiais, quando em serviço no tempo de guerra ou em período público, nem poderá pessoa alguma, pela mesma ofensa, por mais de uma vez, ter exposta a vida ou a integridade, nem ser compelida em qualquer caso criminal a testemunhar contra si mesma, nem ser privada da vida, da liberdade ou propriedade sem o *devido processo legal*; nem ter bens expropriados sem justa indenização." (destacamos)

Mais tarde, a Emenda n. XV exigiu que os Estados-Membros concedessem a mesma garantia.

A Emenda n. XVI, introduzida na Constituição de 1868, por sua vez, dispõe:

> "Todas as pessoas nascidas e naturalizadas nos Estados Unidos e sujeitas à jurisdição de lá são cidadãos dos Estados Unidos e do Estado onde residem. Nem um Estado deve fazer ou forçar

qualquer lei que abranja os privilégios e imunidades dos cidadãos dos Estados Unidos; nenhum Estado deve privar qualquer pessoa da vida, liberdade ou propriedade sem o *devido processo legal*, nem condenar qualquer pessoa sem sua jurisdição de igual proteção das leis." (realçamos)

Se bem refletirmos, veremos que o princípio do *devido processo legal* traduz emanação tópica do princípio da *legalidade*, inscrito no art. 5.º, II, da Constituição brasileira de 1988, por força do qual ninguém será obrigado a fazer ou a deixar de fazer alguma coisa *senão em virtude de lei*. Esse princípio, por sua relevância político-jurídica, foi consagrado já por nossa Constituição Imperial de 1924: "Nenhum Cidadão póde ser obrigado a fazer, ou deixar de fazer alguma cousa, senão em virtude da Lei" (art. 179, I), sendo reproduzido nas Constituições de 1891 (art. 72, § 1.º), 1934 (art. 113, 2), 1946 (art. 141, § 2.º) e 1967 (art. 150, § 2.º). Dele não se ocupou a Constituição de 1937, outorgada por Getúlio Vargas, após o Golpe de Estado por ele praticado.

A maioria das Constituições dos Estados Democráticos modernos incorporou a cláusula do *devido processo legal*. No Brasil, ainda que essa garantia se encontre dispersa pelos textos anteriores, foi na Constituição de 1988 que a ela se fez expressa referência, pela primeira vez. Com efeito, consta do art. 5.º, inciso LIV, da Constituição Federal, que ninguém será privado da *liberdade* ou de seus *bens* "sem o devido processo legal". Note-se que o constituinte brasileiro fez alusão apenas ao binômio *liberdade-propriedade*, e não ao trinômio vida-liberdade-propriedade, característico das Constituições norte-americanas, porquanto, entre nós, não existe a *pena de morte*, salvo em caso de guerra (Constituição, art. 5.º, inciso XLVII, letra "*a*").

Verdade à frente, o princípio do *devido processo legal* não pode ser visto como um dos tantos princípios do processo, senão como o mais importante de todos, um *superprincípio*, por assim dizer, do qual todos os outros, de certa forma, decorrem. Realmente, se verificarmos que o *devido processo legal* compreende: a) o direito à citação regular; b) o direito a um julgamento público, justo e rápido; c) o direito à produção de provas em geral; d) o direito ao contraditório e à ampla defesa; e) o direito de não ser processado por lei retroativa; f) o direito à igualdade de tratamento; g) o direito de não ser acusado ou condenado com base em provas ilegais; h) o direito à assistência judiciária gratuita; i) o direito a obter uma sentença fundamentada, e o mais, haveremos de concluir que, praticamente, todos os princípios processuais estão contidos na cláusula constitucional do *due process of law*. Tais princípios constituem, por esse modo, os fragmentos que compõem o todo: o devido processo legal.

Mesmo que se devesse admitir — somente para argumentar — que, no âmbito estrito do processo civil, o princípio do devido processo legal abarcasse apenas os: a) de garantia do direito de ação; b) do direito de defesa; c) de igualdade de tratamento; d) do contraditório, ainda assim estaríamos diante de um princípio fundamental, de um superprincípio, conforme dissemos. Em todo o caso, para nós, o princípio do devido processo legal tem abrangimento muito mais amplo, pois constitui o somatório de todos os outros princípios. O fato de o constituinte brasileiro haver feito menção não só ao princípio do devido processo legal, mas também a outros, que se encontram naquele compreendidos, não pode ser oposto à nossa conclusão de que o princípio do devido processo legal abrange os demais. Quer nos parecer que essa atitude do constituinte derivou de uma preocupação esclarecedora, consistente em especificar e enfatizar o elenco dos princípios integrantes do devido processo legal. Essa enumeração teve, portanto, uma finalidade muito mais didática do que sistemática. De qualquer forma, não devemos confundir o legislador com o jurista: apenas este sói deter o conhecimento da ciência jurídica. Em resumo, se o constituinte brasileiro houvesse se limitado a fazer menção ao princípio do devido processo legal, poderia acarretar dificuldade aos jurisdicionados na busca da compreensão em quê consistiria esse megaprincípio, quais os princípios ou subprincípios que nele se conteriam etc.

Em termos gerais, o devido processo legal consiste na aplicação das normas legais e dos princípios regentes do processo. Não satisfaz, à exatidão do conceito de *due process of law*, simples aplicação da norma legal com menosprezo aos princípios constitucionais, quando a incidência destes do caso concreto for manifesta.

Como estamos a cogitar de aplicação da lei, é importante ressaltar a possibilidade de a lei ser interpretada, pelas partes, pelo juiz, pelo Ministério Público e por terceiros. Com vistas a isso, recordemos que os métodos de interpretação podem ser:

a) *literal ou gramatical.* Esse método surgiu com a Escola Exegética, posteriormente à promulgação do Código Civil francês de 1804 (Código Napoleônico). Para os membros dessa Escola, seria suficiente considerar a expressão literal da norma ou de suas proposições sintáticas para que se obtivesse uma interpretação adequada. Não é raro ouvir-se dizer que a interpretação literal é, entre todas, a mais pobre. Não se pode ignorar, todavia, a importância desse critério interpretativo, uma vez que o pensamento do legislador é expresso em palavras grafadas. O que pode ocorrer é de o vocábulo ser polissêmico, levando o intérprete a optar por um dos sentidos possíveis. Desde Roma afirma-se que lei clara não necessita de interpretação (*lex clara non indiget interpretatione*). Costuma-se dizer, nos tempos atuais, em tom de chalaça, que o intérprete invoca o espírito da lei sempre que a literalidade dela não convém aos seus interesses. Em outras situações, o intérprete se torna vítima daquele *wishful thinking* ("pensamento desejoso"), de que nos falam os povos de língua inglesa, que faz com que a pessoa leia não aquilo quc consta do texto, mas aquilo que *desejaria* que constasse. São as sutilezas do inconsciente;

b) *lógico-sistemático.* Ao qual, de certa forma, repugna a interpretação isolada do dispositivo legal, sem considerar o conjunto de dispositivos que compõem o sistema e os princípios gerais aplicáveis ao caso. Por esse critério, de extrema importância e utilidade prática, a interpretação deve estabelecer, sempre que for o caso, um nexo lógico e sistemático com outros preceptivos legais ou princípios, a fim de chegar-se a uma conclusão que não seria obtenível na hipótese de levar-se em conta somente a interpretação insulada do dispositivo a incidir na situação concreta;

c) *histórico.* Esse método foi adotado por Savigny, quando se encontrava à frente da Escola Histórica. Seu escopo residia, inicialmente, na necessidade de levar-se em consideração a época em que a norma foi publicada, por representar aspirações sociais do período. Tempos depois, abandonou-se a investigação acerca das circunstâncias sociais para concentrar-se a investigação interpretativa na própria época em que a lei foi editada. A importância desse método está não apenas em demonstrar a evolução histórica da legislação, mas, em alguns casos, que ela não é aplicável aos tempos atuais, ou que a sua aplicação deve atender ou adaptar-se às transformações políticas, sociais, econômicas etc., ocorridas posteriormente;

d) *comparativo*. Consistente no cotejo entre a lei que se está a interpretar e outra, integrante de sistema jurídico diverso. Esse método tem sido utilizado pelo processo do trabalho, em relação ao processo civil, considerando-se a inflexão deste naquele, pela porta da subsidiariedade (CLT, art. 769). A comparação, muitas vezes, pode ser com o direito estrangeiro.

Processo e *procedimento* são conceitos que jamais poderão ser encambulhados, sob pena de graves riscos para a exata compreensão de um e de outro. Enquanto o primeiro significa o método, a técnica ou o instrumento de que se utiliza o Estado para dirimir os conflitos intersubjetivos de interesses, o segundo corresponde ao conjunto preordenado de atos (via de regra, preclusivos) que constituem uma unidade teleológica e que se dirigem para um ponto de atração e de exaustão: a sentença de mérito — embora, muitas vezes, por acidentes de percurso, ocorra a extinção do processo sem pronunciamento sobre o *meritum causae*. Já se afirmou, com propriedade, por meio de metáfora, que o procedimento são as vestes formais do processo.

Por outro lado, sabemos que a *ação* é um direito público subjetivo colocado pelo ordenamento constitucional à disposição dos indivíduos e das coletividades, visando a reparar lesão a direito ou a afastar o risco de lesão. Caso, entretanto, às pessoas fosse dado praticar os atos que bem entendessem, no lugar, no tempo e na forma que melhor lhes aprouvessem, é elementar que essa indisciplina conduziria a um incontrolável tumulto do procedimento — a desafiar, com isso, sucessivas intervenções do magistrado —, além de favorecer ao litigante mais astuto e afeito a velhacadas, que, com tais atos, estaria praticamente subtraindo do juiz o comando do processo e fazendo com que fosse duramente golpeado o prestígio desse método estatal de solução dos conflitos de interesse.

Foi, justamente, para evitar a instauração de indisciplina dessa natureza que a lei estabeleceu, com certa rigidez, um complexo sistema de exigências concernentes não só à atuação das partes em juízo, como à própria disciplina a ser observada, por elas e pelos demais sujeitos do processo, para efeito da prática dos atos por eles desejados. Estabeleceu-se, desse modo, o moderno sistema da legalidade das formas, de acordo com o qual, em princípio, os atos devem ser realizados no lugar, tempo e forma previstos em lei. Em alguns casos, a inobservância a essas regras conduz à nulidade do processo, implica dizer, do devido processo legal, sempre que não for possível fazer incidir o princípio da *instrumentalidade*, previsto nos arts. 188 e 277 do CPC.

A propósito, considerando que a nulidade processual traduz lamentável perda de tempo para o magistrado, para as partes, testemunhas, peritos, além de dispêndio inútil de atividade jurisdicional, o legislador, com o apoio da doutrina, edificou um conjunto de normas — a que temos denominado de *moderadoras das nulidades*.

Convém que as examinemos, pois não deixam de ter relação com o devido processo legal.

a) Transcendência

Nada tem a ver, aqui, com o requisito formal previsto nos arts. 896-A a 896-C da CLT, para a admissibilidade do recurso de revista.

A transcendência, de que iremos nos ocupar, constitui a viga mestra de toda a estruturação das regras de *moderação* do princípio das *nulidades processuais*. Por ela se declara que somente haverá nulidade se o ato irregularmente realizado acarretar manifesto prejuízo à parte que o impugnou (*pas de nullité san grief*, consoante a conhecida expressão do direito francês). Essa regra se encontra radicada nos arts. 794 da CLT e 282, § 1.º, do CPC, e significa, por outras palavras, que o prejuízo é a medida da nulidade; sem aquele, esta é nenhuma.

Digamos, *e.g.*, que o juiz tenha indeferido a produção de determinada prova, pelo autor, tendo este, em consequência, alegado, no momento oportuno, nulidade do processo por restrição ("cerceamento", costuma-se afirmar) ao direito de defesa. A sentença, contudo, é inteiramente favorável ao autor que, em virtude disso, não terá (em princípio, ressalve-se) interesse em recorrer, dada a ausência de prejuízo. Fica claro, desse modo, que se o ato praticado pelo juiz, apesar de molestar direito da parte, não trouxer nenhum prejuízo a esta, não deverá ser declarado nulo.

O problema, entrementes, não é tão simples quanto possa parecer, pois — aproveitando o exemplo apresentado —, em alguns casos, embora a sentença seja inteiramente favorável à parte que arguiu a nulidade, esta possuirá interesse em interpor o recurso adequado. Justifiquemos a afirmação. Supondo que o juízo houvesse formado a sua convicção sem qualquer fundamento na prova dos autos (até porque estas inexistiam), o autor, ainda que vencedor na causa, poderia ter interesse em recorrer da sentença a fim de que o tribunal, dando provimento ao recurso, anulasse o processo a partir do momento em que o requerimento de produção de provas foi indeferido; com isso, o autor poderia produzir a prova pretendida, com vistas a fazer com que a sentença, estribada nessa prova, pudesse, ainda que em tese, resistir ao recurso que viesse a ser interposto pela parte contrária. Ao não se entender dessa maneira, o autor ficaria na incômoda situação de, não podendo recorrer da sentença — por suposta ausência de interesse processual —, resignar-se ao ver o tribunal prover o recurso do réu e, em razão disso, rejeitar os pedidos constantes da inicial ("julgar a reclamação (*sic*) improcedente (*sic*)", segundo expressão do gosto da maioria dos juízes, que, entretanto, deveria ter sido abandonada há muito tempo, como forma de prestar-se justa homenagem ao rigor científico).

Insta esclarecer que, na situação imaginada, o autor poderia interpor recurso adesivo ao do réu, porquanto lhe faltaria, efetivamente, interesse de recorrer de maneira autônoma: se a sentença lhe foi inteiramente favorável e dela o réu não interpôs recurso, o fenômeno da coisa julgada material faria com que ficasse afastado o risco de a sentença ser modificada pela via recursal. Nem mesmo a ação rescisória seria admissível, pois era do autor o direito lesado pelo ato do juiz (de produzir provas). A circunstância de a sentença haver acolhido por inteiro os pedidos formulados pelo autor não representa, a nosso ver, obstáculo para o manejo do recurso adesivo, uma vez que a peculiaridade do caso justifica o eventual afastamento da regra impressa no art. 997, § 1.º, do CPC, qual seja, de que autor e réu fiquem vencidos (em capítulos distintos da sentença, como é óbvio).

Tirante situações particulares e incomuns, como a que examinamos, prevalece a regra geral de que não se deve declarar a nulidade se do ato não advier nenhum prejuízo manifesto à parte. As dificuldades existentes em torno da aplicação dessa regra se devem ao fato de que determinados prejuízos só se manifestam algum tempo depois de praticado o ato violador do direito da parte, como se deu no exemplo do autor que, apesar de ver indeferido seu requerimento de produção de provas, acabou se tornando vencedor na causa. O seu prejuízo, na espécie, surgiria com o provimento que o tribunal viesse a dar ao recurso interposto pelo réu. Trata-se, por isso, de prejuízo diferido ou postergado.

b) Instrumentalidade

Conquanto a lei prescreva certa forma para a validade do ato, sem a cominação de nulidade, este valerá se, praticado de maneira diversa, atingir a mesma finalidade. Esse princípio tem sede nos arts. 277 e 188 do CPC; embora dele não fale a CLT, é incontestável a sua incidência no processo do trabalho, cujo procedimento é dotado de relativa simplicidade.

O princípio em questão significa um reconhecimento (ainda que implícito) de que as formas dos atos processuais não representam um fim em si mesmas, senão que uma providência tendente a atribuir legalidade extrínseca a tais atos. Dizendo por outros termos, o conteúdo ideológico desse princípio é a constatação de que, embora o ato se encontre vinculado a uma finalidade (elemento teleológico), pouco importa que esta venha a ser alcançada por forma diversa da prescrita em lei. A forma não deve ser, portanto, entendida como um molde inflexível, ao qual se devem submeter todos os atos do procedimento, e sim uma orientação legal a respeito de como o ato deve ser praticado.

No processo do trabalho, a resposta do réu (exceção, contestação, reconvenção, reconhecimento da "procedência" do pedido) deve ser apresentada, oralmente, em audiência, no prazo de vinte minutos (CLT, art. 847); nada obstante, a praxe tem sido a formulação por escrito dessa resposta. Em princípio, esse ato deveria ser declarado nulo, pois é realizado em desacordo com a lei; como, apesar disso, atinge a sua finalidade, convalida-se plenamente, sem dar margem ao decreto de nulificação.

O processo do trabalho, aliás, tem sido arrojado na aplicação do princípio da instrumentalidade, fazendo-o atuar mesmo nos casos em que o desvio da forma preconizada em lei seja cominado com nulidade. Tomemos como referência o art. 280 do CPC, de aplicação supletiva ao processo do trabalho, por força do qual "*as citações e as intimações serão nulas quando feitas sem observância das prescrições legais*" (grifamos). Pois bem. Mesmo quando o réu residia fora da jurisdição na qual a ação fora ajuizada (e sem que fosse comerciante ou industrial), os juízes do trabalho, a contar de certa época, passaram a determinar que a citação fosse feita pelo correio, e não mediante carta precatória, como exigia o art. 200 do CPC de 1973. Esse procedimento inovador, adotado pela magistratura trabalhista, não causou, em princípio, nenhum prejuízo aos réus (pois estes recebiam cópia da petição inicial), razão por que eventuais arguições de nulidade processual, formuladas com fundamento na ofensa ao art. 222, daquele CPC, não tiveram êxito. Tempos depois, a Lei n. 8.710, de 24 de setembro de 1993, alterou a redação do precitado dispositivo do estatuto processual civil, para permitir a citação pelo correio, "para qualquer comarca do País", salvo nos poucos casos que indica.

O CPC de 2015 preservou a regra (art. 247).

c) Proteção

A nulidade somente deverá ser pronunciada se não for possível suprimir-se a falta ou repetir-se o ato e desde que não seja arguida por quem lhe deu causa (CLT, art. 796, "*a*" e "*b*"; CPC, art. 276).

Se, p. ex., após haver designado data para o julgamento, o juiz constatar que se esqueceu de oferecer às partes oportunidade para apresentarem razões finais, é elementar que não deverá julgar a causa, sob pena de o processo ser anulado pelo tribunal (em virtude de recurso interposto por um dos litigantes), a partir do momento em que não se propiciou ensejo para o oferecimento das mencionadas razões; incumbirá ao magistrado, isto sim, invocando o princípio da proteção, converter o julgamento em diligência para o fim específico de suprir a falta, e, com essa providência, salvar o processo de virtual decreto de nulidade.

Tal-qualmente se diga na hipótese de o juiz haver deixado de formular a segunda proposta de conciliação — levando-se em conta a orientação jurisprudencial de que a ausência da primeira proposta não leva à nulidade do processo. Suprida a falta, o nulo se dissipa.

Em outros casos, o princípio de que estamos a cuidar autoriza a repetição do ato, como providência capaz de salvar o processo de virtual nulidade. Mais uma vez, argumentemos com as razões finais. Por lei, essas razões devem ser aduzidas oralmente, em audiência, no prazo de dez minutos para cada litigante (CLT, art. 850, *caput*). Alguns juízes, no entanto, influenciados pelo art. 364, § 2.º, do CPC, vêm permitindo que as razões finais orais sejam *substituídas* por memoriais escritos. Essa prática, no entanto, é irregular e tumultuária do procedimento, pois, conforme o referido art. 850, *caput,* da CLT, ditas razões devem ser apresentadas *antes* de ser renovada a proposta de conciliação, cuja antecedência se justifica pelo fato de o juiz, após ouvir o arrazoado final das partes, sentir-se eventualmente mais seguro para tentar a conciliação. Os memoriais escritos, via de regra, são oferecidos *depois* de formulada a segunda proposta conciliatória, vale dizer, quando esta já havia sido recusada pelos demandantes.

Aplicando o princípio em tela, deverá o juiz converter o julgamento em diligência para que as partes aduzam, oralmente, em audiência, as razões finais, efetuando, em seguida, a renovação da proposta de solução negociada do conflito. O que ao magistrado será lícito fazer é permitir a juntada de memoriais escritos, sem prejuízo das razões finais orais, que deverão ser expendidas no momento previsto em lei.

Enfim, sempre que constatar a ausência de ato imprescindível para a regularidade do procedimento ou a prática irregular de determinado ato, não deverá o juiz decretar a nulidade do processo mas, sim, invocando o princípio da proteção, ordenar que a falta seja suprida ou o ato repetido.

Não deverá, contudo, ser pronunciada a nulidade arguida por quem lhe deu causa, porquanto isso levaria a uma situação de antagonismo com o conteúdo ético do processo. *Nemo turpitudinem potest* ("Ninguém pode se beneficiar da própria torpeza") — adverte o vetusto brocardo latino.

d) Convalidação

Significa que a nulidade pode ser sanada pelo consentimento, ainda que tácito, da parte contrária, exceto se decorrer de violação de norma de ordem pública. A doutrina costuma apontar os arts. 795 da CLT e 278 do CPC como fonte legal desse princípio. Nós mesmos assim o fizemos em obra anterior. Todavia, o princípio da proteção, segundo o seu conceito doutrinal, não está previsto em nenhum desses textos legais. O que neles se menciona é o momento em que a parte interessada deve alegar a nulidade, sob pena de preclusão temporal, o que é coisa diversa. O princípio da convalidação, na verdade, emana de uma regra processual ampla, que se encontra espraiada por diversos pontos do digesto de processo civil, segundo a qual o silêncio de uma das partes faz gerar a aceitação do ato realizado pela outra, ou induz à presunção de veracidade dos fatos narrados por esta. É, pois, nessa moldura que se encaixa o princípio da convalidação, com a singularidade de que, aqui, o silêncio da parte tem eficácia convalidadora do ato praticado pelo adversário, observadas as restrições que apontamos.

Duas inferências de ordem prática se extraem dessa regra: a) a nulidade relativa pode ser convalidada pela anuência do litigante adverso; b) a absoluta, nunca.

Na primeira hipótese, o assentimento poderia ser tácito ou expresso. Tácito seria, *e.g.*, sempre que o réu deixasse de alegar a incompetência *ratione loci* do juízo, fazendo com que, em virtude desse silêncio, a competência se deslocasse para este juízo — sabendo-se que a incompetência em razão do lugar é sempre relativa; já as *ratione materiae* e *ratione personae*, por serem absolutas, não seriam afetadas pela omissão da parte, incumbindo ao juiz conhecê-las de ofício, em qualquer tempo ou grau de jurisdição (CPC, art. 64, § 1.º), desde que não tenha transitado em julgado a sentença ou o acórdão. Concordância expressa haveria, p. ex., quando a parte a quem a declaração de nulidade aproveitasse dissesse, oralmente ou por escrito, de sua aceitação do ato praticado pelo adversário — salvo, como alertamos, se a nulidade implicasse violação à norma de ordem pública, quando, então, o ato não se convalidaria.

Ao lado das regras de "moderação das nulidades", que analisamos, situam-se outros preceitos legais de grande utilidade para uma exata compreensão do assunto. Um deles estabelece que anulado o ato serão reputados de nenhum efeito todos os subsequentes, que dele dependerem (CPC, art. 281) e que a nulidade de uma parte do ato não contaminará as outras, que dela sejam independentes (*ibidem*). Para o correto entendimento desse preceito, faz-se necessário recordar que a doutrina tem classificado os atos processuais em três espécies: a) simples; b) compostos; c) complexos.

Atos simples são os que possuem existência autônoma, ou seja, em si mesmos; para a sua validade nada mais se exige do que a atividade da parte. Os *compostos*, ao contrário, são constituídos pela agregação de diversos atos simples, sem que estes percam a individualidade, daí por que tais atos são caracterizados por duas ordens de efeitos: os provenientes de cada ato unitário e os oriundos do conjunto deles. Os *atos complexos*, na lição de Carnelutti, se apresentam como uma variedade dos atos simples, distinguindo-se em sua forma, no sentido de que para produzirem o efeito jurídico desejado torna-se necessária não apenas uma ação, mas uma multiplicidade de ações.

No tribunal, a arguição de nulidade será apreciada antes do mérito (preliminarmente, portanto), deste não se conhecendo se incompatível com a decisão tomada com relação àquela (CPC, art. 938, *caput*). Sendo a nulidade sanável, o órgão *ad quem* — desde que a providência seja justificável — converterá o julgamento em diligência, determinando a remessa dos autos ao juízo competente, a fim de ser eliminado o vício (*ibidem*, § 1.º).

Mesmo nas situações típicas de nulidade suprível, no entanto, a regra da conversão do julgamento em diligência não vem sendo observada, no geral, pelos tribunais do trabalho, pressurosos em não admitir recursos.

Sendo rejeitada a preliminar de nulidade, ou se o exame do mérito não for com ela inconciliável, proceder-se-á à discussão e ao julgamento da matéria de fundo, a respeito da qual deverão se pronunciar os juízes vencidos na preliminar (CPC, art. 939).

2. Inafastabilidade da jurisdição e direito de ação

Conquanto os conceitos de jurisdição e de ação não se confundam, trataremos de ambos neste mesmo item, considerando o íntimo nexo que há entre eles.

Veremos que, na jurisdição, há uma relação que parte do Estado para o indivíduo, ao passo que na ação ocorre o contrário: a relação vai do indivíduo para o Estado.

A história do direito dos povos registra a existência de certa fase remota, envolvida pelas brumas da insensatez, em que ao indivíduo se permitia satisfazer, com os meios pessoais de que dispusesse, as suas pretensões pertinentes a bens ou utilidades da vida. Vivia-se, aí, o execrando período da autotutela ou autodefesa, quando o predomínio nem sempre era do direito, como seria desejável pelas consciências de hoje, e sim da astúcia, da velhacada, do ardil, da prepotência e, de certo modo, das classes dominantes e detentoras ocasionais do poder.

Convencendo-se, não sem grande atraso, de que esse sistema iníquo estava colocando em grave risco a estabilidade não só das relações jurídicas, mas das próprias relações sociais, o Estado, que até então se mantinha em uma atitude irresponsavelmente passiva, interveio nesse campo e trouxe para si o encargo de solucionar, em caráter monopolístico e de maneira imparcial e heterônoma, os conflitos de interesses ocorrentes entre os integrantes do grupamento humano.

Instaura-se, a contar desse episódio de extraordinária importância para o direito dos povos, a Justiça Pública e com ela surge essa tríade fundamental, que viria a constituir-se na viga mestra de todo sistema moderno de solução estatal dos conflitos intersubjetivos de interesses protegidos pela ordem jurídica: a jurisdição, a ação e o processo. A *jurisdição*, mais do que um poder, torna-se um indeclinável dever do Estado de declarar com quem se encontra o direito em disputa; a *ação*, um direito público, de que passaram a ser detentores os indivíduos e as coletividades, de invocar a prestação da tutela jurisdicional (nos casos e forma previstos em lei), sempre que sofrerem lesão de direito ou estiverem na iminência de sofrê-la; o *processo*, um método ou técnica de que se vale o Estado para compor as lides, e que se revela ao mundo sensível pelo procedimento — um conjunto de atos sequentes e preordenados, e em regra preclusivos, que se encaminham para o seu polo de atração magnética: a sentença de mérito.

Esse breve relato histórico demonstra, portanto, que o Estado, por meio da jurisdição, passou a *substituir*, em caráter imperativo e monopolístico, a atividade que os indivíduos e as coletividades tenderiam a desenvolver, diretamente, visando a reparar o direito lesado ou a evitar que a lesão se consumasse.

O caráter substitutivo constitui, por isso, uma das principais características da jurisdição.

São *princípios* da jurisdição:

a) a *investidura*, a significar não ser suficiente que alguém tenha sido aprovado em concurso público para ingresso na magistratura: é indispensável que seja, formalmente, *investido* no cargo ("tome posse", na linguagem popular). À investidura, segue-se o exercício das funções;

b) a *aderência ao território*, porque as normas legais estabelecem limitação territorial para o exercício da jurisdição. No caso da Justiça do Trabalho, por exemplo, os seus juízes possuem competência em relação a todo o território nacional; todavia, a jurisdição deles é estabelecida segundo critérios territoriais. Sob esse ângulo, é correto afirmar que a jurisdição traduz a delimitação da quantidade de competência que é atribuída ao juiz, com vistas à divisão do trabalho;

c) a *indelegabilidade*, uma vez que a atividade jurisdicional não pode ser transferida a quem não seja magistrado; a quem, sendo magistrado, não esteja investido no cargo; ou, estando investido no cargo e em pleno exercício das funções, não detenha competência. A propósito, a autonomia e a independência dos Poderes, que constituem mandamento constitucional (CF, art. 2.º), impedem que a função jurisdicional seja cometida aos Poderes Executivo e Legislativo. Apenas em situações excepcionais, o Legislativo poderá exercer atividades próprias da jurisdição, como ocorre com o julgamento, pelo Senado, nos crimes de responsabilidade, do Presidente e do Vice-Presidente da República, dos Ministros de Estado, dos Comandantes da Marinha, do Exército, da Aeronáutica, dos Ministros do Supremo Tribunal Federal, enfim, de todas as pessoas mencionadas nos incisos I e II, do art. 52, da Constituição Federal;

d) a *inevitabilidade*, segundo a qual o jurisdicionado não pode se recusar a submeter-se à jurisdição, exceto nos casos de expressa imunidade jurisdicional, como é o caso das embaixadas de países estrangeiros e de organismos internacionais;

e) *inafastabilidade* (ou *indeclinabilidade*), por força da qual se assegura a todos o acesso ao Poder Judiciário (CF, art. 5.º, inciso XXXV), desde que observadas as condições da ação legalmente estabelecidas (CPC, art. 17). Esse princípio também está refletido no art. 140 do CPC, segundo o qual o juiz não se pode eximir de proferir decisão, alegando lacuna ou obscuridade do ordenamento jurídico: fazê-lo, seria recusar-se à atividade e à prestação jurisdicionais. Já não se admite, entre nós, o *non liquet* do Direito Romano, que autorizava o juiz a deixar de decidir quando lhe parecesse que a causa estava obscura. Essa expressão decorre da redução de excerto da obra *Noctes Atticae*, do jurista romano Aulo Gélio: *iuravi mihi non liquere, atque ita iudicatu illo solutus sum.*

Em que pese ao fato de a norma constitucional precitada dirigir-se, em princípio, ao legislador, é preciso dizer que ela é aplicável, de maneira indistinta, à generalidade das pessoas e autoridades, aqui incluídos os magistrados: a ninguém é dado, portanto, obstar ou entravar o exercício do direito de ação, consistente na desativação da inércia jurisdicional para buscar a proteção de um direito lesado ou na iminência de sofrer lesão;

f) *juiz natural*, entendido como o juízo preexistente ao fato. Este princípio se opõe ao juízo de exceção, destinado ao julgamento de pessoas ou de crimes, *ex post factum* e sem previsão constitucional. A expressão *juiz natural* foi concebida pelos alemães (*gesetzlicher Richter*) e adotada pelos portugueses. O art. 5.º, inciso XXXVII, de nossa Constituição, dispõe: "não haverá juízo ou tribunal de exceção". Sob a estrita perspectiva do princípio em exame, o Tribunal de Nuremberg — formado por representantes dos governos dos Estados Unidos, França, Grã-Bretanha e União Soviética — constituiu um *tribunal de exceção*, espécie de Corte *ad hoc*, embora não se possa contestar a necessidade de terem sido submetidos a julgamento os nazistas que perpetraram crimes brutais contra a humanidade, durante a II Guerra Mundial. São características do juiz natural: a) a exigência de *determinabilidade*, traduzida em uma prévia individualização dos juízos mediante leis gerais, ou seja, a *preconstituição*; b) garantia de justiça composta por juízes independentes e imparciais; c) a fixação da competência por meio de critérios objetivos; d) observância às prescrições legais quanto à divisão funcional interna;

g) *inércia*, pois o juiz não pode tomar a inciativa de realizar a prestação jurisdicional (*ne procedat iudex ex officio*); é necessário que a parte ou o interessado provoque a jurisdição, retirando-a do ontológico estado inercial em que se encontra (*nemo iudex sine actore*): essa é a regra que dimana do art. 2.º do CPC. Se uma das finalidades da jurisdição é obter a pacificação social, conspiraria contra esse desiderato a possibilidade de permitir-se ao juiz tomar a iniciativa da ação, fato que o tornaria não apenas parcial, aos olhos do réu, mas disseminador de lides — corresponde a dizer desassombrado perturbador da paz social;

h) *plenitude*. Este princípio está sendo por nós incluído para demonstrar que, ao contrário do que entendia a doutrina do passado, a atividade jurisdicional não se circunscreve ao processo de conhecimento, senão que se projeta ao de execução. Justamente por esse motivo é que o art. 4.º do CPC declara que as partes têm o direito de obter em prazo razoável a solução integral do mérito, "incluída a atividade satisfativa".

Apresentam-se como *características* da jurisdição: a) a existência de conflito de interesses; b) a definitividade; c) a substitutividade.

a) em princípio, sem que haja lide — entendida esta como uma pretensão resistida e insatisfeita —, ou seja, um conflito de interesses, não se pode cogitar de jurisdição. Dissemos: *em princípio*, porque, embora a doutrina tradicional visse na denominada *jurisdição voluntária* mera administração pública de interesses privados, o pensamento doutrinal moderno tende a reconhecer nessa *voluntariedade* verdadeira jurisdição, em decorrência da presença estatal;

b) os atos oriundos da jurisdição se tornam definitivos por força da coisa julgada, que constitui garantia constitucional (CF, art. 5.º, XXXVI). Essa definitividade, em rigor, só se consuma com o decurso em branco do prazo para o exercício de ação rescisória (CPC, art. 975);

c) substitutividade, porque, conforme demonstramos em linhas pretéritas, por intermédio da jurisdição o Estado substitui o indivíduo ou a coletividade na realização da justiça.

Como fizemos referência superficial, há pouco, à *jurisdição voluntária*, devemos, agora, deter-nos um pouco mais sobre o tema.

Conforme afirmamos, a doutrina tradicional se recusava a admitir a existência de uma jurisdição voluntária, mediante os seguintes argumentos:

a) o objetivo dos interessados não era provocar a aplicação do direito, mas, a constituição de novas relações jurídicas;

b) não há o caráter substitutivo, próprio da verdadeira jurisdição (na qual o Estado se substitui ao indivíduo na solução do conflito de interesses), mas, simples intermediação do juiz na consecução dos objetivos colimados pelas partes;

c) não há lide, e sim um negócio jurídico entre as pessoas com a participação do magistrado.

Sob essa perspectiva doutrinal, não se poderia falar em partes, senão que em *interessados*, assim como nada haveria de voluntário nessa "jurisdição", pois a instauração do procedimento depende de iniciativa do interessado.

Nós mesmos sempre perfilhamos esse entendimento, conquanto devamos reconhecer que a doutrina atual, de modo majoritário, tem reconhecido o caráter jurisdicional desse ato envolvendo pessoas, levando em conta a presença e a participação do magistrado.

Divide-se a jurisdição em: a) comum ou especial; b) superior ou inferior; c) de direito ou de equidade.

a) *Especial ou comum*. Em princípio, a jurisdição é comum, equivale a dizer, a ela se submetem todas as pessoas. Temos a justiça comum estadual e a federal. Há, porém, jurisdições especiais ou especializada na solução de determinados conflitos de interesses, como a Justiça do Trabalho, a Justiça Militar, a Justiça Eleitoral.

b) *Superior ou inferior*. Essa classificação está, intimamente, jungida ao duplo grau de jurisdição, consistente na possibilidade de determinada causa vir a ser reexaminada por órgão jurisdicional hierarquicamente superior ao que proferiu a decisão recorrida. A jurisdição dita inferior é exercida, via de regra, pelos órgãos de primeiro grau: juízes de direito, juízes do trabalho, juízes federais; a superior, pelos tribunais: de Justiça, Regionais do Trabalho, Regionais Federais, STJ, STF. Não se pode negar, contudo, que sob um ponto de vista macroscópico, todos os tribunais integram jurisdição inferior, se cotejados com o STF. O vocábulo *supremo* significa, precisamente, aquele ou aquilo que se encontra acima de todos ou de tudo.

c) *De direito ou de equidade*. O substantivo *equidade* (do latim *aequitas*, de *aequus*: igual) possui sentido polissêmico: em termos gerais, significa a qualidade do que é justo, imparcial, respeitador da igualdade de direitos de cada um. Juridicamente, consiste na realização da justiça conforme as particularidades do caso concreto. O juiz, entretanto, não se pode valer da equidade para julgar contra a lei (*contra legem*), sob pena de colocar em risco uma das vigas de sustentação de nosso Estado Democrático de Direito, materializada no art. 5.º, inciso II, da Constituição Federal: "ninguém será obrigado a fazer ou deixar de fazer alguma coisa senão em virtude de lei".

A denominada *jurisdição constitucional* compreende:

a) o controle da compatibilidade das leis e dos atos normativos do Poder Público com a Constituição (CF, arts. 102, I, "a" e 103);

b) a jurisdição constitucional das liberdades, que se concretiza pelo uso de *habeas corpus*, de mandado de segurança e de ação popular.

Diante de Estados de Direito, portanto, não é possível admitir-se a alegação de que a equidade procura realizar a justiça que a lei não foi capaz de realizar.

Para o filósofo Aristóteles (384 a.C./322 a.C.), fundador da escola peripatética e do Liceu, o julgamento por equidade era comparável à Régua de Lesbos. Esta era uma régua de metal flexível, que podia ser adaptada às irregularidades do objeto. Assim, para o filósofo de Estagira, ao magistrado cumpria flexibilizar a sua interpretação da lei ao aplicá-la a um julgamento, por forma a amoldá-la às singularidades do caso concreto. Aristóteles possuía uma concepção jusnaturalista da equidade, vinculando-a, desse modo, à noção de direito natural.

As origens institucionais da equidade remontam à *Court of Equity*, na Inglaterra, em que o ocupante do cargo de *Lord Chancellor* solucionava, em última instância, os conflitos de interesses por meio de equidade (*equity*).

O art. 140, parágrafo único, do CPC, adverte que: "O juiz só decidirá por equidade nos casos previstos em lei". Um desses casos, a nosso ver, se localiza no art. 1.694, § 1.º, do Código Civil, conforme o qual os alimentos devem ser fixados na proporção das necessidades do alimentando e dos recursos da pessoa obrigada a prestá-los.

A Lei da Arbitragem (n. 9.307, de 23-09-1996), por sua vez, dispõe no art. 2.º: "A arbitragem poderá ser de direito ou de equidade, a critério das partes". O seu art. 11 faculta, por isso, que o compromisso arbitral possa conter autorização para que o árbitro julgue por equidade, "se assim for convencionado pelas partes" (inciso II).

Não está em nosso propósito excogitar ou elaborar um tratado acerca da equidade, mas, tão somente, dedicar-lhe breve atenção como um dos elementos integrantes da jurisdição.

Passemos, agora, a ocupar-nos da ação e de sua imbricação com a atividade jurisdicional.

Por força de uma saudável tradição, em nosso meio, a ação tem sido inscrita como um direito, uma garantia constitucional do indivíduo e das coletividades, nada obstante o seu exercício tenha sofrido ocasionais restrições, impostas por circunstâncias políticas que estimularam o desferimento de duros golpes nos princípios e nos ideais democráticos. A Suprema Carta Política brasileira em vigor, ao declarar que "a lei não excluirá da apreciação do Poder Judiciário lesão ou ameaça a direito", não apenas reafirma a tradição de que falamos, como estende a garantia da ação aos casos de ameaça de lesão (art. 5.º, XXXV), o que significa um expressivo avanço, se a compararmos à anterior.

Não podemos deixar de reconhecer que o fato de a ação encontrar-se, em nosso país, alcandorada à categoria de direito ou garantia constitucional é de vital relevância para o patrimônio jurídico dos indivíduos e das coletividades, na razão em que a lei ordinária não poderá coarctar — e, quanto menos, cercear —, a que pretexto seja, o exercício desse direito público subjetivo, ainda que temporariamente, embora se compreenda a exigência, que vem das normas infraconstitucionais, de que, para isso, deverão ser atendidas as condições da ação (CPC, arts. 17 e 485, VI).

Cumpre-nos, porém, advertir que o acesso à justiça, vale dizer, o exercício do direito constitucional de ação, não se esgota com o simples ato de a parte apresentar em juízo a petição inicial: é, absolutamente, imprescindível que o sistema legal crie condições para que ela possar exercitar, em juízo, com plenitude, as faculdades e direitos de que é titular. Qualquer embaraço trazido por norma infraconstitucional ao exercício dessas faculdades e direito colocar-se-á em manifesto antagonismo com a ordem constitucional estabelecida. A mesma razão deve ser aplicada ao réu, no que se entende com o direito à ampla defesa. Em que pese ao fato de termos consciência de que a nossa opinião é heterodoxa, estamos convencidos de que a exigência contida no art. 840, § 1.º, da CLT, de que a petição inicial deva indicar o valor de cada pedido (sob pena de indeferimento dessa peça de provocação da atividade jurisdicional), constitui um dos embaraços ao direito de ação, a que acabamos de nos referir; logo, possui laivos de inconstitucionalidade.

A despeito de a autotutela ser vedada por nosso sistema legal (Cód. Penal, art. 345), há exceções a ela, que podem ser consideradas uma espécie de resquício da realização de justiça pelas próprias mãos, quais sejam: a) direito de retenção (CC, arts. 681 e 1.219); b) desforço físico na defesa da posse (CC, art. 1.210); c) direito de cortar raízes e ramos de árvores (CC, art. 1.283); d) penhora legal (CC, arts. 1.467/1.472), entre outras.

Há três espécies de solução de conflitos de interesses mediante *autocomposição*, como sucedâneo da jurisdição, ou seja, como meio alternativo a esta; a condição essencial para a validade da autocomposição é que o interesse material seja disponível. Apreciemo-las:

a) *transação* (negócio jurídico bilateral, sinônimo de conciliação, de acordo — escopo medular da Justiça do Trabalho (CLT, art. 764)), na qual tem sido frequente a instituição de cláusula penal no caso de incumprimento da obrigação (CC, arts. 408/416). A transação só é possível no tocante a direitos patrimoniais de caráter privado (CC, art. 841) e a sua eficácia está condicionada à não transgressão às normas legais;

b) *submissão* (renúncia à resistência à pretensão, como se dá no "reconhecimento da procedência (*sic*) do pedido formulado na ação ou na reconvenção", de que trata o art. 487, III, "*a*", do CPC). Um reparo de ordem técnica: o pedido será sempre "procedente", porque procede (vem) da peça inicial; o que a norma legal supracitada está, em rigor, a referir-se é ao reconhecimento, pelo réu, do direito alegado pelo autor;

c) *desistência* (renúncia à própria pretensão, prevista no art. 487, III, "*c*", do CPC).

Em todos esses casos, ocorre a extinção do processo mediante resolução do mérito, por forma a impedir que o autor possa ajuizar, novamente, a ação, conquanto, em algumas situações, encontre oportunidade para o exercício de ação rescisória.

Não se confunda a *desistência à pretensão*, sobre a qual versamos na letra "*c*", retro, com a *desistência* da ação, prevista no art. 485, VIII, do CPC: como esta última não afeta o direito material subjacente, o autor poderá ajuizar, outra vez, a ação (CPC, art. 486, *caput*), possibilidade que não ocorre na desistência à pretensão.

Uma pequena divagação temática: não raro, pessoas aludem à *litiscontestatio* como sinônimo de *contestação*. Nada mais equivocado. A *litiscontestatio*, na fase da arbitragem facultativa do Direito Romano arcaico, consistia no compromisso formal assumido pelas partes de submeterem-se à decisão do árbitro, escolhido mediante acordo entre elas. Em seguida, o árbitro recebia do pretor o encargo de solucionar o conflito de interesses. Assim era, porque, naquela fase histórica remota, o Estado não se imiscuía nas relações privadas dos indivíduos. Deste modo, nem mesmo por antonomásia a *litiscontestatio* pode ser sinonimizada com a moderna *contestação*, que traduz *oposição* às pretensões deduzidas pelo autor. A partir do século III d.C., no período da *cognitio extra ordinem*, o pretor, contrariando a tradição, passou a julgar, pessoalmente, os mencionados conflitos, instaurando, assim, a justiça pública; significa dizer, a jurisdição, cujas decisões independiam da aceitação ou não das partes: era impositiva.

O princípio da inafastabilidade da jurisdição possui, como procuramos demonstrar, profundas raízes históricas e representa uma espécie de contrapartida estatal ao veto à realização, pelos indivíduos, de justiça por mãos próprias ("exercício arbitrário das próprias razões", na peculiar dicção de nosso Código Penal — art. 345); mais do que isso, ela é uma pilastra de sustentação do Estado de Direito.

É, precisamente, desse compromisso histórico (e moral) assumido com os administrados que dimana o irrecusável dever do Estado de prestar a tutela jurisdicional, sempre que regularmente invocada — ou, até mesmo, de ofício, em situações excepcionais e autorizadas por lei. Esse dever, cabe advertir, não se resume à simples realização prática de distribuição da justiça: é indispensável para o seu pleno cumprimento que a proteção jurisdicional seja ministrada de forma rápida e boa, embora seja forçoso admitir que, em concreto, certas deficiências estruturais inveteradas da organização judiciária de nosso país, agravadas por algumas imperfeições técnicas do processo, façam com que a solução dos conflitos de interesses ocorra em um espaço de tempo muito superior ao tolerável.

Malgrado essa nota preocupante, a ação representa, sem dúvida, esse direito inalienável dos indivíduos e das coletividades de terem "o seu dia na Corte" (*his day in court*) — direito que é produto não somente de uma das mais puras e sublimes manifestações do sentimento democrático como de intensa luta ao longo da história humana.

O princípio sobre o qual estamos a discorrer não pode ser denominado *da ação*, conforme veremos a seguir. Com efeito, a Constituição Federal declara, no inciso XXXV do art. 5.º, que "a lei não excluirá da apreciação do Poder Judiciário lesão ou ameaça a direito"; com isso, está a assegurar o direito de ação, consistente na possibilidade de o indivíduo invocar a prestação da tutela jurisdicional, nos casos e forma previstos em lei.

A particularidade de a prestação dessa tutela — desde que regularmente invocada pelo interessado — não poder ser recusada pelo indivíduo não autoriza a cogitar-se do *princípio da ação*, e sim *inafastabilidade da jurisdição.*

A garantia do exercício do direito de ação traduz, aliás, uma salutar tradição constitucional de nosso País.

Grande parte das Constituições republicanas brasileiras continha cláusula a esse respeito. Constituem exceções as Constituições de 1891, 1934 e 1937. Na Carta de 1937, outorgada por Getúlio Vargas após um golpe de Estado, somente se garantia a igualdade de todos perante a lei (art. 122, 1). O direito de ação foi assegurado, de maneira expressa, pelas Constituições de 1946, que redemocratizou a vida do País (art. 141, § 4.º), de 1967 (art. 150, § 4.º) e de 1988 (art. 5.º, XXXV). Merece ser referido — e, sem dúvida, lamentado — o fato de o Ato Institucional n. 8, de 13 de dezembro de 1968, editado pelo regime militar, haver excluído "de qualquer apreciação judicial todos os atos praticados de acordo com este Ato Institucional e seus Atos Complementares bem como os respectivos efeitos" (art. 11).

O grande contributo da Constituição Federal de 1988 ao tema em estudo consistiu em assegurar o exercício do direito de ação não somente nos casos de *lesão* de direito, mas nos de simples *ameaça* de lesão. Como essa ameaça torna o direito material periclitante, isto quer dizer que o risco pode ser afastado por meio das *tutelas de urgência*, dentre as quais se incluem as de natureza cautelar (máxime as derivantes do poder geral de cautela, que o art. 301 do CPC atribui, em abstrato, aos magistrados) e a ação de mandado de segurança, apenas para mencionarmos algumas.

Em termos práticos, o inciso XXXV do art. 5.º da Constituição está a advertir que o legislador infraconstitucional não poderá, por que motivo for, excluir, ainda que temporariamente, da apreciação dos órgãos do Poder Judiciário qualquer lesão ou ameaça de lesão a direito. Qualquer exceção quanto a essa regra somente poderá advir da própria Constituição, conforme demonstra o art. 217, a teor do qual: "O Poder Judiciário só admitirá ações relativas à disciplina e às competições desportivas após esgotarem-se as instâncias da justiça esportiva, regulada em lei". Com vistas a isso, a justiça esportiva terá o prazo de sessenta dias, contados da instauração do processo, para proferir decisão final (*ibidem*, § 2.º).

Entre nós, portanto, a ação constitui um direito público subjetivo e abstrato, consistente em obter a tutela jurisdicional do Estado. Por outras palavras, a ação se apresenta como o *direito subjetivo* à sentença de mérito, ainda que, em situações extraordinárias, o processo possa vir a ser extinto sem pronunciamento acerca do mérito (CPC, art. 485) — fato sempre a lamentar-se, por implicar perda de tempo e de atividade jurisdicional, para não cogitarmos de perda financeira para o autor, que teve de contratar advogado para ingressar em juízo; e o réu, para defender-se. Para que o direito constitucional de ação seja regularmente exercido, contudo, será necessário que a parte o faça no prazo legal e atenda às *condições* previstas em lei, quais sejam: legitimidade para a causa e interesse de processual (CPC, arts. 17 e 485, VI); exigir-se-á, ainda, a presença dos pressupostos de constituição e de desenvolvimento regulares da relação jurídica processual (CPC, art. 485, IV).

Conquanto o CPC de 1973 também tenha indicado como condições para o exercício da ação a legitimidade e o interesse processual (art. 3.º), o seu art. 267, inciso VI, incluía, por influência da doutrina de Enrico Tulio Liebman, a *possibilidade jurídica do pedido*. Sempre discordamos desse acréscimo, pois se a falta das condições da ação conduziria à extinção do processo sem pronunciamento sobre o mérito, isso significava que o autor poderia ajuizar a ação novamente (art. 268). Ora, se a *possibilidade jurídica* significava a *inexistência* de veto legal à formulação de determinada pretensão, era evidente que essa particularidade tinha pertinência com o mérito da causa, de tal arte que, em rigor, se o juiz extinguisse o processo por ser o pedido juridicamente impossível, o autor não poderia ajuizar, outra vez, a ação. Tempos depois, o próprio Liebman reviu a sua doutrina, acabando por excluir do elenco das condições da ação a possibilidade jurídica do pedido.

Consulte-se, a propósito, o seu livro *Manuale di Diritto Processuale Civile* (Giuffré, 1973, p. 1973).

A Lei n. 9.307, de 23-09-1996, que dispõe sobre a *arbitragem*, não é inconstitucional, pois não proíbe o exercício do direito de ação: tão somente faculta às partes resolver os seus litígios de natureza patrimonial por meios extrajudiciais, mediante a eleição de árbitro. Para isso, o contrato deverá conter *cláusula compromissória* e ser firmado o *compromisso arbitral*. Se uma das partes se recusar a assinar esse compromisso, a outra poderá ingressar em juízo, a fim de que a recusante seja citada para vir assinar o termo (art. 7.º). Convém lembrar que a sentença arbitral (antigo laudo arbitral) produz, entre as partes e sucessores, os mesmos efeitos da sentença proferida pelo Poder Judiciário e, sendo condenatória, constitui título executivo (art. 31). De qualquer forma, a parte interessada poderá se dirigir ao Poder Judiciário para pleitear a nulidade da sentença arbitral (art. 33), quando for o caso.

Devemos, ainda, referir o fato de a Lei n. 13.467/2017 (*Reforma Trabalhista*) haver inserido na CLT os arts. 855-B a 855-E, mediante os quais instituiu o que denominou de "*Processo de Jurisdição Voluntária para Homologação de Acordo Extrajudicial*". Enquanto a *arbitragem* pode ser indicada como modalidade de renúncia à jurisdição cognoscitiva (embora a sentença condenatória constitua título executivo), o procedimento estabelecido pelos arts. 855-B a 855-E da CLT, configura, em sua origem, forma híbrida, porquanto, de um lado, o acordo, como negócio jurídico bilateral, é estabelecido de modo extrajudicial, conquanto, de outro, a sua eficácia dependa de homologação judicial. O procedimento a que nos referimos é simplificado: inicia-se por petição conjunta, subscrita pelos advogados das partes (facultando-se, ainda, ao trabalhador, a assistência por advogado de sua categoria), sendo submetida à apreciação do juiz, que deverá proferir sentença em quinze dias, facultando-lhe, antes disso, designar audiência (CLT, arts. 855-B e 855-D).

Em nosso livro *O processo do trabalho e a reforma trabalhista* (3.ª ed. São Paulo: LTr Editora, 2020. p. 339-360) pudemos examinar, de maneira exaustiva, os diversos aspectos do procedimento de jurisdição voluntária para homologação de acordo extrajudicial. Nesse livro, observamos que, em rigor, não haveria *processo*, mas, simples *procedimento*; nem *jurisdição*, e sim, administração pública de interesses privados (no tocante ao direito material, objeto da transação); nem seria *voluntária*, por depender da iniciativa dos interessados; e, a propósito, também não haveria *parte*, senão que simples interessados. Não ignoramos o fato de a nossa manifestação ter viso de heterodoxia. Pois seja.

Embora determinado segmento da doutrina se recuse a distinguir o *direito de ação* do *direito de petição*, parece-nos que essa separação é justificável. Assim dizemos, não em decorrência do fato de o primeiro estar previsto no inciso XXXV e o segundo no inciso XXXIV, *"a"*, ambos do art. 5.º da Constituição, e sim, porque enquanto aquele, como vimos, se destina a obter um pronunciamento *jurisdicional*, este visa a uma resposta ou manifestação dos poderes públicos em geral, aí incluída a Administração e a Legislatura. O direito de petição é de natureza *política*. Podemos também afirmar que o direito de ação tem como motivação o interesse particular de quem o exerce, interesse vinculado a um bem ou a uma utilidade da vida — lesados ou ameaçados de lesão —, ao passo que o exercício do direito de petição independe de o peticionário ter sofrido lesão de direito ou a lesão ser iminente, pois a petição é dirigida a uma autoridade, à qual se cientifica a ocorrência de ilegalidade ou abuso de poder, para que adote as providências que o caso está a exigir. Trata-se, portanto, de um *direito da cidadania*.

3. Juiz natural

Julgamos pouco didática a difundida locução *juiz natural*, pois, à risca, não reflete a ideia que, por meio dela, se procura expressar. Melhor seria, p. ex., que se falasse em *juízo preexistente*, porquanto o que o princípio *sub examen* busca demonstrar é a garantia de as pessoas serem julgadas por órgão jurisdicional instituído anteriormente ao fato que motivou o ajuizamento da ação em face delas, coibindo-se, com isso, a criação de tribunais de exceção ou de juízos *ad hoc*, vale dizer, incumbidos de julgar, com discriminação, determinadas pessoas.

O princípio em exame está inscrito no inciso XXXVII da Constituição em vigor, assim redigido: "não haverá juízo ou tribunal de exceção". Repitamos: a cláusula do *juiz natural* (ou *juiz legal*, como preferem os alemães) surgiu, entre nós, na Constituição Federal de 1946: "Não haverá foro privilegiado nem juízes e tribunais de exceção" (art. 141, § 26). Considerando que tribunal ou juízo de exceção é o que foi criado para julgar fato já ocorrido, não é despropositado falar-se em tribunal *ad hoc*, cuja expressão latina significa "para isto". *Ad hoc* ou casuístico.

Melhor explicando: a cláusula constitucional do *juiz natural* representa a garantia de que alguém somente poderá ser condenado por órgão jurisdicional *preexistente* ao ato praticado por essa pessoa, vale dizer, por órgão judicante *pré-constituído*. Proíbe-se, assim, a constituição de órgão destinado ao julgamento de questões *ex post facto*.

A existência de tribunais de exceção poderia fazer com que esses órgãos *casuísticos* fossem levados a prejulgar ou a julgar sob forte influência de certas circunstâncias ou injunções políticas, religiosas, emocionais, étnicas etc., ou seja, a decidir de maneira preconceituosa, de tal modo que o ideal de justiça cederia lugar ao espezinhamento de direitos, à retaliação, à afronta à dignidade das partes, notadamente, do réu. É oportuno observar não ser por acaso que a instituição de tribunais de exceção tem coincidido, historicamente, com o surgimento de regimes ditatoriais. Logo, fica evidente que a cláusula do juiz natural constitui traço característico dos Estados Democráticos de Direito.

Repugnaria, deveras, à consciência jurídica e ao espírito democrático a possibilidade de alguém vir a ser julgado por uma corte instituída, propositadamente, para aquele caso, ou seja, para apreciar o ato praticado por determinada pessoa ou por determinado grupo de pessoas. Seria, à evidência, um tribunal de preconceitos, quando o que reclamam os ideais de justiça é que o juízo seja, simplesmente, preconcebido (e imparcial, como é óbvio). Sob esse aspecto, impõe-se reconhecer que a competência dos diversos órgãos jurisdicionais guarda estreita vinculação com o princípio do juiz natural, pois sendo defesa a criação de tribunais de exceção, isso corresponde não apenas a proclamar a garantia constitucional do juízo preconcebido, como a de que o julgamento seja sempre realizado por órgão competente — conforme se encontrem distribuídas, em lei, as diversas competências.

A mencionada cláusula, aliás, se completa com a do *juízo competente*, contida no inciso LIII do art. 5.º da Constituição. Por uma questão metodológica, no entanto, separamos as duas cláusulas, a fim de as examinarmos, individualmente. Por ora, estamos a nos dedicar à do *juiz natural*; a do *juízo competente* será apreciada no próximo item (4).

Para que a cláusula do juiz natural não ficasse gravemente comprometida pelas vicissitudes e injunções da realidade prática, a Constituição Federal concedeu aos juízes determinadas garantias indispensáveis ao pleno exercício das funções, como as da vitaliciedade, da inamovibilidade e da irredutibilidade de vencimentos (art. 95, incisos I a III). Em contrapartida, a LOMAN e o CPC lhe impuseram uma série de *deveres*, dentre os quais sobressai o de *imparcialidade* (CPC, art. 139, I).

Em resumo, o princípio do juiz natural é formado pelos seguintes elementos: a) pré-constituição do órgão jurisdicional; b) competência do órgão; c) independência e imparcialidade dos juízes.

Juízo natural e *juízo especializado*, entrementes, são expressões inconfundíveis: enquanto aquela, como dissemos, espelha a garantia constitucional de que alguém somente poderá ser condenado por tribunal pré-constituído, este indica a presença de órgãos jurisdicionais dotados de competência específica (em contraposição à competência comum), como é o caso da Justiça do Trabalho, da Justiça Eleitoral, da Justiça Militar, levando em conta a natureza das lides a serem solucionadas. Essa especialização dos juízos derivou de certas conveniências sociopolíticas, que não se relacionam, necessariamente, com as bases do regime democrático. Assim estamos a asseverar porque, no tocante ao juízo natural, como procuramos demonstrar, há um estreito vínculo com a ordem democrática, se considerarmos que esse juízo representa um expressivo corolário do Estado de Direito, fora do qual, por isso, dificilmente sobreviveria.

Também não se pode confundir *tribunal de exceção* (que é vedado) com *prerrogativa de foro* (que é lícita). Esta prerrogativa ocorre quando a lei, pondo à frente o interesse público, define a competência do órgão jurisdicional segundo o foro. Dessarte, as ações de divórcio, separação, anulação de casamento e reconhecimento ou dissolução de união estável devem ser ajuizadas no foro previsto no art. 53, I, alíneas "*a*" a "*c*", do CPC, porquanto dizem respeito a direito indisponível. De igual forma, na ação de alimentos, a ação deve ser exercida no foro do domicílio ou da residência do alimentando (*ibidem*, II). Um outro exemplo de prerrogativa a ser referido é o do julgamento do Presidente da República pelo Senado Federal, não pelo Poder Judiciário, nos crimes de responsabilidade, conforme prevê o art. 52, I, da Constituição.

4. Juízo competente

Considerando que o Estado é detentor do monopólio da jurisdição, poderia parecer lógica a conclusão de que seria facultado ao jurisdicionado exercer o direito de ação perante qualquer autoridade judiciária, pouco importando as pessoas envolvidas no conflito de interesses; a matéria que desse conteúdo às pretensões de direito material; a localidade em que o fato ocorreu, o local de residência do autor etc.

Essa imaginária jurisdição inespecífica, ou "indiferente", por força da qual os juízes poderiam solucionar toda e qualquer lide que lhes fosse submetida à cognição, acarretaria, por suposto, inúmeros inconvenientes de ordem prática, a começar pela distribuição desproporcional da massa de ações (pois o autor preferiria ver a causa apreciada por juiz de sua predileção pessoal, por exemplo); pela dificuldade de os magistrados dominarem, de maneira satisfatória, todas as áreas do conhecimento jurídico (cultura enciclopédica), que hoje são extremamente vastas e complexas; pelo menosprezo às singularidades marcantes de cada espécie de lide e o mais. Pondo à frente esses fatos, o nosso sistema legal atribuiu distintas competências aos órgãos jurisdicionais, tendo em vista a matéria, as pessoas, o valor da causa, o território e a hierarquia. Por outras palavras, o legislador fixou a *quantidade* de jurisdição para cada órgão do Poder Judiciário. Deste modo, podemos dizer que a definição de uma competência em benefício de um juízo exclui, de forma automática, a competência de qualquer outro. Com efeito, não se admite, em princípio, a existência de mais de um juízo competente para apreciar a mesma causa. Tanto isto é exato que, se houver conflito *positivo* (para cogitarmos apenas deste) de competência, o Tribunal será chamado a declarar qual é o (único) juízo competente.

A única exceção à regra legal de que a competência se define, exclusivamente, com relação a um juízo decorre da competência em razão do território (*ratione loci*). Sucede que eventual incompetência, neste caso, por ser relativa, deverá ser alegada no momento oportuno, pelo interessado, mediante exceção (CLT, arts. 799 e 800), sob pena de a competência prorrogar-se (melhor: deslocar-se) em favor do juízo perante o qual o direito de ação foi exercido (CPC, art. 65, por analogia). No processo do trabalho, o réu, sendo citado para a ação, disporá do prazo de cinco dias, antes da audiência, para arguir a incompetência territorial do juízo. É apropositado esclarecer que a competência ou a incompetência é do *juízo* e não do *juiz*.

Tão relevante é a distribuição das competências que a *Constituição Política do Imperio do Brazil*, mandada observar por Dom Pedro Primeiro, "Imperador Constitucional, e Defensor Perpetuo do Brazil", dispunha em seu art. 179, XI: "Ninguem será sentenciado, senão pela Autoridade competente, por virtude de Lei anterior, e na fórma por ella prescripta". Essa garantia esteve presente nas Constituições de 1891 (art. 72, § 15), 1934 (art. 113, § 26) e 1946 (art. 141, § 27). Omitiram-nas as Constituições de 1937 e de 1967.

A Constituição Federal vigente declara (logo, assegura) que ninguém poderá ser processado "senão pela autoridade competente" (art. 5.º, inciso LIII). Essa norma está a patentear não apenas que o julgamento por juízo competente constitui uma garantia constitucional do indivíduo e das coletividades, assim como a impossibilidade de o legislador ordinário interferir nesse terreno das competências, modificando-as. É elementar, contudo, que a regra estampada no art. 5.º, LIII, da Constituição leva em conta as competências ditas *absolutas*, como se dá com as pertinentes à pessoa, à matéria, à hierarquia. Segue-se que esse mandamento constitucional não será contravindo pelo fato de, eventualmente, a ação vir a ser exercida em juízo incompetente em razão do *território*, pois a incompetência, no caso, é *relativa*.

De tal arte, no processo do trabalho, se a incompetência em razão do território não for alegada pelo réu, no momento oportuno, por meio de exceção, a consequência prática será o deslocamento da competência para o juízo que, em princípio, não a detinha. Esse deslocamento, entrementes, não ocorrerá se a incompetência for absoluta, porquanto esta pode ser alegada em qualquer tempo e grau de jurisdição, independentemente de exceção (CPC, art. 64, § 1.º). Aliás, somente a incompetência *absoluta* pode ser declarada por iniciativa do juiz (*ex officio*). Demais, apenas a sentença proferida por juízo absolutamente incompetente pode ser objeto de ação rescisória (CPC, art. 966, II).

Nem se deixe de afirmar que, enquanto a incompetência absoluta pode — e deve — ser conhecida *ex officio* pelo juízo (CPC, art. 64, § 1.º), a relativa cumpre ser alegada pela parte, sob pena de preclusão (art. 65).

Podemos assentar, à guisa de diretriz pragmática, que a competência não é do juízo que a deseja ter, e sim, daquele ao qual a norma — constitucional ou infraconstitucional —, expressamente, a atribui.

É oportuno rememorar que, outrora, o direito escocês concebeu a doutrina do *forum non conveniens*, segundo a qual era permitido ao juiz recusar o processamento de uma causa se considerasse que, apesar de competente para aquela demanda, a escolha do autor era abusiva ou inaceitável por haver outro foro mais adequado. Essa doutrina em nada se confunde com a possibilidade, assegurada pela lei processual brasileira, de o juiz suscitar conflito – positivo ou negativo – de competência, conquanto também se reconheça à parte o direito a essa suscitação, por meio de resposta excecional.

Em linhas gerais, o procedimento da exceção de incompetência, no âmbito da Justiça do Trabalho, é este, nos termos do art. 800 da CLT:

a) a petição deverá ser protocolada no prazo de cinco dias contados da citação, antes da audiência (*caput*);

b) o processo será suspenso e não se realizará a audiência de que trata o art. 843, da CLT, até que seja decidida a exceção (§ 1.º);

c) os autos serão imediatamente conclusos ao juiz, que intimará o excipiente e, se for o caso, os litisconsortes, para manifestação no prazo comum de cinco dias (§ 2.º);

d) se entender necessária a produção de prova oral, o juízo designará audiência, garantindo o direito de o excipiente e de suas testemunhas serem ouvidos, mediante carta precatória, no juízo que este houver indicado como competente (§ 3.º);

e) decidida a exceção de incompetência territorial, o processo retomará seu trâmite, com a designação de audiência, a apresentação de defesa e a instrução processual no juízo competente.

Nos sítios do processo civil, o procedimento pertinente à *alegação* de incompetência é traçado pelo art. 340. Aludimos à *alegação*, pois a incompetência, ao contrário do que se passa no processo do trabalho, não deve ser objeto de *exceção* (como modalidade de resposta autônoma do réu), cumprindo ser formulada na própria contestação (art. 337, II), como preliminar (art. 64, *caput)*.

No processo do trabalho, o ato pelo qual o juiz se pronuncia sobre a incompetência relativa não traduz sentença, e sim, decisão interlocutória, sendo, em princípio, irrecorrível de imediato. Dissemos: *em princípio*, porque há situações em que a decisão é recorrível, como quando for "terminativa do feito", para fazermos uso da expressão contida no art. 799, § 2.º, da CLT.

Está na Súmula n. 214 do TST:

> DECISÃO INTERLOCUTÓRIA. IRRECORRIBILIDADE *(nova redação)* – Res. n. 127/2005, DJ 14, 15 e 16-03-2005
>
> "Na Justiça do Trabalho, nos termos do art. 893, § 1.º, da CLT, as decisões interlocutórias não ensejam recurso imediato, salvo nas hipóteses de decisão: a) de Tribunal Regional do Trabalho contrária à Súmula ou Orientação Jurisprudencial do Tribunal Superior do Trabalho; b) suscetível de impugnação mediante recurso para o mesmo Tribunal; c) *que acolhe exceção de incompetência territorial, com a remessa dos autos para Tribunal Regional distinto daquele a que se vincula o juízo excepcionado, consoante o disposto no art. 799, § 2.º, da CLT*". (Destacamos)

Há casos, embora raros, em que o próprio autor da ação argui a incompetência do juízo. Se isso ocorrer, aparentemente, estaremos diante de mais um episódio de surrealismo judiciário. Estaremos, todavia, enganados. Digamos que a ação haja sido exercida no juízo **A**, que se declara incompetente em razão do território e ordena a remessa dos autos ao juízo **B**, vinculado ao *mesmo* Tribunal. O autor entende, em face dessa nova realidade processual, que os autos deveriam ser encaminhados ao juízo **C**; todavia, não poderá recorrer da referida decisão, pois os autos serão remetidos ao tribunal a que se vinculam os juízos **A** e **B**. Não se trata, portanto, da situação prevista na letra *"c"*, da Súmula n. 414. TST, pois o juízo **B** não está vinculado ao tribunal *diverso* daquele a que está jungido o juízo **A**. Sendo assim, intimado da recepção dos autos pelo juízo **C**, nada obsta a que o trabalhador argua a incompetência *ratione loci* desse juízo, alegando ser competente o **C**.

No item 2, retro, discorremos sobre o princípio da *inafastabilidade da jurisdição*, oportunidade em que fizemos referência aos art. 855-A a 855-E da CLT, introduzidos pela Lei n. 13.467/2017, que instituíram o denominado *processo de jurisdição voluntária para homologação de acordo extrajudicial*. Pois bem. O art. 652 da CLT atribui competência às Varas do Trabalho para "decidir quanto à homologação de acordo extrajudicial em matéria de competência da Justiça do Trabalho".

Lê-se na Justificativa do Projeto n. 6.787/2016, que se converteu na Lei n. 13.467/2017:

> "Como já mencionado, uma de nossas preocupações é a de reduzir a litigiosidade das relações trabalhistas, e a forma pela qual estamos buscando implementar esse intento é o estímulo à **conciliação extrajudicial**. Se houver uma composição prévia entre as partes, reduz-se sensivelmente o ingresso de ações na Justiça do Trabalho.
>
> Essa iniciativa, todavia, não pode se contrapor ao princípio constitucional do livre acesso à Justiça. Em outras palavras, não há como restringir o acesso ao Judiciário mediante acordos individuais celebrados extrajudicialmente no momento da rescisão contratual.
>
> Tentou-se, em determinado momento, condicionar o ingresso à ação judicial à tentativa prévia de conciliação entre as partes, por intermédio das Comissões de Conciliação Prévia (CCP). Mesmo diante da tentativa de caracterizar a tentativa prévia de conciliação na CCP como um requisito processual, o STF entendeu que essa exigência era inconstitucional por contrariar o princípio da liberdade de acesso ao Judiciário.
>
> Do mesmo modo, sofre grande resistência a ideia de se conceder eficácia liberatória ao termo de rescisão homologado pelas partes, em relação às parcelas homologadas e discriminadas no recibo.
>
> Assim, estamos, por intermédio da nova redação sugerida à alínea "f" do art. 652 da CLT, conferindo competência ao Juiz do Trabalho para decidir quanto à homologação de acordo extrajudicial em matéria de competência da Justiça do Trabalho. Em complemento, estamos incorporando um Título III-A ao Capítulo X da CLT para disciplinar o processo de jurisdição voluntária para homologação de acordo extrajudicial.
>
> Esse ato dependerá de iniciativa conjunta dos interessados, com assistência obrigatória de advogado. Ouvido o Juiz, se a transação não visar a objetivo proibido por lei, o Juiz homologará a rescisão. A petição suspende o prazo prescricional, que voltará a correr no dia útil seguinte ao trânsito em julgado da decisão denegatória do acordo.

Esperamos que, ao trazer expressamente para a lei a previsão de uma sistemática para homologar judicialmente as rescisões trabalhistas, conseguiremos a almejada segurança jurídica para esses instrumentos rescisórios, reduzindo, consequentemente, o número de ações trabalhistas e o custo judicial.

Sobre este tema, foram acatadas as Emendas ns. 56, do Deputado Laércio Oliveira (SD/SE), e 545, do Deputado Ronaldo Carletto (PP/BA)."

Acerca do procedimento trazido pelos arts. 855-B a 855-E da CLT, escrevemos em outro livro:

> "Colocando ao largo essas nótulas de ordem técnica, devemos dizer que a competência agora atribuída às Varas do Trabalho para "*decidir quanto à homologação de acordo extrajudicial em matéria de competência da Justiça do Trabalho*" foi motivada pela preocupação de estimular a *conciliação extrajudicial*, que, por sua vez, teria, em tese, como escopo *a latere* reduzir o montante das ações que, cotidianamente, são submetidas à apreciação da Justiça do Trabalho. Temos fundadas dúvidas sobre o atingimento desse objetivo legal, uma vez que, não havendo obrigatoriedade: a) de "homologação" da dissolução do contrato de trabalho, pela entidade sindical, pela Delegacia Regional do Trabalho, pelo Ministério Público ou pelo Juiz de Paz, em "decorrência da revogação dos arts. 1.º, 3.º e 7.º, do art. 477, da CLT; b) de o empregado realizar o acordo de que fala o art. 855-B, da CLT, a tendência será fazer com que o trabalhador invoque a tutela da Justiça do Trabalho, com o objetivo de receber aquilo a que julga fazer jus, e que não lhe foi pago no instrumento de dissolução contratual" (*O processo do trabalho e a reforma trabalhista.* 3.ª ed. São Paulo: LTr Editora, 2020. p. 346).

5. Igualdade de tratamento

Conforme vimos, no item 2, retro, concernente à inafastabilidade da jurisdição, a partir do momento — de extraordinária importância histórica — em que o Estado proibiu aos indivíduos a realização de justiça pelas próprias mãos (autotutela), não só assumiu o compromisso ético e político de efetuar, de maneira rápida e satisfatória, a entrega da prestação jurisdicional, como de ministrar um tratamento rigorosamente *igualitário* às partes.

É o que se fez estampar no art. 7.º do CPC: "É assegurada às partes paridade de tratamento em relação ao exercício de direitos e faculdades processuais, aos meios de defesa, aos ônus, aos deveres e à aplicação de sanções processuais, competindo ao juiz zelar pelo efetivo contraditório".

Em termos objetivos, devemos dizer que um dos deveres do magistrado consiste em tratar igualmente os litigantes. Esse dever, conquanto esteja previsto nos arts. 7.º e 139, inciso I, do CPC, decorre, na verdade, da regra geral inscrita no art. 5.º, *caput*, da Constituição, segundo a qual *todos são iguais perante a lei*, sem distinção de qualquer natureza. Essa regra de isonomia deve ser acatada, portanto, não apenas pelo legislador, mas pelo próprio magistrado.

A Constituição de 1824, outorgada por D. Pedro I — "Imperador Constitucional, e Defensor Perpetuo do Brazil" —, já estabelecia no art. 179, n. XII: "A Lei será igual para todos, quer proteja, quer castigue, e recompensará em proporção dos merecimentos de cada um".

Essa cláusula foi reproduzida, *mutatis mutandis*, pelas Constituições de 1891 (art. 72, § 2.º), 1934 (art. 113, 1), 1937 (art. 122, 1), 1946 (art. 141, § 1.º), 1967 (art. 150, § 1.º), significa dizer, está inscrita em todas as Constituições republicanas do Brasil.

A Declaração Universal dos Direitos do Homem, aprovada em Resolução da III Sessão Ordinária da Assembleia Geral da ONU, em Paris, 1948, estabelece no art. 10, *verbis*:

> "Todo homem tem direito, *em plena igualdade*, a uma justa e pública audiência por parte de um tribunal independente e *imparcial*, para decidir os seus direitos e deveres ou do fundamento de qualquer acusação criminal contra ele." (Destacamos)

A Convenção Americana sobre Direitos Humanos (Pacto de São José da Costa Rica), integrante do ordenamento jurídico brasileiro, em virtude do Decreto n. 678, de 06-11-1992, por seu turno, dispõe, no art. 8.1:

> "toda pessoa tem direito a ser ouvida, com as devidas garantias e dentro de um prazo razoável, por um juiz ou tribunal competente, independente e *imparcial*, estabelecido anteriormente por lei, na apuração formal de qualquer acusação penal formulada contra ela, ou para que se determinem seus direitos ou obrigações de natureza civil, trabalhista, fiscal ou de qualquer outra natureza." (Destacamos)

Seria, em verdade, intolerável a existência de juízes parciais, iníquos, tendenciosos, pois isso colocaria sob grave risco não só a respeitabilidade dos pronunciamentos jurisdicionais, mas a própria razão de ser do Poder Judiciário. Sob esse ângulo, chega a encerrar um certo vício pleonástico a expressão *juiz imparcial*, como se pudessem existir, institucionalmente, juízes *parciais*.

Quando se fala em imparcialidade judicial não se está unicamente a asseverar que o juiz deve propiciar iguais oportunidades às partes, e sim que, de modo mais amplo, a ele incumbe subministrar um tratamento isonômico aos litigantes em todas as fases do procedimento. A quebra, pelo magistrado, de seu ontológico e indeclinável dever de neutralidade, por traduzir uma forma de discriminação, poderá ensejar a nulidade do processo, se houver manifesto prejuízo ao discriminado (CLT, art. 794).

Igualdade *perante* a lei não é o mesmo que igualdade *na* lei. A primeira corresponde à obediência das normas jurídicas gerais aos casos concretos, de acordo com o que tenha sido estabelecido por elas; a segunda significa que as normas jurídicas não podem trazer distinções não admitidas pela Constituição.

A igualdade, contudo, não deve ser estabelecida de maneira exclusiva sob o ponto de vista *formal*, de tal modo que não se possa ministrar tratamento diferenciado às pessoas em geral; essa igualdade deve ser determinada segundo o aspecto *real*, vale dizer, só se deve tratar com isonomia as pessoas ou entes natural e *substancialmente* iguais. No caso da assistência judiciária gratuita (CF, art. 5.º, LXXIV), por exemplo, faz-se distinção entre pessoas para beneficiar aquelas que não possuem condições financeiras para demandar em juízo, sem detrimento pessoal ou familiar; em outras palavras, para beneficiar o hipossuficiente.

No curso do processo de conhecimento, em que ainda não há uma definição quanto a quem possui o direito disputado, a cláusula constitucional do tratamento igualitário deve ser observada em sua plenitude, sob pena de nulidade. No processo de execução, entretanto, já houve pronunciamento jurisdicional (transitado em julgado) reconhecendo o direito do exequente. Por esse motivo, a ampla defesa deve ser considerada segundo a posição que as partes ocupam na relação processual. A Exposição de Motivos do CPC de 1973 declarava que, na execução, o exequente possuía *preeminência* jurídica, enquanto o executado ficava em *estado de sujeição* — não à vontade do exequente, mas, ao comando que se irradiava do título executivo judicial. O art. 797 do CPC de 2015 (reproduzindo o teor do art. 612 do CPC de 1973) proclama que a execução se processa *no interesse do exequente.* Essa norma legal não está a preconizar um tratamento anti-igualitário, em benefício do exequente e em detrimento do executado, senão que a revelar que os atos executivos estão a serviço dos interesses daquele a quem a sentença reconheceu o direito alegado. Sendo assim, é justificável a exigência legal de que o executado, para defender-se, na execução por quantia certa, deva oferecer bens à penhora (CLT, art. 884).

Seria de indagar-se, a esta altura de nossa exposição, se a prerrogativa que o CPC atribui ao Ministério Público, consistente no prazo em dobro para manifestar-se nos autos (art. 180) e, à Fazenda Pública, sob a forma de *reexame necessário* das decisões que lhe forem desfavoráveis (art. 496, I), não acarreta transgressão da norma constitucional que diz da igualdade de todos perante a lei. Certamente que não. O que o art. 5.º, *caput*, da Constituição proíbe, conforme salientamos, é a distinção lesiva *entre iguais* e não entre pessoas que se encontram vinculadas a situações ou a estados naturalmente distintos. Sob este aspecto, compreende-se que a finalidade dos arts. 180 e 496, I, do CPC, não foi estabelecer uma odiosa discriminação entre pessoas ou realizar um aviltamento da dignidade dos particulares em geral, senão que dar preeminência ao *interesse público*. Note-se que a própria Constituição, em diversos momentos, atribui supremacia ao interesse público, em cotejo com o particular, como quando, por exemplo, determina que a execução por quantia certa contra a Fazenda Pública se realiza mediante precatório (art. 100, *caput*), exceto no caso de "pagamento de obrigações definidas em lei como de pequeno valor" (*ibidem*, § 3.º).

Em outras situações, a prerrogativa leva em conta o cargo ocupado pela pessoa. Tal é o caso do art. 454 do CPC que indica o rol de pessoas a serem inquiridas, na qualidade de testemunhas, em sua residência ou no local em que exercem a sua função.

Uma nótula necessária se refere à omissão do art. 454 do CPC aos juízes de primeiro grau e aos membros do Ministério Público. Com efeito, embora o inciso X da precitada norma somente faça alusão aos desembargadores dos Tribunais de Justiça e aos juízes dos Tribunais Regionais Federais, dos Tribunais Regionais do Trabalho e dos Tribunais Regionais Eleitorais, os juízes de primeiro grau também são destinatários dessas prerrogativas, pois, nos termos do art. 33 da Lei Complementar n. 35, de 14-03-1979 (LOMAN): "São prerrogativas do magistrado: I — ser ouvido como testemunha em dia, hora e local previamente ajustados com a autoridade ou Juiz de instância igual ou inferior". Essa norma da LOMAN compreende todo e qualquer magistrado, independentemente do grau de jurisdição em que exerça as suas funções. Por outro lado, estabelece o art. 18, II, letra "*g*", da Lei Complementar n. 75, de 20.5.1993 (LOMP), constituírem prerrogativas processuais dos membros do Ministério Público, entre outras, a de: "g) ser ouvido, como testemunha, em dia, hora e local previamente ajustados com o magistrado ou a autoridade competente". A Lei n. 8.625, de 12-02-1993, repete essa regra no art. 40, I.

Com vistas a tornar concreta a prerrogativa que o *caput* do art. 454 outorga às pessoas identificadas nos incisos I a XII, o juiz deverá solicitar a uma dessas autoridades que designe dia, hora e local para ser inquirida. Nesse mesmo ato, remeterá à autoridade cópia da petição inicial ou da defesa da parte que a arrolou como testemunha.

Decorrido um mês sem manifestação da autoridade, esta perderá a prerrogativa de que falamos há pouco, cumprindo ao juiz designar dia, hora e local para o depoimento, que será, de preferência, na sede do juízo.

Caso a autoridade designe dia, hora e local para ser inquirida, mas deixe de comparecer, injustificadamente, à sessão agendada para o seu depoimento, o juiz deverá designar dia, hora e local para que ela seja inquirida.

Regra elementar de bom senso determina que o legislador infraconstitucional, ao conceder prerrogativas processuais a certa classe de jurisdicionados, não vá além do necessário, sob pena de a prerrogativa converter-se em *privilégio*, o que seria inaceitável sob a perspectiva do Estado Democrático de Direito.

Segundo Celso Antonio Bandeira de Mello:

> "O ponto nodular para exame da correção de uma regra em face do princípio isonômico reside na existência ou não de correlação lógica entre o fato erigido em critério de *discrimen* e a discriminação legal decidida em função dele (...) Tem-se, pois, que é o vínculo de conexão lógica entre os elementos diferenciais colecionados e a disparidade das disciplinas estabelecidas em vista deles o *quid* determinante da validade ou invalidade de uma regra perante a isonomia. Segue-se que o problema das diferenciações que não podem ser feitas sem quebra da igualdade não se adscreve aos elementos escolhidos como fatores de desigualação, pois resulta da conjunção deles com a disparidade estabelecida nos tratamentos jurídicos dispensados. Esclarecendo melhor: tem-se que investigar, de um lado, aquilo que é erigido em critério discriminatório e, de outro, se há justificativa racional para, à vista do traço desigualador adotado, atribuir o específico tratamento jurídico construído em função da desigualação afirmada. Então, no que atina no ponto central da matéria abordada, procede afirmar: é agredida a igualdade quando o fator diferencial adotado para qualificar os atingidos pela regra não guarda relação de pertinência lógica com a inclusão ou exclusão no benefício

deferido ou com a inserção ou arredamento do gravame imposto. Cabe, por isso mesmo, quanto a este aspecto, concluir: o critério especificador escolhido pela lei, a fim de circunscrever os atingidos por uma situação jurídica — a dizer: o fator de discriminação — pode ser qualquer elemento radical neles; todavia, necessita, inarredavelmente, guardar relação de pertinência lógica com a diferenciação que dele resulta. Em outras palavras: a discriminação não pode ser gratuita ou fortuita. Impende que exista uma adequação racional entre o tratamento diferenciado construído e a razão diferencial que lhe serviu de supedâneo. Segue-se que, se o fator diferencial não guardar conexão lógica com a disparidade de tratamentos jurídicos dispensados, a distinção estabelecida afronta o princípio da isonomia" (*Conteúdo jurídico do princípio da igualdade*. 3.ª ed. São Paulo: Malheiros, 2000. Cap. 5, p. 37/39).

Ainda que lançadas na vigência do CPC de 1973, as palavras de Cintra, Grinover e Dinamarco não perdem, em sua essência, a atualidade:

> "Fazenda e Ministério Público gozam da dilação de prazos prevista no art. 188 do Código de Processo Civil: as partes não litigam em igualdade de condições e o benefício de prazo se justifica, na medida necessária ao estabelecimento da verdadeira isonomia. A Fazenda, em virtude da complexidade dos serviços estatais e da necessidade de formalidades burocráticas; o Ministério Público, por causa do desaparelhamento e distância das fontes de informação e de provas. Outras prerrogativas, que se justificam pela idoneidade financeira e pelo interesse público, são a procrastinação do pagamento das despesas processuais (dispensa de preparo) e a concessão da medida cautelar independentemente de justificação prévia e de caução (CPC, arts. 27, 511 e 816, inc. I)" (*Teoria geral do processo*. 21.ª ed. São Paulo: Malheiros Editores, 2005. p. 56).

Também não são transgressoras do art. 5.º, *caput*, da Constituição, as normas infraconstitucionais que atribuem a uma das partes superioridade jurídica para compensar a sua inferioridade econômica, a sua hipossuficiência. Essa é uma das características do processo do trabalho, no qual é visível o seu sentido protetivo do trabalhador. Se essa legislação processual, hoje, já não protege como outrora, é tema para debate em outro foro. Seja como for, insistamos neste ponto: a legislação processual trabalhista procurou atribuir ao trabalhador uma superioridade jurídica para compensar a sua inferioridade econômica. De tal arte, por meio dessa fórmula engenhosa tratou-se desigualmente pessoas desiguais para obter-se a igualdade entre elas. Como afirmou Lacordaire: "Entre o fraco e o forte, entre o pobre e o rico, é a liberdade que escraviza, é a lei que liberta" (*apud* Segadas Viana, *Instituições*, p. 32). Nem ignoremos a advertência de Giovani Tesorieri: "Quando o empregador e o trabalhador assumem no processo as vestes formais de partes, não cessam por isto de ser o que sempre terão sido; a história das suas relações não se transforma numa outra história: é a mesma, que continua" (*Linementi di Diritto Processuale del Lavoro*. Padova: 1975. p. 4).

O art. 4.º, inciso I, do Código de Defesa do Consumidor (Lei n. 8.078, de 11-09-1990), por sua vez, efetua verdadeira e notável *declaração de princípio*, ao reconhecer, expressamente, a "*vulnerabilidade do consumidor no mercado de consumo*" (destacamos), permitindo, em razão disso, dentre outras coisas, que o juiz inverta o ônus da prova em benefício do consumidor, quando este for hipossuficiente (art. 6.º, VIII).

O art. 373 do CPC de 2015, revelando sensibilidade diante dos fatos da realidade, dispõe, em seu art. § 1.º: "Nos casos previstos em lei ou diante de peculiaridades da causa relacionadas à impossibilidade ou à excessiva dificuldade de cumprir o encargo nos termos do *caput* ou à maior facilidade de obtenção da prova do fato contrário, poderá o juiz atribuir o ônus da prova de modo diverso, desde que o faça por decisão fundamentada, caso em que deverá dar à parte a oportunidade de se desincumbir do ônus que lhe foi atribuído".

A Lei n. 13.467, de 13-07-2017 (Reforma Trabalhista), deu nova redação ao art. 818 da CLT. Embora discordemos do fato de o *caput* dessa norma constituir mero pastiche do art. 373 do CPC, um outro pastichar redimiu o legislador trabalhista de sua capitulação ao processo civil. Estamos a referir-nos ao § 1.º do art. 818, *verbis*: "Nos casos previstos em lei ou diante de peculiaridades da causa relacionadas à impossibilidade ou à excessiva dificuldade de cumprir o encargo nos termos deste artigo ou à maior facilidade de obtenção da prova do fato contrário, poderá o juízo atribuir o ônus da prova de modo diverso, desde que o faça por decisão fundamentada, caso em que deverá dar à parte a oportunidade de se desincumbir do ônus que lhe foi atribuído".

A possibilidade prevista no art. 113, § 1.º, do CPC, de o juiz reduzir o número de litisconsortes, quando, por ser elevado, possa comprometer a rápida solução do litígio, dificultar a defesa ou o cumprimento da sentença, também pode ser referida como uma providência legal destinada a preservar a regra de igualdade, consubstancia no art. 5.º, *caput*, da Constituição. É que esse número expressivo de pessoas situadas num dos polos (ativo) da relação processual pode acarretar um *desequilíbrio* técnico no processo, em prejuízo do réu. É bem verdade que essa limitação subjetiva de litisconsortes só pode ser efetuada nos regimes do tipo *facultativo*, como deixa claro o próprio texto legal mencionado.

Haveria — aqui, sim — quebra do princípio da igualdade no terreno processual se, por exemplo, o juiz concedesse, digamos, o prazo de dez dias para o exequente manifestar-se sobre os cálculos de liquidação elaborados pelo perito, e de apenas cinco dias para o executado; ou vice-versa. De igual modo, incorreria em tratamento anti-isonômico o magistrado que decidisse inquirir três testemunhas de uma das partes, e apenas uma ou duas da outra (sem que a terceira, presente, fosse impedida ou suspeita). Essa atitude do magistrado seria causa de nulidade processual se viesse a proferir sentença prejudicial à parte impedida de ver inquirida a sua terceira testemunha. Para que a arguição de nulidade, neste caso, tivesse eficácia, seria necessário não somente que a parte demonstrasse ter sofrido manifesto prejuízo com o indeferimento de sua terceira testemunha, como, antes, manifestado, na respectiva audiência, "protesto" antipreclusivo contra esse indeferimento e renovado, nas razões finais, sua discordância quanto ao comportamento do magistrado.

Pondo ao largo essas situações de incumprimento de normas legais impositivas de tratamento isonômico aos contendores, devemos dizer que mesmo no processo de execução, no qual o exequente tem preeminência jurídica, e o executado, estado de sujeição, o juiz deve tratar as partes com igualdade. Por outro modo de expressão: embora a execução se processe no interesse do exequente (CPC, art. 797), essa particularidade não autoriza o juiz a fazer tábua rasa dos arts. 5.º, *caput*, da Constituição, e 125, I, do CPC. A superioridade axiológica (e ideológica) que o exequente ostenta em face do executado é relevante, apenas, para revelar a finalidade do processo de execução, e não para justificar um tratamento discriminatório do executado, por forma a impedir-lhe a prática de atos processuais indispensáveis à promoção da ampla defesa dos seus legítimos interesses, violando, desse modo, a um só tempo, o *caput* e o inciso LV do art. 5.º da Suprema Carta Política do País.

Enfim, para que o magistrado possa cumprir o seu dever de subministrar um tratamento igualitário às partes, é necessário que se desvista de suas convicções ou predileções políticas, ideológicas, religiosas, étnicas, clubísticas e de tantas outras que possam conduzir ao desrespeito às regras da deontologia e da neutralidade da magistratura.

A esse respeito, é oportuno recordar a figura antológica do juiz Paul Magnaud (1848-1926), presidente do tribunal francês da cidade de Château-Thierry (1889 a 1904), que passou à história como o "bom" juiz Magnaud.

Quem lhe pespegou o adjetivo de *bom* foram, por suposto, todos aqueles a quem favoreceu em detrimento da outra parte. Nenhum magistrado moderno se atreveria a jactar-se de condutas como a de Magnaud, de quem Carlos Maximiliano falou:

> "imbuído de ideias humanitárias avançadas, o magistrado francês redigiu sentenças em estilo escorreito, lapidar, porém afastadas dos moldes comuns. Mostrava-se clemente e atencioso com os fracos e humildes, enérgico e severo com opulentos e poderosos. Nas suas mãos a lei variava segundo a classe, a mentalidade religiosa ou inclinações políticas das pessoas submetidas à sua jurisdição" (*Hermenêutica e aplicação do direito*. 9.ª ed. Rio de Janeiro: Forense. p. 83).

Prossegue Maximiliano, citando João Cruet:

> "quando o magistrado se deixa guiar pelo sentimento, a lide degenera em loteria, ninguém sabe como cumprir a lei a coberto de condenações forenses" (obra cit., p. 83).

Mais do que lotérica, essa atitude do magistrado infunde acentuada insegurança jurídica no espírito das partes, por saberem que o conflito de interesse, em que se encontram enredadas, será solucionado não com a incidência das normas legais regentes do caso concreto, mas de acordo com os sentimentos do magistrado, em relação a este ou àquele litigante.

Talvez, o comportamento dos juízes do trabalho brasileiros, diante do art. 5.º, *caput*, da Constituição Federal, deva consistir em um meio-termo entre situações extremadas, representadas, de um lado, pela frase de Montesquieu, em *O espírito das leis*: *bouche de la loi* ("boca da lei") e, de outro, pelo convite a agirem a *La Paul Magnaud*... O equilíbrio vem da conjugação dos opostos, do meio-termo dialético entre tese e antítese.

Assim sendo, torna-se oportuno rememorar que o resultado da atividade interpretativa pode ser: a) *declaratório*, quando atribui ao texto o verdadeiro sentido de sua expressão literal; b) *extensivo*, quando a literalidade da norma indica não ser aplicável ao caso concreto; c) *restritivo*, que circunscreve a incidência da lei a casos menos amplos do que parecia sugerir a literalidade do preceito; d) *ab-rogante*, quando, diante de duas normas legais incompatíveis, opta por uma delas, com a consequente exclusão da outra.

A propósito, desde sempre se verificou o mau vezo de determinada classe social da produção em considerar, na generalidade dos casos, o juiz do trabalho parcial, tendencioso, em benefício do trabalhador. Creio que esse conceito generalizante decorre de um erro de percepção. O juiz do trabalho tem consciência do seu dever legal de neutralidade, de subministrar tratamento isonômico aos litigantes. O que se passa é que, quando ele aplica uma norma protetiva do trabalhador — designadamente, de direito material —, parece aos olhos de terceiros que essa proteção é derivante de atuação parcial, discriminatória, do magistrado, ou seja, produto exclusivo de sua manifestação volitiva, de sua simpatia pessoal ou ideológica por esta ou por aquela parte. Cuida-se, em tais situações, de mera deflexão óptica desses terceiros, a influir em seu conceito acerca do comportamento do magistrado.

Quiçá, o mito (alegoria, parábola) da caverna, que Platão utilizou na elaboração de sua obra *A república* (Livro VII), sirva para explicar essa visão de terceiros no tocante à atuação dos magistrados do trabalho. Na obra, esse notável filósofo, fundador da Academia em Atenas, nos fala dos prisioneiros em uma caverna a confundir as pessoas que transitam do lado de fora com as sombras delas projetadas numa das paredes da caverna.

6. Contraditório e ampla defesa

A garantia do contraditório e da ampla defesa surge, entre nós, com a Constituição de 1934, cujo art. 113, 24, estabelecia: "A lei assegurará aos accusados ampla defesa, com os meios e recursos essenciaes a esta". Essa garantia foi mantida pela Constituição de 1946 (art. 141, § 25), nestes termos: "É assegurada aos acusados plena defesa, com todos os meios e recursos essenciais a ela, desde a nota de culpa, que, assinada pela autoridade competente, com os nomes do acusador e das testemunhas, será entregue ao prêso dentro em vinte e quatro horas. A instrução criminal será contraditória".

A Constituição de 1967, com a Emenda n. 1, de 1969, também assegurava o contraditório apenas para o processo penal (art. 153, § 16), embora a doutrina do período entendesse que essa garantia fosse extensível aos processos civil e administrativo. Talvez por isso, a Constituição Federal de 1988 tenha se preocupado em garantir, de maneira expressa, o contraditório e a ampla defesa "em processo judicial ou administrativo", conforme declara o inciso LV do art. 5.º.

A doutrina tradicional via o contraditório como imposição legal de *audiência bilateral* (*audiatur et altera parte*), a traduzir, assim, a necessidade de o juiz, caso tenha ouvido uma das partes, também ouvir a outra. Esse princípio consistia, enfim, de modo mais amplo, na imposição legal de dar-se conhecimento da ação (ao réu) e de todos os atos processuais às partes, e de assegurar-lhes a possibilidade de reagir juridicamente aos atos que lhes forem desfavoráveis. Resumindo: o contraditório consistia na "ciência bilateral dos atos contrariáveis", como se costumava dizer nos domínios doutrinais.

Os doutrinadores modernos, todavia, não reduzem o princípio do contraditório a mera "ciência bilateral dos atos contrariáveis", denominando-o de contraditório *fraco* por estar circunscrito à esfera jurídica das partes. Em contraposição, apontam o contraditório *forte*, que compreende: a) a *informação* ou *comunicação* (pelo juízo); b) a *manifestação* (das partes) — que são comuns ao próprio contraditório *fraco* —, mas inclui um elemento relevante, qual seja, c) a *influência* das partes na formação do convencimento jurídico do magistrado acerca dos fatos da causa. A esse elemento adicional também sói denominar-se de *consideração.*

a) A *informação* ou *comunicação* significa a cientificação que o magistrado realiza às partes — e a terceiros, quando for o caso. Ela se inicia com a citação do réu e se desenvolve com as intimações dos litigantes. No processo de conhecimento, característico do sistema do processo do trabalho regulado na CLT, é utilizado o vocábulo *notificação* em caráter genérico, compreendendo tanto a citação quanto a intimação.

Ressalte-se a existência de exceções legais, em que não ocorre a citação do réu, como quando o juiz: a.a.) indefere, de plano, a petição inicial, segundo lhe permite o art. 330 do CPC. Em tais casos, o réu somente será citado se o juiz não reconsiderar a sua decisão, em face da apelação interposta pelo autor. Não havendo reconsideração, ou seja, prevalecendo o indeferimento da inicial, inexistiria razão para o réu ser citado, a fim de apresentar defesa; a citação, na hipótese, será para que ele responda ao recurso de apelação, significa dizer, o contra-arrazoe; a.b) concede medida liminar, *inaudita altera parte*, quando autorizado pelo ordenamento legal.

b) A *manifestação* é necessária para que a parte se pronuncie a respeito daquilo de que foi *informado.* Esse princípio não deve, entretanto, ser interpretado como uma exigência de que os litigantes se manifestem, efetivamente, acerca dos atos e termos do processo, e sim, que lhes seja concedida a *oportunidade* para essa manifestação. Se, por exemplo, o réu for regularmente citado e deixar de responder à ação, tornar-se-á revel (o que se deverá verificar, apenas, é se ocorreu o efeito da revelia: CPC, art. 348), sem que isso implique violação ao princípio constitucional do contraditório: no caso, ele teve *oportunidade* para se defender e a desperdiçou. Justamente por essa razão é que discordamos do conceito legal de citação: "ato pelo qual são *convocados* (*in ius vocatio*) o réu, o executado ou o interessado para integrar a relação processual" (CPC, art. 238; destacamos). O verbo *convocar*, utilizado na redação da norma, tem como elemento significante a *imperatividade*, a *imposição.* Ora, o réu não está *obrigado* a vir a juízo para defender-se. Tanto isso é verdadeiro, que, mesmo ausente, o fato de tornar-se revel não impedirá o desenvolvimento regular do processo até o seu ponto culminante: a emissão da sentença de mérito. Seria preferível, portanto, que o legislador processual civil houvesse conceituado a citação como o ato pelo qual se dá *ciência* ao réu da existência da ação, a fim de que, desejando, comparecesse a juízo para apresentar a resposta que pretendesse. É bastante, enfim, que o réu seja *cientificado* da existência da ação: se *reagirá* a ela, ou não, é algo que só a ele cabe decidir.

c) A *influência* ou *consideração* traduz o dever de o juiz levar em consideração todos os fatos e argumentos expendidos pelas partes para efeito de formação de seu convencimento jurídico. Não é difícil perceber que a *influência* está intimamente ligada a outro princípio constitucional: o da *motivação* ou *fundamentação* das decisões judiciais (CF, art. 93, IX). Aliás, a *motivação* decorre da *influência* exercida pelos argumentos das partes na mente do magistrado. Não seria despropositado afirmar que a *informação*, sob certo aspecto, visa a evitar as denominadas decisões-surpresa (CPC, art. 9.º), assim entendidas aquelas tomadas com fundamento acerca do qual não se concedeu às partes oportunidade para que pudessem se manifestar — mesmo tratando-se de matéria que o juiz possa conhecer de ofício (CPC, art. 10). Está evidente, portanto, que a expressão legal "de ofício" não significa apenas que o juiz tem a iniciativa da cognição, mas, também, que, conhecida a matéria, ele abra oportunidade para a manifestação das partes, a fim de que possam tentar influir na formação do seu convencimento jurídico.

Ademais, se esse elemento do contraditório *forte* não se destinasse a buscar influenciar na decisão do magistrado, reduzindo-se a mera manifestação desconsiderável das partes, não teria razão de ser, considerando-se a sua inutilidade prática. Não traduziria, talvez, senão mero gesto de boa vontade do legislador.

Em que pese ser elogiável o disposto nos arts. 9.º e 10 do CPC, não podemos ignorar o fato de, não raro, o juiz possuir convicções próprias, que não se abalam com os argumentos apresentados pelas partes. Diz-se, a propósito, em tom de chalaça, que alguns juízes primeiro decidem, para depois saírem à cata da fundamentação... Isso não invalida, contudo, a presença dos mencionados dispositivos no CPC. Se o juiz deixar de aplicá-los, estará a render ensejo a que uma ou ambas as partes aleguem, plenas de razões, nulidade processual (CLT, art. 794), desde que a façam na primeira oportunidade em que tiverem de pronunciar-se nos autos (CLT, art. 795).

Convém trazer à memória, nesta quadra de nossa exposição, a declaração contida no art. 369 do CPC: "As partes têm o direito de empregar todos os meios legais, bem como os moralmente legítimos, ainda que não especificados neste Código, para provar a verdade dos fatos em que se funda o pedido ou a defesa *e influir eficazmente na convicção do juiz*" (destacamos).

Em suma, o princípio constitucional do contraditório deve ser observado mesmo nos casos em que a lei permite ao juiz conhecer *ex officio* de determinada matéria (*iura novit curiae*). O contraditório, em tais situações, é indispensável, seja porque, ao oposto do imaginado pelo juiz, pode não se tratar de matéria cognoscível de ofício, seja porque a interpretação dada por ele à norma talvez esteja em desacordo com a opinião da doutrina majoritária ou com a jurisprudência predominante — sedimentada, ou não, em súmula simples ou em súmula vinculativa do STF.

Se bem refletirmos, veremos que o princípio do *contraditório*, por sua vez, está intimamente ligado com o da *igualdade de tratamento* (CF, art. 5.º, *caput*; CPC, art. 125, I), pois a audiência bilateral a que nos referimos há pouco nada mais é do que uma emanação do dever imposto ao magistrado de dispensar um tratamento equânime, paritário, aos litigantes. Exatamente por esse motivo é que, mesmo no processo do trabalho, em que as normas legais tendem à proteção do trabalhador, o princípio do contraditório deve ser observado à risca. Esse princípio, como parece estar evidente a esta altura, não tem conteúdo *ideológico*, e sim, *político*. Se fosse ideológico, justificaria a sua aplicação em benefício apenas de uma das partes, com a consequente desconsideração de um outro princípio, qual seja, o da *igualdade de tratamento*.

O contraditório, na verdade, figura como cláusula inerente ao Estado de Direito, segundo o qual os atos processuais devem ser praticados não somente com *transparência* (publicidade), mas com indispensável *ciência* das partes (bilateralidade).

Talvez por isso, tenha Giuseppe La China dito, com muita propriedade, que o contraditório representa, de um lado, a imprescindível *informação* dos atos do processo às partes e, de outro, a possível *reação* destas aos atos que lhes forem contrários aos interesses. Consoante o parecer desse jurista, portanto, teríamos, no contraditório, dois elementos inconfundíveis: a *informação* necessária e a *reação* possível.

Para que haja informação e participação dos litigantes, no processo, é indispensável que estes sejam cientificados de todos os atos aí praticados; essa comunicação é feita pela citação (do réu) ou pela intimação (dos contendores em geral), atos que a CLT — conforme já ressaltamos —, em linguagem nada científica, denomina, genericamente, de notificação. A falta dessas comunicações conduz, quase sempre, à nulidade do processo, consequência que, embora necessária para ressalvar o direito do prejudicado, deixa atrás de si as marcas de uma atividade jurisdicional inutilmente realizada.

Alguns estudiosos sentiram-se em boa sombra para reduzir a área de incidência do princípio em exame ao terreno da prova. Barbosa Moreira, por exemplo, sustenta que "a garantia do contraditório significa, antes de mais nada, que a ambas as partes se hão de conceder iguais oportunidades de pleitear a produção de provas: seria manifestamente inadmissível a estruturação do procedimento por forma tal, que qualquer dos litigantes ficasse impossibilitado de submeter ao juiz a indicação dos meios de prova de que pretende valer-se. Significa, a seguir, que não deve haver disparidade de critérios no deferimento ou indeferimento dessas provas pelo órgão judicial. Também significa que as partes terão as mesmas possibilidades de participar dos atos probatórios e de pronunciar-se sobre os seus resultados" (*Temas de direito processual*. São Paulo: Saraiva, 1984. p. 67), acrescentando não ser inconciliável com a garantia do contraditório a iniciativa do juiz ou do Ministério Público (nos processos em que atue na qualidade de *custos legis*) na busca de elementos esclarecedores (*ibidem*, p. 68).

Essa restrição, porém, é injustificável, acima de tudo, porque a própria Constituição não a consagra. De outro ponto, embora devamos reconhecer que o princípio do contraditório possa aflorar com mais intensidade no sítio das provas, não menos exato é que ele se manifesta, vivamente, em vários outros momentos do procedimento.

Basta lembrar a fase das alegações finais, de que trata o art. 364 do CPC: o princípio do contraditório exige que o juiz conceda a palavra a ambos os litigantes, em ordem sucessiva. Igualmente se diga quanto à sustentação oral, nos tribunais: haverá quebrantamento desse princípio se se permitir que apenas uma das partes (estando ambas inscritas) assome à tribuna para realizá-la. No processo do trabalho, a oportunidade para a apresentação de razões finais também está subordinada à regra da bilateralidade, significa dizer, do tratamento igualitário.

No processo do trabalho, as razões finais devem ser orais, formuláveis no primeiro grau de jurisdição, e estão previstas no art. 850, parágrafo único, da CLT, conquanto, em determinados casos, por influência do art. 364, § 2.º, do CPC, venham sendo admitidas por escrito. Não pretendemos ser reacionários, mas discordamos dessa substituição. A nosso ver, as razões finais devem ser orais, conquanto o juiz possa, sem prejuízo disso, conceder prazo para a apresentação de memoriais escritos quando a causa contiver matéria complexa. Nesta hipótese, se a parte desejasse arguir alguma nulidade processual, em decorrência de ato omissivo ou comissivo do magistrado, deveria fazê-lo nas razões finais, e não nos memoriais, sob pena de preclusão.

Como vimos, Barbosa Moreira reduziu a instrução processual à prova e, dessa forma, confinou o contraditório aos lindes desta. Para nós, no entanto, instrução é algo mais: é preparação; preparação do provimento de fundo, que dirimirá o conflito de interesses. A prova corresponde a uma fase, a um capítulo dessa atividade de preparação, ainda que seja de reconhecer-se que figura como um dos mais importantes. Não é, porém, o único. As razões finais, que podem as partes aduzir no prazo de dez minutos (CLT, art. 850, *caput*), integram, à evidência, o conjunto de atos preparatórios do provimento final, sob a forma de argumentos ou de informações apresentadas pelos litigantes. Se fôssemos limitar a aplicação do princípio do contraditório ao terreno da prova, por certo haveríamos de concluir que esse princípio, embora decorrente da regra constitucional de igualdade de todos perante a lei, não incidiria em momentos outros do processo, como, *e.g.*, o das razões finais, de tal sorte que estas poderiam ser deferidas apenas a um dos demandantes, sem que o outro pudesse arguir qualquer nulidade processual.

Por outro ângulo, também não se justifica limitar o contraditório ao processo *de conhecimento*. Por força da regra contida no art. 5.º, inciso LV, da Constituição, esse princípio deve ser observado, de igual modo, nos processos *cautelar* e de *execução*. Essa nossa afirmação requer algumas considerações complementares. Em primeiro lugar, devemos reiterar a advertência, feita em linhas anteriores, de que o fato de, na execução, o credor possuir preeminência jurídica, e o devedor, estado de sujeição, não autoriza o juiz a deitar fora o princípio da *igualdade de tratamento*, inscrito no art. 5.º, *caput*, da Constituição. Por essa mesma razão, o princípio do contraditório (que se imbrica com o da igualdade de tratamento) deve ser aplicado no processo de execução. Em segundo, no processo cautelar (tutelas provisórias de urgência), o fato de o juiz conceder a medida liminar sem prévia audiência do réu (*inaudita altera parte*) não configura, como às vezes se tem imaginado, uma transgressão ao princípio do contraditório, nem à regra dos arts. 9.º e 10 do CPC, vedadoras da denominada *decisão-surpresa*. A concessão da cautela, sem o conhecimento do réu, é necessária justamente para evitar que ele, sendo citado, torne a medida ineficaz, importa dizer, frustre os objetivos desta.

O contraditório será estabelecido mais tarde, quando ocorrer a citação. Cuida-se, como se vê, de um contraditório *diferido*, postergado. O precitado art. 9.º do CPC, aliás, exclui, expressamente, do seu campo de incidência, a tutela provisória de urgência (inciso I).

Como fizemos menção à decisão-surpresa, devemos acrescentar a nótula de que a incidência dos arts. 9.º e 10 do CPC não se circunscreve à matéria de fato, senão que também compreende a de direito. Esses preceptivos legais não fazem nenhuma distinção quanto a isso; logo, não é lícito ao intérprete distinguir quando o legislador não o faz.

A poder das considerações que formulamos no parágrafo anterior, podemos dizer que o contraditório prévio é a regra; o diferido, a exceção.

Considerando que o tema alusivo à concessão, de modo geral, de providências jurisdicionais *inaudita altera parte* tem provocado certas controvérsias no âmbito da doutrina e da jurisprudência, no que toca a haver, nesse ato do juiz, violação, ou não, do princípio constitucional do contraditório, devemos ocupar-nos por mais algum tempo com ele. As medidas *liminares* são características não apenas das ações cautelares, mas também de várias outras, como as de mandado de segurança, as possessórias, a popular, a civil pública, a coletiva (CDC, art. 84, § 3.º). Em muitos desses casos, a medida é outorgada sem audiência do réu; isso não implica, todavia, ofensa ao princípio constitucional do contraditório, pelos seguintes motivos: a) estão em jogo, nessas situações, muitas vezes, não apenas o interesse do autor, representado por uma situação de periclitância do seu direito, mas o próprio interesse público; b) a prévia citação do réu poderia tornar ineficaz a medida; c) a liminar pode ser impugnada por meio de recurso ou de mandado de segurança, conforme se trate de processo civil ou de processo do trabalho, respectivamente; d) a liminar tem caráter provisório; e) pode ser revogada por ato do próprio juiz, a instância do interessado; f) há, conforme salientamos, um contraditório diferido, ou seja, projetado para mais tarde.

Não ocorrerá, igualmente, ofensa ao princípio do contraditório quando, na ação monitória, o juiz ordenar, desde logo, a expedição de mandado (de pagamento ou de entrega de coisa), sem ouvir o réu (CPC, art. 701). Dá-se que o réu poderá oferecer embargos, no prazo de quinze dias (art. 702), ficando, com isso, atendido o princípio em exame.

No plano do processo penal, o contraditório é efetivo, real, motivo por que mesmo sendo o réu revel deverá existir defesa técnica, como exige o art. 261 do CPP, conjugado com o art. 497, V, do mesmo Código, que determina a concessão de defensor ao réu, quando o juiz o reputar indefeso. Nos processos civil, trabalhista e administrativo esse princípio, como foi dito, estará atendido com a simples concessão de *oportunidade* para que a parte se manifeste.

O contraditório não é, contudo, um princípio que esteja, exclusivamente, a serviço das partes, que, por meio dele, exercem no processo uma atividade prestante, vinculada ao interesse de colocar diante do juiz elementos capazes de assegurar um pronunciamento favorável. Sob essa óptica, não se nega que o contraditório constitua, com efeito, uma garantia constitucional para os litigantes, como sujeitos parciais (e interessados) do processo. O que não se pode ignorar, porém, é o fato de esse princípio estar relacionado também com o juiz (sujeito desinteressado), pois este, na qualidade de reitor, de condutor soberano do processo, nomeadamente, no trabalhista (CLT, art. 765), tem interesse em ouvir as partes, com vistas a obter, como resultado prático dessa audiência bilateral, informações, elementos probantes, esclarecimentos e o mais de que se possa valer para formar a sua convicção jurídica acerca dos fatos narrados na causa. Desta forma, mesmo que, em determinada situação, a lei não imponha a oitiva das partes, poderá o juiz ouvi-las ou abrir prazo para que uma delas se manifeste sobre ato praticado ou requerimento formulado pela outra, assim como assinar prazo, comum ou sucessivo (que, neste caso, deve ser igual), para que falem a respeito de laudo pericial, de cálculos do contador ou de informação prestada por terceiros em geral.

O contraditório é uma cláusula constitucional típica dos Estados Democráticos de Direito e segundo a qual todos os atos processuais devem ser realizados não apenas com transparência, mas com o indispensável conhecimento daquele a quem tais atos possam afetar. Por esse princípio se garante, ainda, a participação ampla dos litigantes em todo o processo e não apenas na fase de produção de provas, porquanto, como dissemos há pouco, a instrução não está limitada à coleta de provas (conquanto seja nessa fase que ela se apresente de modo mais perceptível), compreendendo, também, a preparação do provimento final, que comporá a lide — preparação que enfeixa um complexo de atos diversificados, dentre os quais se incluem, p. ex., as razões finais. Assim sendo, ambas as partes têm direito de aduzir essas razões (e em igual prazo), direito que promana, a um só tempo, dos princípios do contraditório e da igualdade, que se inter-relacionam.

Convém reiterar a observação de que o contraditório, como princípio, não deve ser interpretado como uma imposição para que os litigantes participem efetivamente do processo, e sim que a eles se conceda *oportunidade* para essa participação, na medida do interesse de cada um, a fim de que possam se contrapor às aduzidas pelo adversário; logo, essa participação é meramente facultativa, malgrado a abertura da correspondente oportunidade seja obrigatória. Desse ponto de vista, encara-se o contraditório não como participação efetiva, e sim, como *oportunidade* de participação.

Os princípios de que estamos a cuidar (contraditório e ampla defesa) se encontram estampados no art. 5.º, LV, da Constituição Federal em vigor, assim redigido: "Aos litigantes, em processo judicial ou administrativo, e aos acusados em geral, são assegurados o contraditório e ampla defesa, com os meios e recursos a ela inerentes". A Constituição anterior, por seu art. 153, assegurava ampla defesa aos acusados (§ 15) e declarava que a instrução criminal seria contraditória (§ 16). Pelo cotejo entre ambas as Constituições, constata-se que a atual condensa em um só inciso (LV) disposições que vinham contidas, na revogada, em parágrafos distintos.

Nada obstante, certo setor da doutrina, conforme assinalamos, se sentiu em boa sombra para asseverar que o texto vigente (art. 5.º, LV) deveria ter a sua redação desmembrada, para efeito de inferir-se que assegurava: a) aos acusados, ampla defesa; b) aos litigantes em geral, o contraditório. *Venia concessa*, essa disjunção da regra constitucional, pretendida por alguns, é arbitrária, insensata e discriminadora, pois tende a subtrair do processo civil o contraditório e do processo penal a ampla defesa, em atitude que ofende o princípio da igualdade, proclamado pelo *caput* do art. 5.º da mesma Constituição. Há que se entender, portanto — e para sempre —, que as cláusulas constitucionais do contraditório e da ampla defesa são aplicáveis, indiferentemente, ao processo civil (litigantes) e ao processo penal (acusados) e, por extensão, ao do trabalho.

É verdade que no sistema da Constituição de 1967/69, como vimos, a ampla defesa e o contraditório vinham regulados em parágrafos distintos, um e outro atinentes ao processo penal; apesar disso, a melhor doutrina do período sempre sustentou, com êxito, a incidência de ambas as cláusulas também no processo civil, exatamente em nome do princípio da igualdade, preconizado pelo § 1.º do art. 153 daquele texto. Na atual, como está evidente, não só a igualdade é assegurada pelo *caput* do art. 5.º, como o contraditório e a ampla defesa vêm referidos no mesmo inciso (LV) — razões suficientes para anatematizar a esdrúxula interpretação, por nós combatida, que visa a cindir em duas a regra constitucional, com o desassisado propósito de deixar fora do processo civil (e trabalhista) o contraditório, e, do processo penal, a ampla defesa. Esses dois princípios atuam, inclusive, nos procedimentos administrativos, como deixa patente a norma constitucional comentada.

A leitura apressada (logo, irrefletida) do inc. LV do art. 5.º da Constituição em vigor conduziu não somente à canhestra ilação que acabamos de criticar, senão que a uma outra, não menos absurda. Expliquemos. Essa norma constitucional assegura, como demonstramos, o contraditório e a ampla defesa, "com os meios e recursos a ela inerentes", ou seja, a esta última. A partir de uma interpretação distorcida desse preceito, chegaram alguns estudiosos a anunciar o fim das sentenças irrecorríveis, em virtude da suposta derrogação constitucional das leis ordinárias que as previam, como, em particular, a de n. 5.584, de 26 de junho de 1970 (art. 2.º, § 4.º). Esses intérpretes dos primeiros momentos, tangidos pela afoiteza, cometeram o erro crasso de imaginar que a expressão "com os meios e recursos a ela inerentes" fosse uma impressionante novidade trazida pela Constituição de 1988. Ora, se tivessem tido o cuidado científico de examinar a história de nossas Constituições, veriam que o que consta do inc. LV do art. 5.º da atual nada mais é do que a preservação de uma antiga (e, por certo, salutar) tradição de nossos Textos Supremos. Com efeito, vejamos o que estatuíam, sobre o assunto, as Constituições do passado: a) de 1891: "Aos acusados se assegurará na lei a mais ampla defesa, com todos os recursos e meios essenciais a ela..." (art. 72, § 16); b) de 1934: "A lei assegurará aos acusados ampla defesa, com os meios e recursos essenciais a esta..." (art. 113, § 24); c) 1937: omissa (por motivos político-ideológicos censuráveis); d) de 1946: "É assegurado aos acusados ampla defesa, com todos os meios e recursos essenciais a ela..." (art. 141, § 25); e) de 1967: "A lei assegurará aos acusados ampla defesa, com os recursos a ela inerentes..." (art. 150, § 15); f) Emenda Constitucional n. 1, de 1969: "A lei assegurará aos acusados ampla defesa, com os recursos a ela inerentes..." (art. 153, § 15).

Não há registro de que se tenha sustentado, com sucesso, de 1891 até antes da vigência da atual Constituição, de um lado, a impossibilidade de leis ordinárias instituírem, em alguns casos, sentenças irrecorríveis, e, de outro, a revogação dessas leis pela Constituição ou a inconstitucionalidade delas. O duplo grau de jurisdição, a despeito de ser um princípio processual de extrema utilidade, não tem sua sede na Constituição, e sim, nas leis infraconstitucionais. Não se suspeite que o fato de estarmos defendendo a sobrevivência das sentenças irrecorríveis implique eventual antipatia pelo duplo grau de jurisdição. Nada disso. Estamos seguramente convencidos de que essa duplicidade de graus constitui medida de fundamental importância para o aprimoramento da prestação jurisdicional — conquanto saibamos que, em casos excepcionais, uma boa sentença acabe sendo substituída por um mau acórdão. Acidentes dessa índole, contudo, não invalidam os motivos que determinam, em nosso sistema de processo, a possibilidade de um pronunciamento jurisdicional ser revisto, em regra, por outro órgão hierarquicamente superior. A História tem demonstrado, aliás, que a restrição do uso das vias recursais (ou, quanto mais não seja, o veto ao acesso a elas) tem coincidido com a instauração de regimes de vocação ditatorial, particularidade que autoriza a conclusão de que, em sentido oposto, a possibilidade de reexame, no mesmo processo, das causas já apreciadas, representa um expressivo traço dos regimes democráticos. Jamais, portanto, nos abalançaríamos a discursar contra o duplo grau de jurisdição, que encontra no truísmo da falibilidade humana uma das razões de sua existência; o que estamos a dizer é que o inc. LV do art. 5.º da Constituição Federal não inclui, no elenco de seus direitos e garantias individuais, esse duplo grau, seja porque o vocábulo *recursos* foi aí empregado no sentido de providências, nunca em sua acepção técnica de meio de impugnação dos pronunciamentos jurisdicionais (afinal, a Constituição não é um Código de Processo, para que se dê ao aludido termo um sentido técnico), seja porque apenas forma com o substantivo *meios* uma expressão reforçativa, surgida na Constituição de 1891!

Bem ou mal, conseguintemente, ainda estão a viger as leis ordinárias que colocaram em determinadas sentenças o sinete da irrecorribilidade, exceto se infringentes da letra da Constituição ou dos princípios por ela consagrados.

A garantia constitucional da ampla defesa, entretanto, não subtrai do juiz — designadamente, o do trabalho: CLT, art. 765 — o poder, por exemplo, de indeferir provas incabíveis ou desnecessárias, assim como diligências meramente protelatórias requeridas pela parte.

O art. 372 do CPC faculta ao juiz admitir a utilização de prova produzida em outro processo, atribuindo-lhe o valor que julgar adequado e observado o contraditório. O contraditório deve ser observado não apenas pelo juízo que se valerá da prova emprestada, mas também pelo juízo no qual foi originalmente produzida. Uma ressalva: a despeito de a norma do processo civil deixar transparecer que o uso de prova emprestada consiste numa faculdade do magistrado, não renunciamos ao antigo entendimento de que, mesmo assim, as partes terão direito de produzir provas no processo atual, salvo se, expressamente, renunciarem a isso em benefício da prova emprestada.

7. Publicidade

Em França, a Revolução de 1789 se opôs aos julgamentos secretos realizados no regime anterior. Em um dos seus célebres e eloquentes pronunciamentos na Assembleia Constituinte, Honoré Gabriel Riqueti, conde Mirabeau, disse: *"donnez-moi le juge que vous voudrez, partial, corrupt, mon ennemi même, si vouz voulez, peu m'importe, pourvu qu'il ne puisse rien faire qu'a a la face du public"* ("dê-me o juiz que você quiser, parcial, corrupto, mesmo meu inimigo, se você quiser, pouco me importa, desde que ele nada possa fazer, senão em público").

É perceptível a intimidade da relação que há entre o princípio da publicidade dos atos processuais e os regimes democráticos. Em sentido inverso, esse princípio é tanto mais coarctado quanto mais os regimes políticos manifestam tendência ditatorial ou despótica.

O princípio da publicidade assegura uma *transparência* do processo, como instrumento estatal de solução de conflitos de interesses e de pacificação social, permitindo, dentre outras coisas, que o público em geral tenha acesso às salas de audiências ou às sessões dos órgãos jurisdicionais. O CPC, no art. 11, *caput*, faz menção à publicidade do julgamento (e ao fundamento das decisões), sob pena de nulidade, reproduzindo, assim, a regra estampada no art. 93, IX, da Constituição Federal. No art. 368, o mesmo Código declara, de modo específico, que as audiências serão públicas (ressalvadas as exceções legais).

Em nome do princípio que estamos examinando, as pessoas podem requerer certidões de atos processuais em geral; tratando-se de processo que tramite em segredo de justiça, o art. 189 do CPC elucida que o direito de consultar os autos do processo e de pedir certidões de seus atos é restrito às partes e aos seus procuradores (§ 1.º); o terceiro que demonstrar interesse jurídico pode requerer ao juiz certidão do dispositivo da sentença, bem como de inventário e de partilha decorrentes de divórcio ou separação (§ 2.º); parece-nos, entretanto, que essa disposição do CPC está em antagonismo com o art. 5.º, inciso XXXIV, letra "*b*", da Constituição, que assegura a todos a obtenção de certidões em repartições públicas, para defesa de direitos e esclarecimentos de situações de interesse pessoal. Sendo assim, pensamos que o juiz não possa indeferir o requerimento de certidão relativa *a qualquer ato processual*, formulado por terceiro, contanto que este demonstre a necessidade de obtê-la, para efeito de promover a defesa de seu direito ou de obter esclarecimento de interesse de foro pessoal – exceto, repisemos, nos casos em que o processo tramite em segredo de justiça.

Cumpre-nos reiterar que o princípio da publicidade, visto sob a perspectiva política, se destina a permitir ao povo fiscalizar a atuação dos juízes e de todos os sujeitos do processo. Convém rememorar que o devido processo legal constitui um instrumento democrático de solução de conflitos de interesses tutelados pela ordem jurídica e, em sentido mais amplo, conforme dissemos há pouco, um instrumento de pacificação social, de eliminação das tensões decorrentes de direitos em situação de confronto. Os julgamentos secretos, felizmente, fazem parte de um passado remoto. A reação contra esses julgamentos esotéricos, secretos e inquisitoriais, surgiu com a Revolução Francesa de 1789, que proclamou a publicidade dos atos processuais como garantia de independência, de imparcialidade e de responsabilidade da magistratura e, ao mesmo tempo, de justiça para os jurisdicionados.

A Declaração Universal dos Direitos do Homem, enunciada pela Organização das Nações Unidas em 1948, assegura o princípio *da publicidade popular* do processo (art. 10), que é de certa forma ampla, pois enseja ao povo acompanhar (logo, fiscalizar) a atuação dos juízes, mediante, *e.g.*, o comparecimento às sessões de audiência e de julgamento. Ao declarar que "*todos os julgamentos do Poder Judiciário serão públicos*" (destacamos), a Constituição Federal de 1988 revela haver perfilhado esse princípio fundamental (art. 93, inciso IX).

Todavia, como pondera Ada Pellegrini Grinover, "toda precaução há de ser tomada contra a exasperação do princípio da publicidade. Os modernos canais de comunicação de massa podem representar um perigo tão grande como o próprio segredo. As audiências televisionadas têm provocado em vários países profundas manifestações de protesto. Não só os juízes são perturbados por uma curiosidade malsã, como as próprias partes e as testemunhas se veem submetidas a excessos de publicidade que infringem seu direito à intimidade, além de conduzir à distorção do próprio fundamento da Justiça através de pressões impostas a todos os figurantes do drama judicial. Publicidade como garantia política — cuja finalidade é o controle da opinião pública nos serviços da Justiça — não pode ser confundida com o escândalo e a afronta à dignidade humana. Cabe à técnica legislativa encontrar o justo equilíbrio e dar ao problema a solução mais consentânea em face da experiência e dos costumes de cada povo" (*Teoria geral do processo.* 6.ª ed. São Paulo: LTr Editora, 1986, p. 38).

No sistema do processo civil (e no do trabalho), ao lado da publicidade ampla (denominada de popular) existe outra, menos ampla (dita, por isso mesmo, restrita), que diz respeito às partes e seus procuradores e, eventualmente, a terceiros (CPC, art. 189).

O próprio texto constitucional, após afirmar que todos os julgamentos dos órgãos do Poder Judiciário serão públicos, e fundamentadas todas as decisões, faz uma ressalva: a lei pode limitar a presença, em determinados atos, das partes e de seus advogados, ou apenas destes, quando "a preservação do interesse à intimidade do interessado no sigilo não prejudique o interesse público à informação" (art. 93, IX). No art. 5.º, LX, a Constituição já deixa claro que a lei somente poderá restringir a publicidade dos atos processuais "quando a defesa da intimidade ou o interesse social o exigirem". Em tais situações, os atos processuais serão realizados em *segredo de justiça.* O art. 189 do CPC define esses casos: a) quando o exigir o interesse público ou social; b) quando a causa disser respeito a casamento, separação de corpos, divórcio, separação, união estável, filiação, alimentos e guarda de crianças e adolescentes; c) em que constem dados protegidos pelo direito constitucional à intimidade; d) que versem sobre arbitragem (incisos I a IV, respectivamente).

Em tais situações, a intimidade e o interesse social têm preeminência no cotejo com a publicidade. Pode-se dizer que aqueles constituem exceção a esta. Na verdade, há, aqui, um confronto de valores, cumprindo ao magistrado decidir, de maneira fundamentada, se deve prevalecer a regra (publicidade) ou esta deve, circunstancialmente, dar lugar à exceção (intimidade e interesse social).

Nestas hipóteses, a audiência será realizada com as portas da sala fechadas. O art. 189 do CPC é aplicável, *mutatis mutandis*, ao processo do trabalho.

Embora o processo civil haja consagrado o princípio da publicidade popular, pelo qual se consente que as pessoas em geral compareçam às salas de audiências ou de sessões dos órgãos jurisdicionais, seja para assistir a esses atos por mera curiosidade, seja para fiscalizar a atuação dos juízes, das partes, dos advogados ou do Ministério Público, isso não significa que tais espectadores possam *intervir* nos trabalhos que aí se desenvolvem, ou *perturbar* a boa ordem desses trabalhos, como: comunicando-se, por palavras ou gestos, com as partes, advogados e testemunhas; formulando críticas à atuação do juiz ou dos advogados; aplaudindo ou vaiando as declarações das partes ou das testemunhas; conversando em voz alta etc. Esse comportamento é atentatório à dignidade da Justiça e incompatível com o decoro que se exige de quem se encontra nas dependências das unidades judiciárias. Por isso, vindo qualquer pessoa a adotar atitudes dessa natureza, o juiz, no exercício do seu inerente *poder de polícia*, a advertirá para que se abstenha de fazê-lo, sob pena de ser retirada da sala de audiência ou de sessões (CPC, art. 360, inciso II; CLT, art. 816). Se houver necessidade, o juiz poderá requisitar força policial, a fim de que a sua ordem seja cumprida (CPC, *ibidem*, III).

De uns tempos até esta altura, aliás, tem sido frequente — e, sobretudo, perturbadora — a presença de telefones celulares (telemóveis) ou *smartphones* nas salas de audiências ou de sessões, cujos aparelhos passam a receber chamadas durante a realização desses atos processuais. Pouco importa que sejam as partes, seus advogados ou terceiros que estejam a portar essa espécie de aparelho: ao juiz incumbirá solicitar que sejam desligados, sob pena de a pessoa ser retirada da sala de audiências, ou adotada outra providência que a situação esteja a exigir. Há situações, todavia, em que o advogado faz uso justificado do *smartphone*, em audiência, como para consultar determinado aplicativo contendo legislação atinente ao caso concreto. Nesta situação, o uso é tolerável.

Não se imagine, entrementes, que o magistrado, ao determinar que sejam retiradas da sala de audiência pessoas que estejam a perturbar os trabalhos, estará, com isso, golpeando o princípio constitucional da publicidade. Ora, é elementar que esse princípio, conquanto seja extremamente necessário, pelas razões já apontadas, não autoriza que as pessoas se comportem de maneira inconveniente no recinto em que se realiza a audiência, ou mesmo em suas proximidades. É importante lembrar que o juiz, em decorrência do seu poder de polícia, deverá manter a ordem nas audiências, "podendo mandar retirar do recinto os assistentes que a perturbarem" (CLT, art. 816). Nos termos do art. 360 do CPC, que é mais elucidativo, ao juiz incumbe manter a ordem e o decoro na audiência (inciso I) e determinar que sejam retiradas da sala as pessoas que estiverem, de algum modo, perturbando os trabalhos (inciso II), e, quando necessário, requisitar força policial (inciso III).

Aliás, se o juiz, eventualmente, nas audiências presenciais, mandar que a porta da sala seja fechada, em decorrência de vozearia ou ruído intenso que esteja sendo produzido em sala contígua ou em corredor próximo, também não estará a desacatar o princípio constitucional da publicidade dos atos processuais, senão que adota uma providência indispensável para que a audiência possa ser realizada sem essas interferências sonoras externas e perturbadoras.

O princípio da publicidade também não significa que qualquer pessoa, seja jornalista ou não, possa filmar ou gravar em fitas magnéticas, em *smartphones* ou por qualquer outro meio tecnológico tudo o que se passa na audiência. Ocorre que isso poderá acarretar violação do direito à *intimidade* (e à preservação da *imagem*), de que são detentoras as pessoas em geral. Basta observar que a própria Constituição autoriza o afastamento ocasional do princípio da publicidade quando isso for necessário para assegurar a *intimidade* da parte (art. 5.º, LV). Embora essa regra constitucional seja dirigida ao legislador, nada obsta que o magistrado a adote, desde que fundamente o seu ato.

A seriedade de uma audiência judicial não pode ser convertida em rasgo de sensacionalismo jornalístico, para propiciar a elevação dos índices de audiências mediáticas.

O art. 367 do CPC permite que: a) o juízo proceda à gravação integral da audiência em imagem e em áudio, por meio digital ou analógico, desde que seja assegurado o rápido acesso das partes e dos órgãos julgadores, atendida a legislação incidente (§ 3.º); b) qualquer das partes efetue a gravação mencionada na letra anterior, sem necessidade de autorização judicial (§ 6.º).

A julgar pelo que temos visto, o importante controle popular dos atos processuais tem sido dificultado em relação às audiências que se realizam por meio de *plataformas virtuais*. O processo físico, tradicional, possibilita a qualquer pessoa comparecer, sem maiores embaraços, à sala de audiências ou de sessões, para acompanhar e, de certo modo, fiscalizar os atos que aí são praticados. Todavia, no caso das audiências *virtuais*, o acesso se dá por meio de *links*, que, de modo geral, constam no instrumento de citação ("notificação"), em despacho judicial ou em e-mails remetidos aos advogados das partes.

É aqui que se iniciam as dificuldades para o controle popular dos atos praticados na audiência: em primeiro lugar, porque essas pessoas necessitam possuir ferramentas adequadas que lhes permitam o acesso; em segundo lugar, elas têm enorme dificuldade em saber qual é o *link* para isso, uma vez que não são partes na relação processual; em terceiro, mesmo sabendo qual seja o *link*, deverão cadastrar-se para poder participar por meio de computador. Acresçam-se a isso os problemas de ordem técnica, como a queda do sinal da *internet*, que as pode deixar sem acesso à audiência.

Ressentem-se de razão jurídica, por isso, aqueles que, entusiasmados em demasia com a infiltração da tecnologia no processo judicial, afirmam não haver, em tais casos, escoriação ao princípio constitucional da publicidade dos atos processuais, de cujo gênero a audiência constitui espécie fundamental.

É necessário advertir que adoção de ferramentas tecnológicas para a realização de atos processuais em geral, e audiências em particular, não pode fazer tábua rasa das normas, dos princípios e das garantias constitucionais do processo, de que são destinatários juízes, advogados, serventuários, auxiliares da justiça, membros do Ministério e, sem dúvida, o próprio povo.

Para que se configure a violação a tais normas, princípios e garantias, não é imprescindível que se proíba, de maneira expressa, a presença de pessoas do povo (terceiros, em geral) no ambiente das audiências virtuais: basta, para essa configuração, a nosso ver, o fato concreto de serem criados obstáculos tecnológicos ao livre acesso às audiências.

8. Licitude dos meios de prova

Sob a perspectiva processual, a prova pode ser conceituada como a demonstração, segundo as normas legais específicas, da verdade dos fatos relevantes e controvertidos na ação.

Dissemos:

a) *demonstração*, porque, em concreto, a atividade probatória, que às partes preponderantemente incumbe em decorrência do ônus subjetivo que a lei lhes atribui (CLT, art. 818), consiste em trazer aos autos elementos que demonstrem a verdade dos fatos alegados e com fulcro nos quais deverão desenvolver um raciocínio lógico, tendente a influir na formação do convencimento jurídico do magistrado;

b) *segundo as normas legais específicas*, porque as normas de processo não apenas estabelecem as modalidades de prova admissíveis em juízo (CPC, art. 369), como também disciplinam o procedimento probatório dos litigantes;

c) *da verdade dos fatos*, porque, em regra, o objeto da prova são os fatos (CPC, art. 369); só excepcionalmente será exigida a prova do direito alegado (CPC, art. 376);

c.a.) relevantes, porque a prova não deve recair em todo e qualquer fato narrado na causa, mas apenas naqueles que são importantes para a solução do conflito de interesses;

c.b.) controvertidos, porque devem ficar fora do campo da prova os fatos incontroversos, assim tidos os que, sendo afirmados por uma das partes, são confessados pela outra, adversária (CPC, arts. 341 e 374, II); os admitidos no processo como incontroversos (CPC, art. 374, III), assim como os notórios (CPC, art. 374, I); e aqueles em cujo favor milita a presunção legal de existência ou de veracidade (CPC, art. 374, IV);

d) *na ação*, porque, embora relevantes e controversos, não devem ser destinatários da prova os fatos que não tenham pertinência com a demanda — *quod non est in actis non est in mundo*, admoesta o antigo apotegma latino, de larga e proveitosa aplicação na realidade forense.

A prova possui uma finalidade de fundamental importância no universo do processo, pois somente com apoio nela poderá o juiz formar a sua convicção jurídica acerca dos fatos alegados pelas partes, oportunidade em que deverá valorá-la para optar pela que lhe tenha parecido ser a de melhor qualidade. O princípio da persuasão racional, contido no art. 371 do CPC, e que preferimos denominá-lo de livre convencimento motivado, insinua que o juiz terá ampla liberdade para formar o seu convencimento, devendo, contudo, fazê-lo sempre com base nas provas existentes nos autos. Sob essa óptica, podemos asseverar, com Couture, que a liberdade que o juiz possui nesse campo muito se assemelha à do prisioneiro: pode ir aonde quiser, desde que dentro dos limites da cela.

Às partes cabe o ônus de produzir provas, na exata medida dos interesses que estejam a defender na causa; é precisamente com vistas ao exercício dessa atividade que assume especial importância o princípio da liceidade dos meios de prova, que estamos a comentar.

Estabelece o art. 5.º, inciso LVI, da Constituição: "São inadmissíveis, no processo, as provas obtidas por meios *ilícitos*" (destacamos). Aí está, portanto, o princípio constitucional da *liceidade* dos meios probantes. Em harmonia com essa regra superior, dispõe o art. 369 do CPC que: "As partes têm o direito de empregar todos os meios legais, bem como os moralmente legítimos, ainda que não especificados neste Código, para provar a verdade dos fatos em que se funda o pedido ou a defesa e influir eficazmente na convicção do juiz". Sintetizando: para que a prova seja admitida em juízo, é necessário não apenas que o meio utilizado para produzi-la seja lícito e adequado, mas também moralmente legítimo. A entender-se que a

Constituição somente veda os meios ilícitos, estar-se-ia concluindo, de maneira inaceitável, que seriam válidos os meios *moralmente ilegítimos*. Assim, o art. 369 do CPC, longe de estar em antagonismo com o inciso LVI do art. 5.º da Constituição, complementa-o de maneira harmoniosa.

Para determinado segmento da doutrina, a ilicitude da prova pode ser de natureza material ou processual. Será *material* quanto ao momento de sua formação (escuta clandestina, tortura etc.) e *processual* quando de sua apresentação em juízo. No primeiro caso, considera-se o instante em que a prova é produzida; no segundo, o momento em que ela é utilizada em juízo.

Esclarece João Carlos Pestana de Aguiar que "o meio de prova moralmente legítimo é aquele não tipificado em lei, ou seja, sem exata adequação às hipóteses legalmente previstas. Seu limite repousa na legitimidade moral de sua formação. De outro modo valeria todo e qualquer meio, ainda que fossem utilizados os mais repulsivos processos para sua obtenção. Por isso o advérbio "moralmente", constante do art. 332, tem por escopo não só ultrapassar as lindes da tipificação legal, como restringir a área de sua ultrapassagem" ("A crise da privacidade e os meios de prova", RF, 252/69). A referência, agora, é ao art. 369 do CPC.

Pensamos, contudo, que o adjetivo *meio*, constante na redação do inciso LVI do art. 5.º da Constituição, não foi aí utilizado em seu significado técnico, e sim com sentido genérico. Expliquemo-nos. Do ponto de vista técnico, os *meios* de prova são documentos, confissões, declarações de testemunhas, laudos periciais etc. Como todos esses meios estão previstos em lei, revelam-se, à evidência, *lícitos*. O que o inciso LVI do art. 5.º da Constituição pretendeu dizer, na verdade, é que seriam inadmissíveis as provas obtidas por *formas* ("meios") ilícitas. Não é inútil aproveitar a oportunidade para esclarecer que *prova*, em rigor, não é o mesmo que *meio de prova*. *Prova* é resultado; *meio* é o instrumento de produção da prova.

Vem adquirindo certo prestígio na doutrina a opinião de que a ilegalidade do meio de prova decorre da violação de normas legais ou de princípios gerais de direito, sejam de natureza material, sejam de natureza processual. Assim, quando a proibição estiver contida em lei *processual*, a prova será *ilegítima*; quando, porém, o veto partir de uma lei *material*, a prova será *ilícita*. Coube a Pietro Nuvolone a precedência dessa opinião. Esse jurista italiano utilizou a expressão *prova vedada* para identificar a que é ilícita. Para ele, a prova seria *ilegal* quando houvesse violação do ordenamento jurídico como um todo, aí compreendidas as leis materiais e processuais e os princípios gerais de direito; e ilícita quando a sua proibição fosse material.

O problema alusivo aos meios de prova moralmente legítimos, entretanto, é mais complexo do que se possa conceber, a contar do fato de inexistirem critérios objetivos que permitam determinar a moralidade ou a imoralidade do meio ou instrumento de que se possa utilizar a parte para produzir as provas necessárias à demonstração da veracidade das alegações feitas em juízo.

Cremos, a despeito disso, que possam ser reputados imorais, *e.g.*, todos aqueles meios que atentem contra os direitos da personalidade, particularmente quanto à liberdade de pensamento e à privacidade, que foram alteados ao predicamento constitucional (art. 5.º, IV, X, XI, XII).

Haverá violação destes últimos, p. ex., quando forem desrespeitadas a intimidade, a vida privada, a honra e a imagem das pessoas, assim como a sua casa e o sigilo de sua correspondência e dos seus meios de comunicação. Em princípio, pois, as provas obtidas de maneira sub-reptícia, como mediante gravações telefônicas ou de conversações em geral, não devem ser aceitas em juízo. É que tais gravações clandestinas afrontam o direito à inviolabilidade das comunicações, que a Constituição outorga ao indivíduo. É evidente, porém, que se a pessoa a quem ditas declarações prejudicam as houver prestado de maneira espontânea e com conhecimento de que seriam gravadas, nada haverá contra a sua utilização no processo.

Em síntese: para que a prova seja admitida em juízo, é necessário não apenas que o meio utilizado para produzi-la seja lícito e adequado, mas também moralmente legítimo. A entender-se que a Constituição somente veda os meios ilícitos, estar-se-ia concluindo, de maneira inaceitável, que seriam válidos os meios moralmente ilegítimos. Assim — repitamos —, o art. 369 do CPC, longe de estar em antagonismo com o inciso LVI do art. 5.º da Constituição, complementa-o de maneira harmônica.

Reiteremos: verifica-se generalizada controvérsia na doutrina e na jurisprudência acerca da legalidade, ou não, de certos *meios* de produção de provas, como é o caso típico das gravações em fitas magnéticas de *conversações telefônicas*. Ocorre que a Constituição Federal, no inciso XII do art. 5.º, declara ser inviolável o sigilo das comunicações telefônicas, exceto mediante ordem judicial, nas hipóteses e na forma que a lei estabelecer, para fins de investigação *criminal* ou de instrução processual *penal*. Sob o rigor do texto constitucional citado, portanto, não se justifica a quebra do princípio da inviolabilidade das comunicações telefônicas para efeito de constituir prova nos processos *civil* e *trabalhista*. Procurando, todavia, dar uma interpretação menos rigorosa à regra constitucional mencionada, certo segmento da doutrina e da jurisprudência vem entendendo que a prova somente seria ilícita se a gravação fosse obtida por meio de *interceptação* de conversa telefônica. Não nos parece, contudo, que essa opinião seja sustentável em face da dicção inequívoca do art. 5.º, inciso XII, da Constituição, que não faz nenhuma distinção quanto a isso, e, ademais, como dissemos, restringe, de maneira expressa, as exceções à *investigação criminal* ou ao *processo penal*. Entendemos, por isso, que a gravação magnética (ou por qualquer outro meio técnico) de conversação telefônica não possa ser usada como prova nos processos civil e trabalhista, por ser transgressora na regra contida no inciso XII, do art. 5.º da Constituição. Como as gravações dessa natureza soem ser realizadas de forma *clandestina*, vale dizer, sem o conhecimento da pessoa cuja voz está sendo registrada, haverá também, nesse ato, ofensa à intimidade ou à vida privada do indivíduo, e, em razão disso, violação do inciso X do mesmo dispositivo constitucional.

A respeito do assunto, o Supremo Tribunal Federal decidira: "Inadmissibilidade, como prova, de laudos de degravação de conversa telefônica e de registros contidos na memória de microcomputador, obtidos por meios ilícitos (art. 5.º, LVI, da CF); no primeiro caso, por se tratar de gravação realizada por um dos interlocutores, sem conhecimento do outro, havendo a degravação sido feita com inobservância do princípio do contraditório, e utilizada com violação à privacidade alheia (art. 5.º, X, da CF); e, no segundo caso, por estar-se diante de microcomputador que, além de ter sido apreendido com violação de domicílio, teve a memória nele contida sido degravada ao arrepio da garantia da inviolabilidade da intimidade das pessoas (art. 5.º, X e XI, da CF)". (Ac. do Pleno, por maioria, in: RF, 335/183). Posteriormente, o Excelso Pretório passou a admitir, como *lícita*, a gravação de conversa telefônica efetuada por um dos interlocutores.

O que, talvez, se possa admitir é a utilização, como *prova emprestada*, no processo civil, de gravação de conversa telefônica obtida regularmente em processo penal, desde que a parte, contra a qual a prova será utilizada, haja participado deste processo – e do consequente contraditório aqui realizado.

É necessário advertir que a regra constitucional de que somente serão aceitas provas que não tenham sido conseguidas por meios ilícitos (ou moralmente ilegítimos) é aplicável tanto às produzidas extrajudicialmente quanto em juízo. A tudo sobreleva o princípio fixado pela Constituição da República, que se articula com o conteúdo ético do processo, enquanto método estatal de resoluções dos conflitos de interesses, individuais ou coletivos, protegidos pelo ordenamento jurídico — ou que não estejam em contraste com este.

Obviamente, por isso, não se admite validade à prova obtida mediante constrangimento físico, intelectual, moral, econômico etc. Nem sempre, contudo, foi assim. Basta ver o que constava do art. 179, XIX, de nossa Constituição Imperial de 1824: "Desde já ficam abolidos os açoites, a tortura, a marca de ferro quente, e todas as mais penas cruéis". A Constituição Republicana de 1891 deu o seu contributo ao tema, ao declarar: "Fica abolida a penas de galé e a de banimento judicial" (art. 72, § 20).

Em determinados períodos obscuros da História, a *tortura* era método oficial de interrogatório do acusado, como revela o trecho do "Manual dos inquisidores", elaborado por dois dominicanos, Nicolau Eymerich e Francisco Peña, o primeiro no séc. XIV e o segundo no séc. XVI, a seguir reproduzido:

> "E enquanto (a acusada de bruxaria) estiver sendo interrogada a respeito de cada um dos pontos, que seja submetida à tortura com a devida frequência, começando-se com os meios mais brandos; o Juiz não deve se apressar em usar os meios mais violentos. (...) Se após a devida sessão de tortura a acusada se recusar a confessar a verdade, caberá ao Juiz colocar diante dela outros aparelhos de tortura e dizer-lhe que terá de suportá-los se não confessar. Se então não for induzida pelo terror a confessar, a tortura deverá prosseguir no segundo ou no terceiro dia, mas não naquele mesmo momento, salvo se houver boas indicações de seu provável êxito. (...) Durante o intervalo, antes da sessão de tortura seguinte, o próprio Juiz ou outros homens honestos deverão tentar persuadi-la, por todos os meios que estiverem a seu alcance, para que confesse a verdade da forma que dissemos, dando-lhes, se lhes parecer conveniente, a promessa de que a sua vida será poupada. (...) caso contrário, que ordene aos oficiais que a amarrem com

cordas e a coloquem em algum aparelho de tortura; então que o obedeçam de imediato, mas sem que demonstrem satisfação, antes mostrando-se aparentemente perturbados pela tarefa. Em seguida, que ela seja tirada dali à solicitação de algum dos presentes, e levada a um canto, para que seja persuadida novamente; ao persuadi-la, convém dizer-lhe que poderá escapar da pena de morte (da obra: *O martelo das feiticeiras*, de Heinrich Kramer e James Sprenger. 12.ª ed. Rio de Janeiro: Editora Rosa dos Tempos, 1997. p. 433).

Ainda bem que, agora, os tempos são outros... Veja-se o que consta na Lei n. 9.455, de 7 de abril de 1995, definidora dos crimes de tortura:

"Art. 1.º Constitui crime de tortura:

I – constranger alguém com emprego de violência ou grave ameaça, causando-lhe sofrimento físico ou mental:

a) com o fim de obter informação, declaração ou confissão da vítima ou de terceira pessoa;

b) para provocar ação ou omissão de natureza criminosa;

c) em razão de discriminação racial ou religiosa;

II – submeter alguém, sob sua guarda, poder ou autoridade, com emprego de violência ou grave ameaça, a intenso sofrimento físico ou mental, como forma de aplicar castigo pessoal ou medida de caráter preventivo.

Pena – reclusão, de 2 (dois) a 8 (oito) anos.

§ 1.º Na mesma pena incorre quem submete pessoa presa ou sujeita a medida de segurança a sofrimento físico ou mental, por intermédio da prática de ato não previsto em lei ou não resultante de medida legal.

§ 2.º Aquele que se omite em face dessas condutas, quando tinha o dever de evitá-las ou apurá-las, incorre na pena de detenção de 1 (um) a 4 (quatro) anos.

§ 3.º Se resulta lesão corporal de natureza grave ou gravíssima, a pena é de reclusão de 4 (quatro) a 10 (dez) anos; se resulta morte, a reclusão é de 8 (oito) a 16 (dezesseis) anos.

§ 4.º Aumenta-se a pena de 1/6 (um sexto) até 1/3 (um terço):

I – se o crime é cometido por agente público;

II – se o crime é cometido contra criança, gestante, deficiente e adolescente;

II – se o crime é cometido contra criança, gestante, portador de deficiência, adolescente ou maior de 60 (sessenta) anos; *(Redação dada pela Lei n. 10.741, de 2003)*

III – se o crime é cometido mediante sequestro.

§ 5.º A condenação acarretará a perda do cargo, função ou emprego público e a interdição para seu exercício pelo dobro do prazo da pena aplicada.

§ 6.º O crime de tortura é inafiançável e insuscetível de graça ou anistia.

§ 7.º O condenado por crime previsto nesta Lei, salvo a hipótese do § 2.º, iniciará o cumprimento da pena em regime fechado.

Art. 2.º O disposto nesta Lei aplica-se ainda quando o crime não tenha sido cometido em território nacional, sendo a vítima brasileira ou encontrando-se o agente em local sob jurisdição brasileira.

Art. 3.º Esta Lei entra em vigor na data de sua publicação."

9. Fundamentação das decisões

Tradicionalmente, a exigência de que as decisões judiciais sejam fundamentadas é formulada por normas infraconstitucionais, como é o caso do art. 489, II, do CPC, e do art. 832, *caput*, da CLT. Igual imposição já era encontrada nas Ordenações Filipinas (Livro III, Título LXVI, n. 7), no Regulamento Imperial n. 737, de 1850, e em diversos códigos estaduais de nosso País. Entrementes, considerando a extraordinária importância jurídica e política da motivação dos pronunciamentos jurisdicionais, essa exigência acabou sendo elevada, entre nós, à categoria de princípio constitucional. Com efeito, estabelece o art. 93, inciso IX, da Constituição em vigor, que todas as decisões judiciais (assim como as administrativas) serão fundamentadas, sob pena de nulidade. Deve ser dito, contudo, que Constituições estrangeiras anteriores à nossa, de 1988, já haviam exigido fundamentação nas decisões judiciais, como as da Itália, da Bélgica e de alguns de países da América Latina.

O princípio que estamos a examinar possui estreita ligação com os postulados essenciais dos regimes democráticos dos Estados de Direito, aos quais repugna a possibilidade de as pessoas serem submetidas a decisões judiciais *arbitrárias*, assim entendidas aquelas que refletem não o comando da lei, mas a vontade pessoal do magistrado, influenciada, quase sempre, por motivos de ordem política, religiosa, social, ética, econômica, corporativa, afetiva etc. Disto decorre a conclusão de que a fundamentação, para além de ser uma necessidade *jurídica*, é uma imposição *política*.

Podemos asseverar, por isso, que a motivação das decisões judiciais representa uma garantia da sociedade contra eventual ditadura dos magistrados. Vêm a propósito estas palavras de Calamandrei: "(...) la motivación constituye precisamente la parte razonada de la sentencia, que sirve para demonstrar que el fallo es justo y por qué es justo, y para persuadir a la parte vencida que su condena há sido el necesario punto de llegada de un meditado razonamiento y no el fruto improvisado de la arbitrariedade y de la fuerza" (*La crisis de la motivación*, em: *Proceso y democracia*. Buenos Aires: Ed. Jurídicas Europa-América, 1960. p. 116-1.170).

Fundamentar a decisão significa, pois, a exigência de que o juiz indique as razões de fato e de direito, com base nas quais formou a sua convicção jurídica acerca dos fatos da causa. Como escreve Nelson Nery Junior: "A motivação da sentença pode ser analisada por vários aspectos, que vão desde a necessidade de comunicação judicial, até sua submissão, como ato processual, ao estado de direito e às garantias constitucionais estampadas no art. 5.º, CF, trazendo consequentemente a exigência da imparcialidade do juiz, a publicidade das decisões judiciais, a legalidade da mesma decisão, passando pelo princípio constitucional da independência jurídica do magistrado, que pode decidir de acordo com sua livre convicção, desde que motive as razões de seu convencimento (*princípio do livre convencimento motivado*)" (*Princípios do processo civil na Constituição Federal.* 3.ª ed. São Paulo: Editora. Revista dos Tribunais, 1996. p. 169/170).

O § 1.º, do art. 489, do CPC, não considera fundamentada qualquer decisão judicial (interlocutória, sentença, acórdão) que:

> "I – se limitar à indicação, à reprodução ou à paráfrase de ato normativo, sem explicar sua relação com a causa ou a questão decidida;
>
> II – empregar conceitos jurídicos indeterminados, sem explicar o motivo concreto de sua incidência no caso;
>
> III – invocar motivos que se prestariam a justificar qualquer outra decisão;
>
> IV – não enfrentar todos os argumentos deduzidos no processo capazes de, em tese, infirmar a conclusão adotada pelo julgador;
>
> V – se limitar a invocar precedente ou enunciado de súmula, sem identificar seus fundamentos determinantes nem demonstrar que o caso sob julgamento se ajusta àqueles fundamentos;
>
> VI – deixar de seguir enunciado de súmula, jurisprudência ou precedente invocado pela parte, sem demonstrar a existência de distinção no caso em julgamento ou a superação do entendimento."

A despeito de compreendermos as razões que levaram o legislador infraconstitucional a realizar uma espécie de especificação da regra constitucional genérica estampada no art. 93, IX, entendemos que o disposto no art. 489, § 1.º, do CPC, por seu extremado rigor, seja incompatível com o processo do trabalho. A propósito, a CLT não é omissa sobre o tema da fundamentação das decisões, conforme demonstra o seu art. 832, *caput*. Não podemos ignorar o fato de, no processo civil, as petições iniciais conterem, em média, três ou quatro pedidos, ao passo que, *não* raro, encontramos nas iniciais trabalhistas pedidos cujo total assoma a vinte, ou mais. Ao tempo que exercíamos a magistratura de primeiro grau, recebemos (por distribuição, é evidente) uma inicial na qual se continham mais pedidos do que o total de letras de nosso alfabeto. Explicamo-nos: o autor começou a utilizar as letras do alfabeto para identificar cada pedido; o problema é que se esgotaram as letras e ainda havia pedidos a formular, o que o levou a desmembrar a letra "z" em "z.a", "z.b", e assim por diante. Foi em razão da maré-montante de pedidos, que sói caracterizar as iniciais trabalhistas, que entendemos ser inconciliável com o processo do trabalho a regra do art. 489, § 1.º, do CPC.

O fato de entendermos ser inaplicável ao processo do trabalho o § 1.º do art. 489, do CPC, não significa que estamos a preconizar que as decisões proferidas pelos juízes do trabalho prescindiriam de fundamentação, até por que não temos vocação para contrariar normas constitucionais (CF, art. 93, IX). Entendemos, apenas, que a fundamentação, pelas razões já exaradas, não necessita atender aos *minuciosos requisitos* do dispositivo do estatuto processual civil, sendo bastante para atender ao preceito constitucional que demonstre estar em consonância com o ordenamento legal, ou seja, que não é produto de arbitrariedade judicial.

Fundamentar uma decisão não significa, necessariamente, indicar os dispositivos legais em que o magistrado se baseou para formar a sua convicção jurídica acerca dos fatos narrados na causa, mas, sim, decidir segundo a lei ou o ordenamento normativo; equivale a afirmar: de maneira não arbitrária. Se o juiz, estribado na prova dos autos, reconhecer que o autor prestava serviços após a jornada ordinária e, em consequência, condenar o réu ao pagamento das horas extras daí provenientes, não estará obrigado a mencionar os dispositivos legais autorizadores dessa condenação; basta-lhe decidir conforme a lei para que esse seu pronunciamento seja motivado juridicamente. Na prática, por zelo profissional, os juízes soem indicar as normas legais em que se basearam.

Apenas em casos excepcionais deverá o juiz indigitar as normas legais em que fundou a sua decisão, como ocorreria, *v.g.*, em algumas situações em que o prequestionamento da matéria constitui requisito indispensável para a admissibilidade de um recurso (STF, Súmulas ns. 282 e 356; TST, Súmula n. 297) ou de uma ação (TST, Súmula n. 298).

Em outras hipóteses, ainda que escassas, é óbvio que a decisão deverá apontar a regra legal que lhe serviu de supedâneo, tal como se daria nas ações diretas de inconstitucionalidade, em que ao Supremo Tribunal Federal incumbe declarar qual o dispositivo da Suprema Carta que está sendo violado pela norma infraconstitucional.

A Súmula n. 408 do TST esclarece em quais situações, em sede de ação rescisória, é dispensável a indicação do fundamento legal da ação e nas quais a indicação do disposto legal é necessária:

> "AÇÃO RESCISÓRIA. PETIÇÃO INICIAL. CAUSA DE PEDIR. AUSÊNCIA DE CAPITULAÇÃO OU CAPITULAÇÃO ERRÔNEA NO ART. 966 DO CPC DE 2015. ART. 485 DO CPC DE 1973. PRINCÍPIO "*IURA NOVIT CURIA*" (nova redação em decorrência do CPC de 2015) – Res. n. 208/2016, DEJT divulgado em 22, 25 e 26-04-2016
>
> Não padece de inépcia a petição inicial de ação rescisória apenas porque omite a subsunção do fundamento de rescindibilidade no art. 966 do CPC de 2015 (art. 485 do CPC de 1973) ou o capitula erroneamente em um de seus incisos. Contanto que não se afaste dos fatos e fundamentos invocados como causa de pedir, ao Tribunal é lícito emprestar-lhes a adequada qualificação jurídica ("*iura novit curia*"). No entanto, fundando-se a ação rescisória no art. 966, inciso V, do CPC de 2015 (art. 485, inciso V, do CPC de 1973), é indispensável expressa indicação, na petição inicial da ação rescisória, da norma jurídica manifestamente violada (dispositivo legal violado sob o CPC de 1973), por se tratar de causa de pedir da rescisória, não se aplicando, no caso, o princípio *'iura novit curia'. (ex-Ojs ns. 32 e 33 da SBDI-2 – inseridas em 20-09-2000)"*

A fundamentação das decisões exaradas pelo Poder Judiciário é, em derradeira análise, uma exigência que, de um lado, visa a preservar certos princípios imanentes aos regimes democráticos e aos Estados de Direito, e, de outro, a assegurar a dignidade do próprio Judiciário e a consequente respeitabilidade dos pronunciamentos por ele realizados. As decisões desprovidas de fundamentação são filhas da arbitrariedade e, como tais, só atendem às conveniências típicas dos regimes de vocação ditatorial.

Os indivíduos e as coletividades têm, portanto, o inalienável direito de exigir que o Poder Judiciário só interfira, com eficácia, em seus círculos jurídicos particulares quando o fizer por meio de decisão fundamentada no ordenamento legal. Nem mesmo a Justiça do Trabalho — na qual se tem identificado, de maneira equivocada, um certo traço ideológico de proteção ao trabalhador — está autorizada a eximir-se da submissão a esse mandamento constitucional. Se proteção há, é da norma legal, de natureza *material*, aplicada pelo magistrado.

Em decorrência da declaração impositiva do art. 93, IX, da Constituição Federal, decisões judiciais baseadas em fórmulas como: "defiro nos termos da lei" ou "indefiro por falta de previsão legal", muito em voga no passado, tornaram-se inadmissíveis, por serem, de rigor, destituídas de fundamentação. Efetivamente, decisões como essas, por serem vagas, genéricas (aplicáveis a qualquer caso) e vazias de fundamentação jurídica, não cumprem o mandamento constitucional, sendo, por isso, nulas.

Não será nula, entretanto, a decisão que se fundar em Súmula — mesmo não sendo vinculativas —, muito embora as Súmulas, de modo geral, não contenham a motivação do seu enunciado. Também inexistirá nulidade da decisão que se fundar, de forma exclusiva, em parecer exarado pelo Ministério Público, na qualidade de *custos legis*, conquanto seja sempre conveniente que o juiz encontre argumentos próprios para decidir desta ou daquela maneira, ainda que tendo como pano de fundo o parecer do *Parquet*.

A revelia, por sua vez, não é pretexto para o juiz deixar de fundamentar a decisão condenatória do réu, embora seja aceitável que presuma verdadeiros os fatos narrados pelo autor (CLT, art. 844, *caput*), quando não houver, quanto a isso, nenhum obstáculo legal. Recordemos que o mesmo preceptivo legal declara que a revelia não produzirá o efeito previsto no *caput* quando:

a) havendo pluralidade de réus, algum deles contestar a ação (inc. I);

b) o litígio tiver como objeto direitos indisponíveis (inc. II);

c) a petição inicial não estiver acompanhada de instrumento que a lei considere indispensável à prova do ato (inc. III);

d) as alegações de fatos apresentadas pelo autor forem inverossímeis ou estiverem em antagonismo com a prova existente nos autos (inc. IV).

O disposto nos precitados incisos do art. 844 da CLT constitue reprodução, praticamente literal, dos incisos I a IV, do art. 345, do CPC.

A respeito desses incisos, escrevemos em outro livro:

> "**Inciso I.** *Pluralidade de réus* (CLT, art. 884, § 4.º, I). O inciso em exame não tem o alcance que a sua expressão literal faz supor. Somente no regime litisconsorcial do tipo *unitário* é que a contestação apresentada por um dos compartes beneficiará os demais. A razão é compreensível: nessa modalidade de consórcio para a

lide, a decisão tem que ser uniforme para todos os compartes; destarte, eventual entendimento de que a contestação oferecida por um litisconsorte não aproveitaria os demais seria aberrante e subversiva do princípio nuclear de que a lide deve ser solucionada de maneira igual para todos.

No litisconsórcio simples, opostamente, os atos praticados pelos litisconsortes não se comunicam, justamente porque, aqui, a decisão não precisa ser homogênea, podendo, por isso, a lide ser composta de modo diversificado para cada litisconsorte. É com vistas a esta espécie de regime litisconsorcial que se deve inteligir o *princípio* contido no art. 117, do CPC.

De qualquer sorte, isto é axiomático: mesmo no litisconsórcio simples, a omissão de um litisconsorte não prejudicará os demais. Conquanto a lei não o diga, essa regra de comedimento foi entretecida pela doutrina e consagrada pela jurisprudência.

Inciso II. *Direitos indisponíveis* (CLT, art. 884, § 4.º, II). A norma do inciso II, *sub examen*, será reiterada pelo art. 392, *caput.*

Levando-se em consideração que estamos a cuidar dos efeitos da revelia (e das exceções legais), será rara a incidência, no processo do trabalho, do inciso II, do art. 345, pois dificilmente o réu (empregador) terá direito indisponível para ser invocado em seu benefício. Se a realidade prática, no entanto, apontar a existência de indisponibilidade de algum direito do réu, é certo que, nesta hipótese excepcional, a revelia não produzirá os efeitos que lhe são imanentes. Diante disso, caberá ao juiz ordenar que o autor especifique as provas que pretende produzir, se ainda não as houver indicado (art. 348).

A União, os Estados e os Municípios podem confessar; logo, verificam-se, quanto a eles, os efeitos da revelia.

Inciso III. *Instrumento indispensável* (CLT, art. 884, § 4.º, III). Não se produzirão os efeitos da revelia se a inicial estiver desacompanhada de instrumento que a lei considere ser da essência do ato. O CPC anterior aludia a instrumento *público* (art. 320, III). Cotejando-se ambas as normas, vemos que a atual, ao fazer referência genérica a *instrumento*, está a compreender tanto o público quanto o particular.

No processo do trabalho são raros os casos em que a norma legal exige a presença de instrumento público que a lei repute indispensável à prova do fato. Se, entretanto, em um caso singular, for imposta a presença de instrumento público, e a petição inicial não o trouxer, a revelia não acarretará os efeitos referidos no art. 344, do CPC.

Do ponto de vista prático, todavia, o que se deve entender da declaração enunciada pelo art. 345, do CPC, de que se ocorrer uma das hipóteses referidas por essa norma o efeito da revelia não será produzido? Essa dicção da lei significa que subsistirá, para o autor, o ônus de demonstrar a veracidade dos fatos alegados na petição inicial. Em virtude disso, deverá o juiz intimá-lo, a fim de que especifique as provas que pretende produzir, se ainda não as indicou (art. 348). Em regra, a prova será testemunhal. A documental deverá ter sido produzida com a petição inicial (CLT, art. 787; CPC, art. 320). Nem sempre, porém, as provas serão coletadas em audiência, como imaginou o legislador; situações especiais autorizam que seja produzida fora da audiência, como se dá com o exame pericial que for necessário ou indispensável.

Ocorrendo o efeito da revelia, o juiz estará autorizado a realizar o julgamento antecipado do mérito (CPC, art. 355, II), emitindo, em razão disso, a sentença correspondente (*ibidem*). A antecipação, na espécie, decorre da desnecessidade de o processo ser submetido à fase de colheita de provas orais (depoimentos das partes, inquirição de testemunhas). Salta-se, assim, diretamente da revelia para o pronunciamento de mérito — conquanto o juiz possa proceder ao interrogatório do autor. A regra do art. 344 do CPC (assim como do art. 844, *caput*, da CLT) é de boa lógica, pois se o réu, por ser revel, não impugnou os fatos afirmados pelo autor, estes fatos se tornaram incontroversos, tornando dispensável, em virtude disso, a realização de audiência tendente a coligir as provais orais. Somente os fatos controvertidos devem ser objeto de prova (CPC, art. 374, II e III).

A declaração da lei, de que, verificado o efeito da revelia, o juiz conhecerá imediatamente do pedido, proferindo a sentença de mérito (CPC, art. 355, II), reclama alguns temperamentos, que serão a seguir expostos.

Primeiro: como advertimos inúmeras vezes, em páginas anteriores, o efeito da revelia não subtrai, por si só, o poder de o juiz, como reitor soberano do processo (CLT, art. 765), tomar o depoimento do autor, com o propósito não apenas de melhor inteirar-se acerca dos fatos da causa, como de investigar se as declarações deste coincidem com os fatos relatados na inicial. Eventual discrepância entre as declarações do autor e os fatos lançados na inicial configurará confissão *real* (provocada) que, por sua vez, autorizará a neutralização do efeito da revelia, nomeadamente, para aqueles que veem nesse efeito uma presunção (relativa, por certo) de veracidade dos fatos postos na petição inaugural.

Segundo: nem sempre o juiz, mesmo verificando a ocorrência do efeito da revelia, proferirá sentença de mérito. Nada obsta que ele extinga o processo sem pronunciamento sobre as questões de fundo da demanda quando perceber que está ausente algum pressuposto de constituição ou de desenvolvimento regulares da relação processual (capacidade de ser parte, capacidade de estar em juízo; jurisdição, competência etc.) ou uma das condições da ação (legitimidade *ad causam* e interesse processual). Em tais casos, não incide, em princípio, o disposto no art. 321, do CPC, por não se tratar de defeito ou irregularidade sanável.

O exame desses pressupostos e das condições da ação, aliás, não é uma faculdade, senão que um dever do magistrado, a quem cabe, por esse motivo, pronunciar-se *ex officio* sobre a matéria (CPC, art. 485, § 3.º).

Terceiro: não ocorrerá o efeito da revelia toda vez que a matéria for daquelas a que se convencionou designar, não sem uma ponta de impropriedade, como sendo "de direito", em oposição à que é constituída pelos fatos alegados pelo autor e que devam ser por este provados.

"Matéria de fato" e "matéria de direito" não são expressões que necessariamente se contraponham. Esta significa que a formação do convencimento do magistrado dependerá, tão somente, da interpretação que extrair das normas legais invocadas pelo autor; aquela, que os fatos, como acontecimentos da vida dotados de aptidão para produzir consequências na ordem jurídica, para serem aceitos pelo julgador devem ser provados por quem os alegou. É evidente, porém, que a presença de matéria "de fato" não exclui a necessidade de apreciação dos fatos sob o ângulo do direito. No âmbito das matérias de direito encontra-se, também, o *pedido juridicamente impossível*, assim considerado aquele em relação ao qual há um veto da lei quanto ao seu acolhimento judicial. Destarte, a revelia não produz o efeito que lhe é característico quando se tratar de pedido dessa natureza. A propósito, será preferível que se fale de pedido juridicamente *inatendível*, pois, em princípio, todo pedido é possível, do ponto de vista de sua formulação. O seu acolhimento é que se torna impossível.

Quarto: o efeito da revelia não dispensa a sentença de conter os três elementos estruturais exigidos por lei (CLT, art. 832; CPC, art. 489, I a III), a saber: relatório, motivação e dispositivo; especialmente a fundamentação, que é um requisito com sede na Constituição Federal (art. 93, IX). Sobre os demais requisitos previstos nos §§ 1.º a 3.º do art. 389 do CPC, iremos nos pronunciar quando dos comentários a essa norma legal. No procedimento trabalhista sumaríssimo, a lei dispensa o relatório (CLT, art. 852-I, *caput*).

Quinto: conquanto revel, o réu poderá ser vencedor na causa se houver um fato notório (CPC, art. 374, I) que o beneficie. É bem verdade que se pode discutir se o fato detém, ou não, o atributo de notoriedade. Notório que seja o fato, ele terá preeminência com relação ao efeito da revelia, justamente porque essa nota peculiar da notoriedade prescindirá de prova quanto à existência do fato. Um outro caso em que o revel poderá ser vencedor na causa: se o laudo pericial concluir pela inexistência de insalubridade ou de periculosidade, sendo esse o único pedido formulado pelo autor. Ocorre que, mesmo havendo revelia, a existência de insalubridade (e a classificação de seu grau) ou de periculosidade dependem de exame pericial, por força do disposto no art. 195, § 2.º, da CLT — exceto se houver acordo coletivo ou convenção coletiva de trabalho dispensando a realização da perícia.

Sexto: nada impede que o juiz, em determinadas situações, converta o julgamento em diligência, conquanto presente o efeito da revelia, com o propósito de apurar a verdade (real) dos fatos. Não se pode ignorar que o processo do trabalho outorga ampla liberdade diretiva aos juízes (CLT, art. 765). Cuidará o magistrado, entrementes, para que a sua preocupação com o descobrimento da verdade não o afaste do dever de neutralidade, a que se encontra legalmente submetido. Assim, a mesma regra de prudência que aconselha o juiz a não decidir, de modo sistemático, contra o revel, o adverte para que não se converta em defensor dos interesses deste. Estamos convencidos de que os juízes têm sabido encontrar o indispensável ponto de equilíbrio entre essas duas situações contrastantes.

Inciso IV. *Alegações inverossímeis ou em desacordo com a prova* (CLT, art. 884, § 4.º, IV). Estas causas impeditivas da produção dos efeitos inerentes à revelia constituem novidade trazida pelo CPC atual.

Alegações inverossímeis. O efeito característico da revelia é a presunção de veracidade dos fatos alegados na petição inicial. Sob essa perspectiva, ficaria difícil, em princípio, admitir-se a possibilidade de o juiz deixar de reconhecer a ocorrência desse efeito quanto o fato alegado pelo autor lhe parecer inverossímil. Não seriam inconciliáveis, dos pontos de vista lógico e jurídico, a existência dessas duas situações, significa dizer, se a revelia gera a presunção de serem verdadeiros os fatos postos na inicial, como seria possível ao juiz considerar inverossímeis os fatos que nem sequer foram contestados pelo autor? Ainda que em casos remotos, isso é acontecível. Digamos que o autor haja alegado, na inicial, jamais ter usufruído, durante os dez anos em que trabalhou para o réu, de intervalo para repouso ou alimentação. Não é crível, segundo os ditames do senso comum, que isso tenha, efetivamente, ocorrido. Em casos como esse, caberia ao juiz tomar o depoimento do autor e, se verificar que este, muitas vezes, teve esse intervalo com a duração mínima prevista em lei, mandar apurar na fase de liquidação, mediante artigos, quantas vezes houve esse intervalo, e quantas, não. Lembremos que o *senso comum* designa o modo de pensar da maioria das pessoas, o conjunto dos conhecimentos adquiridos pelos seres humanos em geral, durante a vida. São conhecimentos empíricos, que, portanto, não se baseiam em métodos científicos, mas no modo comum de assimilar conhecimentos hauridos do cotidiano. São uma espécie de *máximas de experiência* que se obtém da observação daquilo que ordinariamente ocorre. Essas máximas estavam previstas no art. 335 do CPC anterior, e foram mantidas pelo CPC atual (art. 375).

Desacordo com a prova. O efeito da revelia também não ocorrer se estiver em desacordo com a prova dos autos, notadamente, a documental. Se, por exemplo, o autor juntou à inicial documento pelo qual se verifica que ele se demitiu do emprego, o juiz pode não considerar a alegação do autor de que teria sido demitido sem justa causa, máxime se ele não alegou qualquer vício de consentimento, de sua parte, na formação do aludido documento." (*O processo do trabalho sob a perspectiva do Código de Processo Civil.* 4.ª ed. São Paulo: LTr Editora, 2022. p. 503/505)

As decisões interlocutórias (CPC, art. 203, § 2.º) não escapam à exigência do art. 93, inciso IX, da Constituição, motivo por que serão nulas se destituídas de fundamentação jurídica (CPC, art. 489, II), ainda que lacônica. Note-se que a precitada norma constitucional impõe a existência de motivação em *todas as decisões* proferidas pelo Poder Judiciário, e não somente nas sentenças ou nos acórdãos.

Motivadas juridicamente devem ser também as *liminares* em geral (mandado de segurança, possessórias, ação civil pública, ação direta de inconstitucionalidade etc.) e as sentenças proferidas no processo cautelar. A urgência na concessão de liminares não justifica a ausência de um mínimo de fundamentação do ato concessivo ou denegatório da medida, do mesmo modo como a cognição sumária e o juízo de probabilidade, característicos das tutelas de urgência, não autorizam a emissão de ato decisório infundado.

Nenhuma razão jurídica haveria para colocar as decisões proferidas no processo versando sobre tutelas de urgência fora do campo de incidência da norma constitucional que faz da fundamentação um requisito imprescindível à validade formal dos pronunciamentos jurisdicionais. Mesmo as liminares aí concedidas devem submeter-se a esse mandamento, embora a fundamentação possa ser extremamente concisa. A alguns poderia parecer aberrante dos princípios o fato de estarmos a sustentar a necessidade de serem motivados os supostos *despachos* concessivos da liminar, pois a Constituição exige que sejam fundamentadas, apenas, as *decisões*. O assunto é oportuno e de notável importância. Via de regra, quando se faz alusão a *decisões*, quer-se com isso compreender, basicamente, as sentenças e os acórdãos; devemos chamar a atenção, no entanto, para a existência de uma classe de provimentos da jurisdição que não se enquadra ao conceito de sentença, de acórdão, nem mesmo de despacho: referimo-nos aos *despachos-decisórios*, tão presentes na prática judicial e ao qual a doutrina tem dedicado pouco interesse. Tais atos do juiz têm a forma (elemento extrínseco) de *despacho*, mas o conteúdo (elemento intrínseco) é, caracteristicamente, de *decisão*. Quando, p. ex., o magistrado não admite a interposição de determinado recurso, por entendê-lo, digamos, intempestivo, não está, nesse momento, exarando um simples despacho de expediente ou ordinatório, do mesmo modo como não está proferindo uma sentença, uma vez que nenhum desses atos se conforma aos conceitos enunciados pelo art. 203 do CPC, nos §§ 1.º e 3.º. Também não se trata de decisão interlocutória (§ 2.º), porquanto a interposição do recurso não pode ser considerada questão incidente; é, isto sim, o regular exercício de um direito que tem a parte de não concordar com o conteúdo da sentença, desfavorável aos seus interesses manifestados na causa. Trata-se, portanto, de despacho-decisório — conquanto nada obste a que se considere como *decisão* esse ato judicial.

Nos casos de extinção do processo sem resolução do mérito (CPC, art. 485), a sentença também deverá ser fundamentada, ainda que de forma concisa.

Cremos, todavia, que as sentenças meramente *homologatórias* não necessitam de fundamentação, mesmo que tenham como objeto a transação. Na transação, em verdade, não há solução jurisdicional do conflito (portanto, impositiva), mas, consensual (logo, negociada); a transação constitui, assim, negócio jurídico realizado pelas partes, mediante concessões recíprocas e com a finalidade de dar fim ao litígio. Requer, apenas, o beneplácito do juízo. Deverá ser fundamentada, entrementes, a sentença que se *recusar* a homologar a transação, porquanto se colocará em antagonismo com a vontade manifestada pelos transatores.

É evidente que haverá casos em que se ficará em dúvida sobre se a decisão não possui fundamento ou está fundamentada de modo extremamente lacônico: o fato se situará, então, naquelas zonas grises, nebulosas, tão comuns nos sítios jurídicos, nas quais predomina a incerteza, a hesitação da inteligência, a insegurança. A investigação prática a respeito deste assunto, embora seja algo tormentosa, é de grande relevância, pois, se se concluir que a decisão não contém fundamento jurídico, será nula.

De resto, se a fundamentação é de boa ou de má qualidade é algo que diz respeito exclusivo à valoração subjetiva das razões indicadas pelo juiz, traduzindo-se, portanto, em questão ligada à axiologia das decisões, sem qualquer vinculação com o tema das nulidades.

10. Razoável duração do processo

Por força da Emenda n. 45/2004, foi acrescentado ao art. 5.º, da Constituição Federal, o inciso LXXVIII, conforme o qual "a todos, no âmbito judicial e administrativo, são assegurados a razoável duração do processo e os meios que garantam a celeridade da sua tramitação".

Essa norma constitucional enuncia, assim, o princípio a que a doutrina, com base no próprio texto, passou a denominar de princípio da "razoável duração do processo".

Na verdade, as expressões constitucionais "razoável duração do processo" e "celeridade da sua tramitação" não são muito harmoniosas entre si. Afinal, nem sempre a "duração razoável" conduzirá à celeridade, assim como esta nem sempre implicará aquela. Se o constituinte estivesse preocupado, apenas, com a celeridade na entrega da prestação jurisdicional, teria, por certo, feito uso, somente, da segunda expressão por nós aspada.

Parece-nos, pois, que a melhor conclusão a extrair-se do preceito constitucional em foco é a de que conduza a um equilíbrio entre as duas expressões, de tal arte que uma não sacrifique a outra. Assim dizemos, porque, se é verdade que um dos grandes anseios institucionais reside na celeridade da tramitação dos processos judiciais, não menos correto é asseverar que essa celeridade poderia acarretar o espezinhamento de determinadas garantias processuais que a Constituição da República assegura aos litigantes, como as do contraditório, da ampla defesa e do devido processo legal. Logo, pode-se entender como "duração razoável" da tramitação processual aquela que, sem desprezar o anseio de celeridade na entrega da prestação jurisdicional, permita às partes exercer, em sua plenitude, os direitos processuais que a Constituição da República lhes outorga.

Em um Estado Democrático de Direito, a rapidez na solução dos conflitos de interesses não pode estar dissociada do respeito a essas garantias. Não fosse assim, uma das formas mais eficientes de obter-se tal celeridade seria proibindo o exercício de qualquer defesa pelo réu. O preço político a ser pago por essa celeridade, entrementes, seria altíssimo.

A razoabilidade na duração do processo, conquanto seja um princípio de ordem geral, haverá de ser estabelecida pelo magistrado em cada caso concreto, conforme as peculiaridades deste. Na Justiça do Trabalho, há processos que permitem uma tramitação efetivamente rápida, que, muitas vezes, nem sequer requerem instrução oral; outros, ao contrário, exigem uma instrução aprofundada, exaustiva, envolvendo, inclusive, exames periciais.

A quem, todavia, se dirige a regra do art. 5.º, LXXVIII, da Constituição Federal? Em rigor, ao juiz e às partes — ou, de modo mais amplo, a todos os sujeitos do processo. Esse mandamento constitucional, no entanto, repercute de maneira heterogênea no espírito e na mente dos seus destinatários. Para o juiz, é sob a forma de *dever*, na qualidade de condutor do processo; para o autor, de *interesse*, considerando que está a postular o reconhecimento dos direitos alegados na inicial; ao réu, como *empecilho*, pois quanto mais tempo durar o trâmite processual, mais distante estará o risco de sofrer desfalque em seu patrimônio econômico. Essa é a realidade — em face da qual nem sempre será fácil fazer com que o réu coopere para a decisão do mérito, justa e efetiva, *em tempo razoável* (CPC, arts. 4.º e 6.º). Constitui truísmo o fato de o tempo do processo ser visto de maneira distinta pelo autor e pelo réu: enquanto àquele convém acelerá-lo, para este a conveniência reside em retardá-lo. Conforme se afirmava, em França, no período da Revolução de 1789, a perspectiva que o condenado tinha da guilhotina não era a mesma que a do carrasco: para o primeiro, representava o terror de ver a sua cabeça separada do corpo; para este, contudo, era apenas um instrumento de trabalho. Segundo o poeta espanhol Ramón de Campoamor: *"todo es según el color/del cristal con que se mira"*.

Curiosamente, o legislador infraconstitucional, em alguns casos, parece haver conspirado contra o princípio constitucional da razoável duração do processo ao dispor, por exemplo, que os prazos serão contados somente em dias úteis (CLT, art. 775; CPC, art. 219). No plano da realidade, entretanto — máxime no âmbito da Justiça do Trabalho —, esse critério é justificável, levando-se em conta o elevado e crescente número de processos que a cada juiz cumpre dirigir, despachando e julgando, e aos advogados, acompanhar os prazos e peticionar.

Ironia ao largo, devemos dizer que a precitada alteração do critério de contagem dos prazos processuais – que passaram a ser em dias úteis – não traduz causa de preocupação, em face do inciso LXXVIII do art. 5.º, da Constituição Federal; o que infunde preocupação no espírito dos jurisdicionados é o fato de, não raro, alguns magistrados incumprirem os prazos fixados em lei, retardando, assim, em meses, ou mais do que isso, o proferimento da sentença ou do acórdão, em manifesto desrespeito àquele preceptivo constitucional.

O magistrado, nomeadamente, o do trabalho, conforme afirmamos há pouco, como reitor do processo tem o dever de fazer valer o imperativo constitucional da razoável duração do processo — e um dos elementos propulsores é a celeridade — não só exigindo que as partes cumpram os prazos legais e o que lhes for fixado, como, acima de tudo, para dar o exemplo, ele, magistrado, também cumpra os prazos que a lei estabelece para a prática de atos processuais que lhe competem: a) despachos, em cinco dias; b) decisões interlocutórias, em dez dias; c) sentenças, em trinta dias (CPC, art. 226, I a III), conquanto lei lhe permita, por motivo justificado, exceder, por igual tempo, ao prazo estabelecido (art. 227). O motivo justificado tem sido, quase sempre, o elevado número de processos que tem de administrar. O CNJ, no exercício de sua competência, tem estabelecido, por meio de atos normativos, prazos diversos para serem cumpridos pelos magistrados.

Uma nota oportuna: em que pese ao fato de a celeridade processual ser um imperativo constitucional, ela tanto mais se justifica nos casos de direitos sob risco de lesão iminente, irreparável ou de difícil reparação, que necessitam de uma imediata proteção jurisdicional. Trata-se, por isso, das denominadas *tutelas de urgência*, cujos instrumentos mais expressivos são as liminares. A propósito de medidas de natureza cautelar, Piero Calamandrei escreveu: "A providência cautelar representa uma conciliação entre duas exigências contrastantes de justiça: de um lado, a de celeridade, e de outro, a de ponderação; entre fazer mal, mas rápido, e fazer bem, embora tarde, o processo cautelar optou pela primeira solução, deixando que o problema do bem e do mal, ou seja, da justiça intrínseca da decisão, seja apreciado, com a ponderação necessária, no processo principal". Eis uma proveitosa regra pragmática a ser observada pelo magistrado quando ficar em dúvida quanto à concessão, ou não, de medida liminar, designadamente, de natureza acautelatória.

Em linha com o art. 5.º, LXXVIII, da Constituição Federal, o art. 4.º do CPC dispõe: "As partes têm o direito de obter em prazo razoável a solução integral do mérito, incluída a atividade satisfativa". Essa regra constitucional está a significar que a duração razoável não está restrita ao processo *de conhecimento*; ao aludir à atividade *satisfativa*, o texto inclui, por exemplo – para cogitarmos apenas do processo do trabalho –, a *execução*.

Podem ocorrer situações legalmente previstas e que não colidem com a Constituição Federal, em que a duração razoável do processo fica comprometida, como se dá, por exemplo, nos casos em que o processo fica suspenso (CPC, art. 313). Há base lógico-jurídica nessa suspensão, como demonstram os incisos I a X do preceito legal mencionado. Embora, durante a suspensão, seja proibida a prática de qualquer ato processual (CPC, art. 314), essa mesma norma legal faculta ao juiz determinar a realização de atos reputados urgentes, com a finalidade de evitar dano irreparável a direito ou interesse da parte (*idem*). Ademais, há um delimitador legal, pois a suspensão do processo não poderá durar mais do que seis meses ou do que um ano, conforme seja o caso (CPC, art. 313, § 4.º), lembrando-se a particularidade, em alguns casos, de o prazo ser fixado em 15 dias (*idem*, § 3.º), 30 dias (*idem*, § 6.º) ou de 8 dias (*idem*, § 7.º).

A registrar-se, ainda, o fato de o art. 1.048 do CPC dispor que: "Terão prioridade de tramitação, em qualquer juízo ou tribunal, os procedimentos judiciais: I – em que figure como parte ou interessado pessoa com idade igual ou superior a 60 (sessenta) anos ou portadora de doença grave, assim compreendida qualquer das enumeradas no art. 6.º, inciso XIV, da Lei n. 7.713, de 22 de dezembro de 1988; II – regulados pela Lei n. 8.069, de 13 de julho de 1990 (Estatuto da Criança e do Adolescente)".

A Lei n. 10.741, de 1.º de outubro de 2003, que dispôs sobre o Estatuto da Pessoa Idosa e deu outras providências, com a redação dada pela Lei n. 14.423, de 2022, estabelece: "Art. 71. É assegurada prioridade na tramitação dos processos e procedimentos e na execução dos atos e diligências judiciais em que figure como parte ou interveniente pessoa com idade igual ou superior a 60 (sessenta) anos, em qualquer instância. (...) § 5.º Dentre os processos de pessoas idosas, dar-se-á prioridade especial aos das maiores de 80 (oitenta) anos".

Essa tramitação prioritária, como está claro no texto da lei, deve ser observada em todos os graus de jurisdição, sendo certo que ela subsistirá mesmo no caso de morte do beneficiado, estendendo-se em favor do cônjuge supérstite, companheiro ou companheira, em união estável" (CPC, art. 1.048, § 3.º).

Deferida a prioridade, os autos receberão identificação própria que evidencie o regime de tramitação prioritária, a ser observada pelo magistrado ou pelo serventuário (CPC, art. 1.048, § 2.º).

11. Proibição de prisão civil por dívida (art. 5.º, LXVII)

Desde a Constituição de 1934 é proibida a prisão por dívida, multas ou custas (art. 113, § 30). A de 1937 silenciou-se sobre o tema. A Constituição de 1946 reproduziu a regra da de 1934, ressalvando, todavia, a possibilidade de prisão do depositário infiel e do inadimplente de obrigação alimentar na forma da lei (art. 141, § 32). A Constituição de 1967 repetiu a de 1946 (art. 150, § 17) e a Emenda n. 1/69 manteve-se nessa linha (art. 153, § 17).

Finalmente, a Constituição de 1988, preservando a tradição, assentou: "não haverá prisão civil por dívida, salvo a do responsável pelo inadimplemento voluntário e inescusável de obrigação alimentícia e a do depositário infiel" (art. 5.º, LXVII). Note-se: incumprimento *voluntário* e *inescusável.*

O objetivo da prisão civil não é punir, e sim, compelir o devedor a cumprir a sua obrigação; com vistas a isso, a Constituição da República autoriza o afastamento do direito de ir e vir, ou seja, de locomoção em todo o território nacional, em tempos de paz (art. 5.º, XV), mediante a prisão do devedor.

É elementar, entretanto, que se a dívida foi contraída por meio de fraude ou de qualquer outro ato ilícito, o fato se desloca para o campo do direito criminal, sendo, por isso, o devedor passível de processo e de prisão penais.

Devemos, agora, lançar uma nótula específica sobre a prisão civil do *depositário infiel.*

No sistema do CPC de 1973, a restituição do bem entregue a depositário, para efeito de guarda e conservação, deveria ser objeto de ação de depósito, disciplinada pelos arts. 901 a 906.

O CPC de 2015, no entanto, aboliu essa ação, provavelmente em decorrência da Súmula Vinculativa n. 25 do STF assim enunciada: "É ilícita a prisão civil de depositário infiel, qualquer que seja a modalidade do depósito" (DJe n. 238, p. 1, em 23-12-2009; *DOU* de 23-12-2009, p. 1). Mesmo anteriormente a essa Súmula, o Supremo Tribunal Federal vinha entendendo que a prisão civil do depositário infiel estaria em confronto com o § 7.º, do art. 7.º, da Convenção Americana de Direitos Humanos (adotada e aberta à assinatura na Conferência Especializada Interamericana sobre Direitos Humanos, em San José de Costa Rica, em 22 de novembro de 1969 e ratificada pelo Brasil pelo Decreto n. 678, de 6 de novembro de 1992), motivo por que declarou ser ilegal essa prisão (RE n. 466.343-1-SP, rel. Min. Cezar Peluso, *DJE* de 05-6-2009).

Não ignoramos as declarações contidas nos §§ 2.º e 3.º do art. 5.º, da Constituição da República, segundo as quais: a) os direitos e garantias nela expressos não excluem outros decorrentes do regime e dos princípios por ela adotados, "*ou dos tratados internacionais em que a República Federativa do Brasil seja parte*" (destacamos); b) os tratados e convenções internacionais sobre direitos humanos, desde que aprovados em dois turnos pela Câmara e pelo Senado Federais, "*serão equivalentes às emendas constitucionais*" (destacamos).

Discordamos, entretanto, do entendimento do STF acerca do § 7.º do art. 7.º (que trata do direito à liberdade pessoal), da mencionada Convenção, que dispõe: "*Ninguém deve ser detido por dívidas. Este princípio não limita os mandatos de autoridade judiciária competente expedidos em virtude de inadimplemento de obrigação alimentar*". Está claro, portanto, que essa norma consagrou o princípio de que ninguém poderá sofrer prisão civil *por dívida*, salvo o inadimplente de prestação alimentar. Esse mesmo princípio está enunciado no art. 5.º, inciso LXVII, da Constituição da República Federativa do Brasil, assim como a referida exceção. Ocorre que o nosso texto constitucional, para além disto, permite a prisão civil do *depositário infiel* — prisão que, em rigor, *não é motivada por dívida*, e sim, pela *violação a deveres legais* inerentes à sua função. Efetivamente, o depositário, como auxiliar da justiça (CPC, arts. 149 e 159), tem, dentre outros deveres, os de guardar e conservar a coisa que lhe foi confiada e o de entregá-la a quem o juiz determinar. O depositário não é *devedor*, senão que *auxiliar* do juízo; logo, ao tornar-se infiel, a sua prisão será ordenada não pelo fato de haver deixado de pagar alguma dívida, mas por haver perpetrado violação a deveres legais. Por outras palavras, a prisão do depositário infiel em nada contravém o § 7.º do art. 7.º do Pacto de San José da Costa Rica. Ademais, a prisão do depositário infiel sempre funcionou, na prática — e nos raros casos em que isso se impôs —, como eficiente instrumento de pressão, fazendo com que este entregasse os bens que lhe haviam sido confiados, ou o equivalente em dinheiro. Sem esse instrumento, o depositário fiel, livre do risco de ser preso, passou a sentir-se em boa sombra, pois eventual ação civil destinada a fazê-lo reparar os prejuízos acarretados a terceiros sói consumir longo tempo. A nosso ver, o STF, *data venia*, interpretou de modo equivocado a regra do § 7.º do art. 7.º do Pacto de San José da Costa Rica, ao cotejá-la com o art. 5.º, inciso LXVII, de nossa Constituição Federal.

O STJ, na mesma senda da Súmula Vinculativa n. 25 do STF, adotou, em 2010, a Súmula n. 419, assim redigida: "*Depositário Infiel - Prisão Civil - Descabimento. Descabe a prisão civil do depositário judicial infiel*".

Dirigimos à Súmula do STJ as mesmas considerações críticas que lançamos à Súmula Vinculativa do STF.

Por força do entendimento do STF e do STJ, os arts. 77, § 2.º, e 161, parágrafo único, do CPC, perderam a eficácia quanto à parte em que se referem à *responsabilidade penal* do depositário. Subsistem, contudo, a responsabilidade civil pelos prejuízos acarretados e a possibilidade de ser sancionado por ato atentatório à dignidade da justiça. Neste último caso, poderá ser condenado ao pagamento de multa não superior a vinte por cento do valor atualizado do débito em execução.

Em decorrência das mencionadas Súmulas do STF, os juízes em geral, e os do trabalho em particular, perderam um eficaz instrumento coercitivo destinado a fazer com que os depositários infiéis restituíssem os bens que haviam ficado sob sua guarda e conservação, ou apresentassem o equivalente em dinheiro, sob pena de prisão.

Resumo:

Princípios constitucionais do processo:

- Devido processo legal (art. 5.º, LIV);
- Inafastabilidade da jurisdição (art. 5.º, XXXV);
- Juiz natural (art. 5.º, XXXVII);
- Juízo competente (art. 5.º, LIII);
- Igualdade de tratamento (art. 5.º, *caput*);
- Contraditório e ampla defesa (art. 5.º, LV);
- Publicidade (arts. 5.º, LX e 93, IX);
- Liceidade dos meios de prova (art. 5.º, LVI);
- Fundamentação das decisões (art. 93, IX);
- Razoável duração do processo (art. 5.º, LXXVIII);
- Proibição de prisão civil por dívida (art. 5.º, LXVII).

Capítulo III

Princípios Infraconstitucionais

Conforme havíamos asseverado na abertura da Primeira Parte deste livro, a classificação dos princípios processuais em *constitucionais* e *infraconstitucionais* decorre, como está evidente, do fato de o princípio estar, ou não, previsto na Constituição da República. Os primeiros já foram examinados; apreciemos, agora, os segundos, vale dizer, aqueles que se encontram dispersos no texto do Código de Processo Civil e da CLT.

1. Demanda

Sabemos que a jurisdição consiste no poder-dever do Estado de dizer com quem está o direito disputado; sabemos, também, que a atividade jurisdicional constitui um monopólio estatal e que os indivíduos não podem realizar justiça por suas mãos, pois isso caracterizaria "exercício arbitrário das próprias razões" (Cód. Penal, art. 345).

A jurisdição, contudo, permanece em um ontológico *estado inercial*, sendo indispensável, para a sua ativação (ou atuação), a iniciativa do interessado. Daí, a regra peremptória contida no art. 2.º do CPC: "*O processo civil começa por iniciativa da parte*" (destacamos), embora se desenvolva por impulso oficial. Aqui reside, portanto, o princípio doutrinal da *demanda*, a impedir que o juiz preste a tutela jurisdicional por sua iniciativa (*ne procedat iudex ex officio*); logo, não pode haver processo sem autor (*nemo iudex sine actore).*

Seria preferível, todavia, identificar-se o princípio em exame como sendo da *inércia jurisdicional*, pois essa denominação soaria mais didática do que a que acabou sendo consagrada pela doutrina (*demanda*). A propósito, o vocábulo *demanda* vem sendo utilizado na terminologia processual com sentido multiforme, ora significando ação, ora processo, ora lide etc. A linguagem peninsular, no entanto, cuidou de reservar a palavra *demanda* para significar o *ato* pelo qual o provimento jurisdicional é pleiteado, a fim de diferençá-lo da *ação*, que consiste no *poder* de invocar a prestação da tutela jurisdicional, com o objetivo de satisfazer uma pretensão vinculada a bens ou a utilidades da vida. Essa separação é fundamental, não apenas sob o ponto de vista doutrinário, mas para os efeitos práticos, designadamente, no que respeita à exata interpretação de normas legais. Argumentemos com o art. 55 do CPC, que fala em "conexão de ações", quando a conexão aí, em rigor, é de *demandas.*

Pondo de parte essas questões terminológicas ou semânticas, devemos dizer que o veto legal à atuação *ex officio* do juiz é plenamente justificável, pois não seria conveniente à paz social, nem respeitadora do princípio da imparcialidade, que se permitisse a ele sair por aí a instaurar e a fomentar lides, fazendo, até mesmo, com que as pessoas fossem obrigadas a litigar contra a própria vontade. Deste modo, se alguém sofrer alguma lesão de direito, ou encontrar-se na iminência de sofrê-la, deve, no prazo e na forma legais, e na exata medida do seu *interesse* (CPC, art. 17), invocar a prestação da tutela jurisdicional do Estado, a fim de ver reparada a lesão ou afastada a ameaça. Pode-se afirmar que a necessidade de haver iniciativa do interessado deriva também do fato de estar em jogo, em tais situações, e em princípio, não um interesse público, mas um interesse essencialmente privado.

Há, todavia, exceções legais ao princípio da demanda ou da inércia jurisdicional. O art. 616 do CPC, por exemplo, atribui legitimidade (concorrente) para requerer o inventário e a partilha ao Ministério Público, havendo herdeiros incapazes (489), e à Fazenda Pública, quando possuir interesse (VIII).

O art. 739, do mesmo Código, por sua vez, estatui que nos casos em que a lei civil considerar jacente a herança, o juiz, em cuja comarca tiver domicílio o falecido, "procederá imediatamente à arrecadação dos respectivos bens". Na linha desse mesmo princípio, o art. 744 declara que o juiz mandará arrecadar os bens do ausente, nomeando-lhe curador na forma prevista em lei.

Por outro lado, tendo sido regularmente invocada a tutela jurisdicional, presentes as condições da ação (CPC, art. 17), bem como os pressupostos legais de constituição e de desenvolvimento regulares da relação jurídica processual (CPC, art. 485, IV), o juiz não pode se eximir de prestá-la, pois nos tempos modernos já não se admite o *non liquet*, o *iurare sibi non liquere* (jurar que não lhe estava claro), imperante no Direito Romano antigo (período das *legis actiones*). Em sua obra: *Noctes Atticae*, o jurista romano Aulo Gélio escreveu: "*iuravi mihi non liquere, atque ita Iudicatu illo solutus sum*", a demonstrar que, não estando clara a causa, o juiz poderia eximir-se de decidi-la. Isso não significava, necessariamente, que a causa ficaria sem solução, porquanto poderia ser decidida por outro magistrado (*iudex*), caso se sentisse habilitado a fazê-lo.

Adverte, a propósito, o art. 140 do CPC, que: "O juiz não se exime de decidir sob a alegação de lacuna ou obscuridade do ordenamento jurídico". No julgamento da lide, caber-lhe-á aplicar as normas legais; não as havendo, recorrerá à analogia, aos costumes e aos princípios gerais de direito. Inspirando-nos em Pontes de Miranda, poderíamos dizer que o juiz está condenando a decidir, sempre.

É interessante registrar que a Constituição Federal de 1934 foi a única a conter declaração explícita a respeito da matéria que dá conteúdo ao art. 140, do atual CPC, ao dispor: "Nenhum juiz deixará de sentenciar por motivo de omissão na lei. Em tal caso, deverá decidir por analogia, pelos princípios geraes de direito ou por equidade".

Defluem do princípio da *demanda* as proibições contidas nos arts. 141 e 492 do CPC. O primeiro afirma que o juiz deverá decidir o mérito nos limites em que foi proposto pelas partes, sendo-lhe defeso conhecer de questões não suscitadas, a cujo respeito a lei exige a iniciativa da parte; o segundo, que ao juiz é vedado proferir decisão de natureza diversa da pedida, assim como condenar o réu em quantidade superior ou em objeto diverso do que lhe foi demandado. Segue-se, que o juiz não pode proferir sentença *infra*, *ultra* ou *extra petita*, devendo ficar adstrito aos limites objetivos da lide (*princípio da adstrição à inicial*). A sentença, enfim, deve ser conforme o libelo (*sententia debet esse conformis libello*).

Sobre o art. 141 do CPC, escrevemos em outro livro:

> "Em princípio, os limites objetivos da lide são estabelecidos pelo autor, na petição inicial (art. 317), instrumento pelo qual ele provoca o exercício da função jurisdicional do Estado, retirando-a de seu ontológico estado inercial (CPC, art. 2.º). Esses limites também podem ser fixados pelo réu, na contestação (art. 335) ou na reconvenção (art. 343).
>
> Podemos apontar a existência de duas lides: a social e a judicial. A primeira traduz a convergência de duas ou mais vontades ou desejos sobre o mesmo bem, sem que nenhuma dessas pessoas renuncie à sua pretensão; a segunda se forma quando esse conflito é submetido à apreciação do Poder Judiciário, uma vez que o nosso sistema legal não permite a realização de justiça — ou, melhor, a satisfação de pretensões — pelas próprias mãos. A lide social não deixa, portanto, de ser uma imbricação da lide judicial. Para os efeitos do art. 141 do CPC só nos interessa esta última.
>
> Já estava do direito romano antigo a máxima de que a sentença deveria ser conforme o pedido (*sententia debet esse conformis libelo*).
>
> Incumbe (logo, é dever) ao juiz solucionar a lide dentro dos limites estabelecidos pelas partes, sendo-lhe defeso manifestar-se acerca de questões não suscitadas a cujo respeito a lei exige a iniciativa da parte.
>
> Deste modo, a sentença será: a) *extra petita*, quando conceder aquilo que não fora pedido pela parte; b) *ultra petita*, quando deferir mais do que havia sido pleiteado; c) *infra petita*, quando apreciar menos do que fora pedido.
>
> Excluem-se do campo de incidência do art. 141 do CPC, todavia, as matérias que o juiz pode, por força de lei, conhecer de ofício, como são as de ordem pública. Há, também, os denominados *pedidos implícitos*, entre os quais se incluem, no processo do trabalho, o de correção monetária e dos juros da mora. Destarte, ainda que não tenham sido expressamente formulados o juiz poderá incluí-los na condenação, sem que isso implique julgamento *extra petita*" (*O processo do trabalho sob a perspectiva do Código de Processo Civil*. 4.ª ed. São Paulo: LTr Editora, 2022. p. 198).

E, no mesmo livro, sobre o art. 492:

> "Parece-nos que não se trata, aqui de sentença de *natureza* diversa, mas de *espécie* diversa. O substantivo *natureza*, empregado pelo legislador, se tomado em sua acepção eminentemente técnica, dentro da terminologia jurídica, pode conduzir a graves distorções interpretativas do preceito legal *sub examen*. Devemos advertir

que quando se cogita, em doutrina, da *natureza* do provimento jurisdicional, se está, na verdade, fazendo aflorar a questão pertinente a saber se a sentença é um ato de inteligência ou de vontade do magistrado.

Efetuado esse reparo, façamos um breve estudo sobre as espécies de sentenças (no tocante aos seus efeitos).

a) Sentenças declaratórias

São as que pronunciam a existência ou inexistência de relação jurídica ou a autenticidade ou falsidade de documento (CPC, art. 19), ainda que a lesão do direito já tenha acontecido (*ibidem*, parágrafo único).

Temos, ainda, a sentença declaratória incidental, que é emitida nos autos da ação principal, toda vez que se tornar litigiosa relação jurídica de cuja existência ou inexistência dependa o julgamento da lide (CPC, art. 20).

O interesse processual, como uma das condições genéricas da ação (CPC, art. 17), reside, na declaratória, na certeza a respeito da existência, ou não, de relação jurídica e, eventualmente, da autenticidade, ou não, de certo documento. A sentença aí emitida, por isso mesmo, nada constitui e em nada condena, limitando-se a fazer nascer no espírito do autor a mencionada certeza jurídica.

A sentença declaratória será positiva ou negativa, conforme diga da existência ou da inexistência da relação jurídica, respectivamente. Tendo, porém, o pedido como objeto um documento, a sentença haverá de ser, sempre, positiva, uma vez que pronunciará a autenticidade ou a falsidade deste, ou seja, responderá afirmativamente à pretensão deduzida pelo autor.

Como dissemos em linhas anteriores, em rigor, a ação em estudo não tem como objeto, apenas, a declaração da existência ou inexistência de relação jurídica, ou de falsidade ou autenticidade de documento, podendo ser exercida, por exemplo, para obter a declaraçao de nulidade de disposição contratual — sem que isso implique nulidade de todo o contrato, seja individual ou coletivo. Particularmente, entendemos ser cabível ação declaratória com o objetivo de ver pronunciada a ineficácia da coisa julgada material.

b) Sentenças constitutivas

São as que criam, modificam ou extinguem relações jurídicas; que modificam, em resumo, o estado jurídico existente.

Essa modalidade de pronunciamento jurisdicional não é dotada de eficácia para criar o direito, ou seja, tirá-lo do nada, senão que, apenas, para proclamar a preexistência deste e do qual emanam consequências previstas na ordem jurídica.

Na sentença constitutiva, assim como na condenatória, há também uma "carga" de declaração, embora seja predominante a "carga" de constituição, que, exatamente, em razão disso, dá o nome a essa espécie de provimento jurisdicional. Com efeito, quando a sentença cria, modifica ou faz cessar uma relação jurídica, não há negar que haja, nessa dicção, uma certa declaração. Há, aí, contudo, um *plus*, um algo mais do que a simples declaração, representado pelo efeito constitutivo, que falta às sentenças puramente declaratórias. Não se declara, assim, por declarar, mas para constituir.

c) Sentenças condenatórias

São as que reconhecem a existência de uma obrigação do réu a determinada prestação, fazendo surgir para o autor um título judicial que o legitima ao exercício de uma outra pretensão, a executiva.

Pode-se asseverar, por isso, que a sentença condenatória é a única, entre todas, que atribui ao autor um novo direito de ação, tendente ao obtenimento da prestação da tutela jurisdicional executiva. Com base nessa particularidade, aliás, devemos manifestar a opinião, algo heterodoxa, de que a sentença condenatória não é tão útil, nem tão eficiente, quanto tem alardeado a doutrina, desatenta ao fato de que para o autor pouco representa a conquista de uma sentença condenatória do réu, considerando-se que, para fazer com que as coisas se disponham, no mundo dos fatos, de acordo com o que consta daquele provimento, há necessidade de deduzir em juízo uma nova pretensão que, como dissemos, é a executiva. E o processo de execução, não raro, acaba por ser mais demorado do que o processo de conhecimento, que se encerrou com a sentença, agora convertida em título executivo.

Basta ver que, na inicial (ação condenatória), o autor não pede a expedição de mandado executivo, para que o réu o cumpra, mas, apenas, a condenação deste ao pagamento de determinadas quantias. A sentença condenatória, portanto, só produz alterações no mundo jurídico; as modificações na realidade factual (como a expropriação do patrimônio do réu em benefício do autor) é fenômeno que, unicamente, a execução pode produzir.

Como resume Pontes de Miranda, a sentença condenatória só contém *pensamento*, faltando-lhe, dessa maneira, o *ato* (o agir sobre a realidade dos fatos), que é próprio da sentença executiva. Por outras palavras, aquela não vai além da *verificação* do direito, cabendo a esta a *atuação* do direito.

d) Sentenças mandamentais

São as que geram uma ordem, um mandado que em nada se confunde com o que é expedido na execução forçada, proveniente de título judicial ou extrajudicial.

O mandado, típico das ações de segurança, emana de um ato que o juiz pratica não em nome da parte, substituindo-a (como ocorre com o mandado executivo), mas como expressão do *imperium* do próprio Estado. O elemento comum a essas duas espécies de mandado é a possibilidade de realizarem transformações no mundo dos fatos, em que pese à peculiaridade de o mandado de segurança não se destinar à expropriação patrimonial.

Desassemelham-se, por outro lado, segundo os pedidos que são próprios de ambas as ações em cotejo. Enquanto o mandado executivo, muitas vezes, provém de ação anterior, condenatória, em que o pedido é o reconhecimento da existência de uma obrigação a uma prestação e a condenação do réu a realizá-la, o mandado de segurança constitui o próprio pedido formulado pelo autor. Por outro modo de expressão: enquanto (no processo do trabalho) o mandado executivo pode ter origem em outro processo (que se findou com a sentença condenatória), o de segurança nasce no próprio processo em que foi postulado.

Por fim: enquanto o mandado executivo representa um meio de fazer com que se operem, no mundo factual, as transformações que a sentença condenatória é, teleologicamente, incapaz de realizar, o de segurança é um fim em si mesmo, é o objeto da ação, razão por que é provido dessa força transformadora.

e) Sentenças executivas

São as que não se restringem à verificação do direito (traço inerente às condenatórias), fazendo, ao contrário, atuar o direito. As sentenças executivas não se confundem com a execução forçada (*actio iudicati*), porquanto esta, como sabemos, advém de uma sentença condenatória, ao passo que aquela, como as de segurança, traduz um fim em si mesma.

Na inicial da ação condenatória, conforme deixamos exarado, o autor pede o reconhecimento da existência de uma obrigação, por parte do réu, e que este seja compelido a realizar a correspondente prestação. A execução forçada é, assim, consequência do inadimplemento dessa obrigação. Na inicial da ação executiva, todavia, o autor postula que a sentença, emitida no mesmo processo, lhe propicie a satisfação do direito, independentemente do exercício de uma nova pretensão.

O processo do trabalho, de *lege lata*, não conhece ações desse tipo. No processo civil, podem ser indicadas como executivas as ações de despejo e as de depósito, assim como as de interdito proibitório.

Sintetizando o que comentamos até esta parte: a) as sentenças declaratória, constitutiva e condenatória contêm, unicamente, pensamento; por esse motivo, são desapercebidas de eficácia para realizar transformações no mundo dos fatos; b) as sentenças executiva e mandamental, ao inverso, são providas dessa aptidão transformadora, fazendo, assim, com que as coisas se disponham, no campo da realidade factual, segundo o comando que se esplende do pronunciamento da jurisdição.

Na verdade, conforme tantas vezes sublinhamos ao longo das páginas antecedentes, não existem sentenças "puramente" constitutivas, condenatórias, mandamentais e executivas, pois o que geralmente se leva em conta, para efeito de defini-las e de classificá-las, é a preponderância da "carga" de constitutividade, de condenação, de executividade ou de ordem, que elas contêm. Quase todas as sentenças constitutivas, condenatórias e mandamentais possuem uma "carga" secundária de declaração. A sentença declaratória é, talvez, a única que pode apresentar uma certa "pureza" de essência.

Condenação em quantidade superior

Para logo, devemos fazer um registro histórico: o CPC de 1973 (art. 460, *caput*) dizia da proibição de o juiz emitir sentença "a favor do autor", como se essa vedação não existisse quanto ao réu. Ora, seja com relação ao autor ou ao réu, seria vedado ao juiz proferir sentença de espécie distinta da pedida. Onde constava, portanto, nesse texto legal: "do autor", dever-se-ia ler: "das partes".

O CPC atual não incorreu nesse deslize.

Seja como for, o certo é que a sentença não pode conceder ao autor, ou ao réu, nem mais, nem fora, do que se pediu. A petição inicial define os limites máximos da condenação. Assim, também, na revelia (CPC, art. 344). Se o autor teria direito a X + Y, no entanto, postula, apenas, X, o juiz não lhe poderá conceder Y; se o fizer, estará a proferir sentença *extra petita*. A propósito, uma sentença é *extra petita* quando concede aquilo que não havia sido pedido; o vocábulo latino *extra* significa *fora*. Exemplo: o autor postula aviso-prévio e férias proporcionais e a sentença concede-lhe, além disso, gratificação natalina proporcional. A sentença será *ultra petita* quando deferir mais do que havia sido pedido; *ultra* significa além. Exemplo: o autor postula o recebimento de duas horas extras diárias e a sentença, baseando-se nas provas produzidas nos autos, defere-lhe três horas extras diárias. As sentenças *extra* e *ultra petita* não são nulas; apenas transbordaram dos limites dos pedidos; sendo assim, extirpado o excesso, por meio de recurso, ela estará em conformidade com a lei (CPC, art. 492, *caput*).

Um outro exemplo: o autor pede a condenação do réu ao pagamento de determinadas quantias e este prova, por meios adequados e idôneos, que nada deve; aqui, a sentença pedida foi a condenatória, mas a que o autor recebeu foi a declaratória de que tudo o que lhe era devido foi comprovadamente pago. Inexiste, nesta hipótese — e, em tantas outras —, ofensa à norma legal mencionada, uma vez que o proferimento de sentença em *espécie* diversa da pretendida decorreu do resultado da investigação do juízo acerca dos fatos da causa e das provas produzidas.

O veto legal à condenação em quantidade superior à postulada não está circunscrito, como se possa supor, ao âmbito das sentenças condenatórias, sendo aplicável, igualmente, às declaratórias, às constitutivas, às mandamentais e às executivas. Se o trabalhador pedir, p. ex., a declaração da nulidade de uma cláusula do seu contrato, a sentença não poderá pronunciar a nulidade de cláusula diversa, ou de mais outra cláusula, porquanto, com isso, transgredirá o art. 492 do CPC. Caso, aliás, o pedido se refira a uma única cláusula e a sentença venha a dizer da nulidade de cláusula diversa da apontada, a nulidade do pronunciamento jurisdicional será plena, porquanto nada mais restará, dele, para ser aproveitado.

Em face do estatuído no art. 492 do digesto de processo civil, deve ser ressalvada a existência dos chamados "pedidos implícitos", cuja sentença, ao acolhê-los, não será *extra petita*. A correção monetária e os juros da mora constituem exemplos típicos de pedidos dessa espécie. Do mesmo modo, os pedidos concernentes às prestações sucessivas de que cuida o art. 323 do CPC.

Objeto diverso

Se o objeto do pedido for a condenação do réu a uma obrigação de pagar quantia certa, em princípio a sentença não poderá impor-lhe condenação envolvendo obrigação de fazer. Há situações, todavia, em que a condenação acaba tendo objeto diverso do pedido, sem que isso implique a nulidade da decisão. Se a empregada estável postula a reintegração no emprego, por encontrar-se grávida, e, no curso do processo, findar o período de estabilidade, o juiz poderá convolar o pedido de reintegração em pagamento dos salários referentes ao período de estabilidade, sem que isso se traduza em violação à regra do art. 492 do CPC; bem ao contrário, essa conversão está autorizada pela Súmula n. 244, II, do TST.

Parágrafo único. Sendo a sentença o instrumento pelo qual o Estado soluciona os conflitos de interesses ocorrentes entre os indivíduos ou as coletividades, é imprescindível que ela transmita às partes uma certeza quanto ao seu conteúdo, vale dizer, quanto a estar condenando o réu ou absolvendo-o e os motivos pelos quais assim o faz. Em nosso sistema, pois, a sentença deve ser sempre certa, mesmo quando tenha como objeto uma relação jurídica sujeita a condição. Condicional, portanto, pode ser a relação jurídica posta em juízo e não a sentença. Deste modo, traduzem espécie de sentença "condicional" (logo, vedadas, pelo art. 492, parágrafo único, do CPC) aquelas que se expressam mediante fórmulas verbais, como: "condena-se o réu a pagar ao autor diferenças salariais, caso sejam comprovadas na fase de execução". Ora, ou tais diferenças existem, porque demonstradas pela parte a quem essa prova interessava, e, neste caso, a sentença deve ser certa, no que respeita à condenação do réu a pagá-las, ou ditas diferenças inexistem, porque há prova nos autos quanto a isso, e, nessa hipótese, a sentença deve ser certa a respeito da rejeição do pedido formulado pelo autor. O processo de conhecimento foi instituído para que o juiz se convença, por meio das provas formadas nos autos, acerca dos fatos alegados pelas partes. Por isso, sentenças que diferem para a execução a comprovação de fatos constitutivos do direito são tumultuárias, subversivas do procedimento, porque transformam, de modo arbitrário, o processo de execução em cognitivo.

É oportuno lembrar, a propósito, que a *certeza* constitui um traço característico do processo de conhecimento, ao contrário da *probabilidade*, que assinala o processo cautelar. Justamente porque a sentença figura como elemento essencial do processo de conhecimento é que a instrução, que aqui se realiza, deve ser aprofundada, exigindo uma investigação minuciosa, uma cognição exauriente dos fatos. A instrução no processo cautelar funda-se em um juízo de mera probabilidade, motivo por que se revela sumária e superficial.

Retornemos a um assunto há pouco abordado. A prática tem demonstrado, vez e outra, a presença de sentenças que condenaram o réu a pagar determinadas quantias ao autor, "conforme forem apuradas em regular execução" — sendo que, na execução, acaba ficando cabalmente demonstrado (muitas vezes, mediante exame pericial) a inexistência de qualquer diferença! Sentenças como tais são, *data venia*, teratológicas, pois produzem uma condenação que não pode ser objeto de execução, pelo simples motivo de que nada há para ser executado. São sentenças que se precipitam no vazio, são "sinos sem badalos", são, acima de tudo, motivo de desprestígio dos pronunciamentos jurisdicionais e de aflição dos magistrados que, diante delas, não sabem o que fazer com o produto da criação. Assim como na mitologia, também no processo a criatura pode voltar-se contra o criador, devorando-o — ou, quando menos, realizando um saque contra o seu prestígio.

Deve o juiz, por isso, prover-se do máximo cuidado em não atropelar o processo de conhecimento, em nome da celeridade na entrega da prestação jurisdicional, mediante o sacrifício de uma atividade probatória indispensável para a formação do seu convencimento jurídico, sob pena de, na execução, descobrir que o autor não possuía o direito reconhecido pela sentença condenatória, nada havendo, assim, para ser executado. Seria irônico se não fosse trágico, como diria o poeta, caso não estivéssemos diante de uma situação em que a sentença condenatória transitada em julgada é, lógica e juridicamente, inexequível — em que a coisa julgada material, enfim, é algo que, para o autor, soa a escárnio ou a farsada.

O mínimo que se pode esperar de uma sentença é que a parte, ao lê-la, possa ficar sabendo, com certeza, o que dela consta, ou seja, se foi vencedora ou vencida, na causa. Sentenças "condicionais" são aberrantes do sistema processual vigorante em nosso meio, pelo qual foram anatematizadas em virtude da necessidade de prevalência da certeza sobre a aleatoriedade, como regra fundamental para a eficácia e a respeitabilidade dessa espécie de pronunciamento da jurisdição" (p. 755/758).

Do princípio da demanda decorre, naturalmente, a vinculação do juiz: a) aos *fatos* narrados pelas partes; b) aos correspondentes *pedidos* formulados.

a) Quanto aos *fatos*, algumas observações são necessárias. Em primeiro lugar, o juiz só pode examinar os fatos que tenham sido relatados nos autos; daí, a parêmia: *quod non est in actis non est in mundo* (o que não está nos autos não está no mundo). O universo do juiz, portanto, são os autos do processo e a realidade factual aí existente. Ressalte-se, contudo, a regra estabelecida no art. 493, *caput*, do CPC, segundo a qual se, depois do ajuizamento da ação, algum fato constitutivo, modificativo ou extintivo do direito influir no julgamento do mérito, caberá ao juiz levá-lo em conta, *por sua iniciativa* ou a requerimento da parte, no momento de proferir a decisão. A faculdade de o juiz conhecer, por sua iniciativa, de fato constitutivo, modificativo ou extintivo não o dispensa de atender ao disposto nos arts. 9.º e 10 do CPC, que o proíbem de proferir *decisão-surpresa*. Em segundo, há certos fatos ou questões que, por serem de ordem pública, podem ser conhecidos *ex officio*, como no caso previsto no art. 485, § 3.º, do

CPC. Em terceiro, por princípio, cabe às partes narrar (fielmente, diga-se) os fatos e, ao juiz, realizar a categorização jurídica desses fatos, submetendo-os às normas legais incidentes: *da mihi factum, dabo tibi ius* (dá-me os fatos e dar-te-ei o direito). Trata-se, pois, da subsunção dos fatos às normas pertinentes.

b) Quanto aos *pedidos*, no processo do trabalho compreendem-se a correção monetária e os juros da mora. São, portanto, *pedidos implícitos*. O CPC contém norma expressa sobre o assunto, na qual estão inclusos os honorários advocatícios (art. 322, § 1.º). A propósito, no plano do processo civil, a jurisprudência tem entendido que podem ser considerados implícitos os pedidos de alimentos na ação de alimentos e na posse e guarda de filhos menores. Essa manifestação jurisprudencial merece encômios, pois se coloca em harmonia com a moderna concepção doutrinal de que se compreende no pedido tudo aquilo que dele naturalmente decorre. Por outros termos, pode-se afirmar que, sendo lógica a conclusão de que o menos se compreende no mais, nada obsta a que o juiz, rejeitando este, acolha aquele. O § 2.º do art. 322 do CPC, aliás, declara que: "A interpretação do pedido considerará o conjunto da postulação e observará o princípio da boa-fé".

Com a inserção do art. 791-A na CLT, pode-se concluir que os honorários de advogado, no processo do trabalho, também integram a categoria dos pedidos implícitos, significa dizer, daqueles que, embora não tendo sido formulados pela parte, o juiz os pode conceder, quando for o caso.

No processo civil são também implícitos os pedidos relativos a prestações periódicas (CPC, art. 323), a reembolso de despesas processuais que a parte vencedora antecipou (art. 82, § 3.º) e os honorários de advogado (CPC, art. 85).

Ficou demonstrado que o juiz não pode agir *ex officio*. Essa proibição estampada no art. 2.º do CPC, contudo, deve ser entendida em seus estritos termos: ao juiz somente é vedado, por sua iniciativa, dar início ao processo. Sendo, porém, a prestação da tutela jurisdicional regularmente invocada pela parte ou pelo interessado, o juiz terá a iniciativa do *impulso processual*. Esse impulso oficial, aliás, figura como um dos princípios do processo e será examinado no item seguinte.

2. Impulso oficial

Dispõe o art. 2.º do CPC que o processo começa por iniciativa da parte "*e se desenvolve por impulso oficial*" (destacamos).

Está claro, portanto, que o processo somente poderá começar por iniciativa da parte ou do interessado (que, para isso, deverá possuir legitimidade e interesse e formular pedido juridicamente possível), embora se desenvolva por impulsão do juiz. Isso significa afirmar que, regularmente provocado o exercício da função jurisdicional (retirada, pois, a jurisdição do seu ontológico estado inercial a que nos referimos há pouco), caberá ao juiz impulsionar o procedimento, mandando citar o réu, designando audiência, intimando as partes para esta ou aquela finalidade, ordenando a realização de diligências em geral — tudo isso, com o objetivo de preparar as condições tecnicamente necessárias para o proferimento da sentença de mérito, que constitui o acontecimento mais importante no universo processual, o seu ponto de culminância e de exaustão, por assim dizer.

Naturalmente, o juiz, no comando processual, deverá atender a determinados princípios constitucionais, dentre os quais sobressaem os da *igualdade de tratamento* e do *contraditório* e da *ampla defesa*, sob pena de ver comprometida a sua atuação, na qualidade de reitor e de impulsionador do processo.

O princípio do *impulso processual*, entretanto, não expressa a possibilidade de o juiz *substituir* as partes, no que atine a atos que deveriam ser por estas praticados, em decorrência dos interesses que defendem na causa e do correspondente ônus da prova, que lhes incumbe (CLT, art. 818). Na prática, nem sempre se revela com a desejável nitidez a linha que separa os casos em que o juiz está dando regular impulso ao processo daqueles em que está, inadvertidamente ou não, em nome desse princípio, praticando ato que deveria ser realizado, com exclusividade, pela parte. A falta de uma exata percepção dessa linha fronteiriça, por parte do juiz, poderá fazer com que dê causa à nulidade do processo.

É imprescindível assinalar que o magistrado figura como sujeito *desinteressado* do processo. Quem possui efetivos *interesses* a defender em juízo são as partes, pois, como vimos, o interesse constitui uma das condições legais para o exercício do direito constitucional de ação (CPC, art. 17). Segue-se que, se o juiz, ao impulsionar o processo, invadir uma área de atuação que era restrita à parte, estará, com isso, afastando-se do seu indeclinável dever de neutralidade e ensejando, conforme ressaltamos, a nulidade do processo. Na verdade, os únicos "interesses" que o juiz possa legitimamente manifestar no processo ficam circunscritos a uma atuação ética das partes e à rápida solução do conflito.

A propósito, o impulso *ex officio* está intimamente ligado ao pressuposto de que o Estado possui interesse em que o conflito seja solucionado o mais breve possível, de tal maneira que, em sentido oposto, eventual tardança na solução da lide contrariaria esse interesse estatal. Assim, sob essa perspectiva, se a legislação não permitisse ao juiz impulsionar de ofício o processo, o que mais se veria, por certo, seria a demora na resolução do conflito, fato que atenderia aos interesses do réu. A moderna concepção publicista do processo repele, assim, o retorno aos sistemas vigorantes no passado, quando, vedada ao juiz a impulsão processual, o curso deste ficava na dependência da iniciativa das partes. O impulso *ex officio* já estava previsto no CPC de 1939, em cujo art. 112 se lia: "O juiz dirigirá o processo por forma que assegure à causa andamento rápido, sem prejuízo da defesa dos interessados".

Não é suficiente, contudo, que o juiz impulsione o processo; é necessário que o faça dentro dos prazos previstos em lei. Tão importante é o dever de atendimento aos prazos legais, que o art. 93, inciso II, letra "*e*", da Constituição Federal (Emenda n. 45/2004), veda a promoção de magistrado que, "injustificadamente, retiver autos em seu poder além do prazo legal (...)".

Em que pese ao fato de o art. 2.º do CPC atual haver mantido o princípio do impulso oficial, é elementar que não aboliu a possibilidade de os litigantes (máxime, o autor) contribuírem, na medida de seus interesses, para a propulsão do processo, requerendo, por exemplo, a produção de provas ou a realização de diligências necessárias ao esclarecimento dos fatos ou ao descobrimento da verdade.

O juiz do trabalho detinha poderes para dar início à execução fundada em título judicial. Esse era um dos mais expressivos traços do processo do trabalho. Lamentavelmente, entretanto, a Lei n. 13.467/2017 deu nova redação ao art. 878, *caput*, da CLT, para limitar a iniciativa do juiz, na execução, aos casos em que as partes não estejam representadas por advogados. Foi uma injustificável involução legislativa — que, entre outras coisas, conspirou contra o próprio princípio constitucional da celeridade na tramitação dos processos (art. 5.º, LXXVIII).

3. Preclusão

O vocábulo *preclusão* é originário da forma latina *praeclusione* (*prae* = diante de + *cludere* = fechar, cerrar). Na terminologia jurídica passou a ser utilizado para expressar a perda do exercício de uma faculdade processual, em decorrência de certo fato atribuível à própria parte.

Giuseppe Chiovenda, inspirado em Von Büllow, formulou um conceito de preclusão, que se tornaria clássico. Para o insigne mestre italiano, a preclusão consiste na perda, extinção ou consumação de uma faculdade processual, que sofre a parte por se haverem tocado os extremos fixados pela norma legal para o exercício dessa faculdade processual (*Instituições de direito processual civil.* 2.ª ed. São Paulo: Saraiva, 1942. vol. III, p. 219).

A doutrina classifica a preclusão em: a) te*mporal*; b) *lógica;* c) *consumativa.*

a) *Preclusão temporal.* Sob o rigor vocabular, o adjetivo "temporal" foi mal utilizado para identificar essa espécie de preclusão. Assim dizemos porque, lexicalmente, *temporal* significa aquilo que é temporário; que é relativo ao mundo, profano; leigo, secular; grande tempestade; certos músculos ou ossos — e não aquilo que se refere ao *decurso do tempo*, conforme se vem entendendo nos sítios dos processos judiciais. Em todo o caso, esse adjetivo caiu no gosto da doutrina e da jurisprudência, com o sentido que lhe emprestaram. Não perturbemos, pois, a tradição, embora soframos com ela, como diria a personagem de Graciliano Ramos, em *Vidas secas.*

A preclusão temporal significa, assim, a perda, para a parte, da faculdade de praticar determinado ato processual, em decorrência do esgotamento do prazo fixado em lei ou assinado pelo juiz. Afirma, a esse respeito, o art. 223, *caput*, do CPC: "Decorrido o prazo, extingue-se o direito de praticar ou de emendar o ato processual, independentemente de declaração judicial, ficando assegurado, porém, à parte provar que não o realizou por justa causa", esclarecendo, o § 1.º dessa norma legal, que justa causa é o evento alheio à vontade da parte e que a impediu de praticar o ato por si ou por mandatário. Comprovada a justa causa, o juiz permitirá que a parte pratique o ato, no prazo que lhe fixar (§ 2.º). O conceito de força maior material, formulado pelo art. 501, *caput*, da CLT, muito se aproxima do conceito de justa causa processual contido no art. 223, § 1.º, do CPC.

Segundo o art. 501, da CLT, *força maior* é "todo acontecimento inevitável, em relação à vontade do empregador, e para a realização do qual este não concorreu, direta ou indiretamente". Nota-se que o legislador trabalhista se preocupou em enunciar o conceito de força maior apenas sob a perspectiva *do empregador*. Essa restrição é injustificável, pois também o trabalhador deve ser destinatário da norma.

Do cotejo entre ambos os dispositivos legais, percebe-se que enquanto o art. 501 do CPC cogita da força maior no âmbito do direito material e a restringe ao empregador (conquanto, repisemos, esse conceito legal também beneficie o trabalhador), o art. 223, § 1.º, do CPC, se refere à justa causa na esfera processual e não a restringe a esta ou àquela parte.

Para os efeitos do processo do trabalho, calha melhor a precitada regra do CPC, que se preocupa, de maneira implícita, com a devolução do prazo – seja à parte, seja ao seu advogado.

Há uma justificativa política para a modalidade de preclusão que estamos a examinar: como o vocábulo *processo* (do latim *processsus*) sugere a ideia de marchar avante, de seguir para frente (rumo à sentença de mérito, que é o ponto de atração magnética de todos os atos do procedimento), a preclusão temporal se destina a evitar o *retrocesso*, ou seja, o retorno a fases já ultrapassadas, já oclusas do procedimento, a sua involução, o que só faria retardar a entrega da prestação jurisdicional, a par de estimular a prática de atos procrastinatórios ou de premiar eventuais negligências ou velhacadas das partes.

Percebe-se, em razão disso, que a preclusão temporal está ligada diretamente a esse "seguir adiante", que é inerente à dinâmica do processo, como método estatal de solução de conflitos de interesses protegidos pela ordem jurídica.

b) *Preclusão lógica*. Caracteriza-se pela incompatibilidade do ato que se pretende realizar com o anteriormente praticado. Deste modo, se o autor renunciar ao direito em que se funda a ação (CPC, art. 487, III, "c"), não poderá, depois, solicitar que o juiz solucione o conflito. O mesmo se diga quando houver renunciado ao direito de recorrer (CPC, art. 999) ou aceitar, ainda que tacitamente, a sentença ou a decisão (CPC, art. 1.000) e vier a interpor recurso. É conveniente esclarecer que a lei considera aceitação tácita da sentença a prática, sem nenhuma reserva, de ato inconciliável com a intenção de recorrer (art. 1.000, parágrafo único).

Em todas essas situações, fica patente que o fundamento da preclusão em estudo é de ordem *lógica*; por isso, é a denominação que se lhe deu. Com efeito, se a parte pratica nos autos do processo determinado ato, e, mais tarde, deseja realizar ato incompatível com o anterior, a sua intenção será obstada pela preclusão lógica. Isso corresponde a afirmar que a parte, na verdade, será vítima de suas próprias incoerências.

Pode-se afirmar, portanto, à luz da preclusão lógica, que se exige da parte um comportamento *congruente* com a sua posição na relação processual e com os naturais interesses processuais que daí decorrem.

c) *Preclusão consumativa*. Configura-se pelo fato de ato que se pretende realizar já haver sido praticado. Note-se: enquanto na preclusão do tipo *lógica* o que se impede é a realização de ato *incompatível* com o anterior, na *consumativa* o que se busca evitar é que a parte *volte a praticar o ato*, seja para modificá-lo, seja para complementá-lo etc.

No processo civil, por exemplo, se o réu ofereceu contestação, não lhe será lícito, posteriormente, apresentar outra contestação em substituição à anterior, ou modificar a existente, mesmo que o prazo legal não se tenha esgotado, porquanto o seu direito de responder à ação se *consumou* e se exauriu no momento em que a contestação foi apresentada em juízo.

Tratando-se de processo do trabalho, no entanto, pensamos que o princípio da preclusão consumativa deva receber um certo abrandamento. Se, digamos, o réu apresentou resposta *escrita* em audiência e, logo em seguida, na mesma audiência, sem que haja praticado qualquer outro ato processual, desejar complementar *oralmente* a resposta, a fim de nela inserir aquilo que havia omitido quando de sua redação, o juiz deverá permitir-lhe que o faça. Por mais forte razão, dever-se-á consentir que a parte realize esse aditamento ou complementação oral quando pretender alegar matéria que o juiz poderia (e deveria) conhecer *ex officio* (inexistência ou nulidade de citação, incompetência absoluta, inépcia da petição inicial, perempção, litispendência, coisa julgada, conexão, continência, carência da ação etc.).

É importante não esquecer que, no processo do trabalho, a contestação escrita constituiu uma concessão da praxe judiciária, posto à frente o fato de que, nos termos inequívocos do art. 847 – ainda em vigor –, da CLT, a defesa deve ser formulada *oralmente*. Desse modo, nada obsta a que, no exemplo há pouco mencionado, o réu apresente resposta por escrito e, se for o caso, a complemente de maneira oral, na mesma audiência em que aquela foi apresentada.

Depois da contestação só será permitido apresentar novas alegações se: 1) forem relativas a direito superveniente; 2) competir ao juiz conhecer delas de ofício; 3) por expressa autorização legal puderem ser formuladas em qualquer tempo e juízo (CPC, art. 342, incisos I a III).

Noutro livro de nossa autoria, fizemos comentário a esse artigo do CPC:

> "***Caput.*** O assunto era referido no art. 303 do CPC revogado.
>
> Apresentada a contestação, o réu somente poderá deduzir novas alegações nos casos mencionados nos incisos I a III, do art. 342, que examinaremos mais adiante.
>
> A regra em tela é altamente salutar, se considerarmos os objetivos do processo, como método estatal de solução dos conflitos de interesses, pois se concede ao réu, no momento da contestação, a oportunidade de invocar, de maneira concentrada, tudo aquilo que for essencial para fundamentar a sua reação aos fatos alegados pelo adversário. Nunca é inútil destacar que essa concentração constitui, a um só tempo, um direito e um ônus do réu: direito, porque o impedimento de seu exercício regular pode conduzir à decretação de nulidade do processo; ônus, porque a ele cabe, como dissemos, alegar, nesse ensejo, toda a matéria de defesa, sob consequência de preclusão (princípio da eventualidade).

Para já, devemos responder às seguintes indagações: 1) o que se deve entender por "novas alegações", para os efeitos do art. 342 do CPC?; 2) o disposto nessa norma legal é aplicável tanto ao autor quanto ao réu, ou somente a este? Vejamos.

Novas alegações. O vocábulo *alegação*, na terminologia processual, significa a exposição, o arrazoado que se faz em juízo. Manda, o art. 336, do CPC, que o réu alegue, na contestação, toda a matéria de defesa. O art. 342, do mesmo Código, por sua vez, adverte que *novas* alegações apenas poderão ser expendidas nos casos que menciona. Da conjugação dessas duas normas legais, que estão em perfeita harmonia entre si, tira-se a inferência de que o substantivo *alegação*, em ambas, corresponde não propriamente a uma simples exposição ou arrazoado, mas a fatos, ou seja, a *novos fatos* — que, repetindo o conceito enunciado em páginas anteriores, podem ser considerados todos os acontecimentos da vida dotados de aptidão para produzir efeitos jurídicos.

Parece-nos inevitável, portanto, o entendimento de que esses fatos, por serem *novos*, não se resumem a um enfoque, sob outro ângulo (legal, doutrinário ou jurisprudencial), daqueles fatos já alegados na causa, traduzindo, isto sim, fatos que ocorreram *após* a contestação, equivale a dizer, supervenientes a ela.

Admitamos, por exemplo, que o trabalhador haja ingressado em juízo para postular a denominada "rescisão indireta" do seu contrato de trabalho, continuando, no entanto, a prestar serviços até que a lide seja solucionada, vindo o réu a alegar, na contestação, que não existe motivo legal para o acolhimento do pedido do trabalhador. Se, todavia, ulteriormente à contestação o empregado vier a demitir-se do emprego, estaremos diante de um *fato novo*, que deverá ser alegado pelo réu, a fim de que o juiz o considere para os efeitos da entrega da prestação jurisdicional. Convém lembrar que, a teor do art. 493, do CPC, se, depois de ajuizada a ação, algum fato constitutivo, modificativo, impeditivo ou impeditivo do direito do autor influir no julgamento da causa, cumprirá ao juiz levá-lo em conta, por sua iniciativa ou a requerimento da parte, no momento de proferir a sentença.

Destinatário da norma. É o réu. Quanto ao autor, a possibilidade de aditamento ou de alteração do pedido ou da causa de pedir está contida no art. 329.

Vejamos, agora, os casos que, por exceção, admitem ao réu deduzir novas alegações depois de oferecida a contestação (*mutatio libeili*).

Inciso I. *Fato ou direito superveniente*. Fato superveniente é o surgido após o protocolo da inicial. Direito superveniente é o que veio a se incorporar ao patrimônio jurídico da parte após o ajuizamento da ação. Se, *v.g.*, o autor alega haver sido despedido sem justa causa e pede, em consequência, aviso prévio, FGTS ou indenização, e, depois de contestado esse direito, mas antes de proferida a sentença, determinado instrumento normativo (acordo ou convenção coletiva) conceder aos trabalhadores do réu estabilidade no emprego, com efeito retroativo ao tempo em que estava a viger o contrato de trabalho do autor, teremos aí um direito superveniente, que poderá ser alegado pelo autor, pois agora o seu pedido deve ser adaptado do novo direito, ou seja, com vistas à reintegração no emprego.

É elementar que a possibilidade de o autor invocar fato ou direito novo, com modificação dos pedidos, não exclui o direito do réu de ter a oportunidade de se manifestar a respeito, sob pena de violência ao princípio do contraditório e da própria cláusula constitucional da ampla defesa.

Direito superveniente, contudo, para os fins do inciso I, do art. 342, do CPC, não é aquele que, existente antes do ajuizamento da ação, só vem a ser conhecido posteriormente pelo autor. Como afirmamos, a superveniência deve estar vinculada ao surgimento do direito, não à mera cognição de sua existência. A não ser assim, a superveniência constituiria pretexto para suprir a incúria, a negligência da parte, e, o que é pior, para colocar em risco o princípio da estabilização da lide.

À guisa de registro histórico, assinalemos que quando da tramitação do Projeto do CPC de 1973, na Câmara dos Deputados, foi rejeitada a emenda, proposta pelo Relator-Geral, de que o inciso I, do art. 303, contivesse a seguinte redação: "Quando relativas a fato ou norma jurídica supervenientes". Procurava-se, com isso, ampliar o alcance do dispositivo, para permitir, também, a alegação de *fato* superveniente. Esse objetivo foi alcançado pelo art. 342, I, do CPC.

Inciso II. *Conhecimento de ofício*. Há matérias que o juiz pode conhecer por sua iniciativa, ou seja, independentemente de provocação da parte interessada. Entre elas se incluem: os pressupostos de constituição e de desenvolvimento regulares da relação processual; a perempção, a litispendência, a coisa julgada; a legitimidade para a causa e o interesse de agir; a intransmissibilidade legal no caso de morte da parte (CPC, art. 485, § 3.º).

No sistema do processo civil o juiz pode pronunciar, por sua iniciativa, a prescrição e a decadência (CPC, art. 487, II). No âmbito do processo do trabalho há controvérsia quanto à possibilidade de o juiz conhecer, *ex officio*, da prescrição.

Foi, sem dúvida, em virtude da relevância que essas matérias apresentam para o processo que a lei permitiu ao juiz se pronunciar sobre elas mesmo que a parte interessada tenha deixado transcorrer em branco a oportunidade para formular a arguição cabível.

É claro que esse conhecimento *ex officio* só pode ser realizado se não houve, ainda, o proferimento da sentença de mérito. Se já proferida, somente o tribunal poderá conhecer dessas matérias, em grau de recurso.

Inciso III. *Formulação a qualquer tempo*. A situação prevista no inciso III, do art. 342, do CPC, é fronteiriça com a do inciso II, do mesmo dispositivo legal. A diferença está em que, neste, se toma como ponto de referência o juiz, e, naquele, as partes.

Tomemos como exemplo a incompetência absoluta. Por força do contido no art. 64, § 1.º, do CPC, ela deve ser declarada *ex officio* (juiz) e alegada (parte) em qualquer tempo e grau de jurisdição. Esta última parte da norma legal sobredita é o próprio conteúdo do inciso III, do art. 342, do mesmo diploma processual.

A incompetência relativa, entretanto, não pode ser conhecida de ofício; o juiz somente poderá se pronunciar sobre ela se o réu a alegar em preliminar da contestação.

A prescrição também pode ser alegada em qualquer tempo e grau de jurisdição (CC, art. 193), conquanto, no processo civil, conforme dissemos, o juiz possa pronunciá-la por sua iniciativa (CPC, art. 487, II).

Os três incisos que estivemos a analisar representam, portanto, exceções aos princípios da imutabilidade da petição inicial (autor) e da eventualidade (réu), inscrito no art. 336, do CPC, respectivamente, que se justificam pela necessidade de atender-se a um princípio mais amplo, que abarca os anteriores: o da estabilização da lide (pretensão resistida).

Devemos acrescentar que se inserem, na previsão do inciso III, do art. 342, também a suspeição e o impedimento supervenientes à contestação. Justifiquemos a nossa assertiva. Adaptemos a situação ao processo do trabalho, onde essas restrições legais à atuação do magistrado devem ser objeto de exceção.

Sabemos que exceção e contestação constituem espécies distintas de respostas do réu. Assim, em princípio, por um motivo de ordem lógica, a exceção (de incompetência, de impedimento e de suspeição) deve anteceder à contestação e também ser julgada antes desta. Estamos levando em consideração o processo do trabalho, que ainda prevê as referidas exceções (CLT, arts. 799 a 802).

Há casos excepcionais, contudo, em que as causas da suspeição ou do impedimento do magistrado surgem *depois* da contestação ou chegam ao conhecimento da parte interessada somente após a ação haver sido contestada. Nesta hipótese, como a suspeição e o impedimento não deixam de ser matéria de defesa (CPC, art. 336), podem ser arguidas, por meio de exceção, mesmo que a contestação já tenha sido oferecida. A refutar-se este entendimento, estar-se-á possibilitando que juízes suspeitos ou impedidos participem do processo, que poderá, em razão disso, vir a ser anulado; ou ser, a sentença transitada em julgado, desconstituída pela via rescisória, no caso de impedimento (CPC, art. 966, II). Além disso, a injustiça perpetrada contra a parte interessada seria manifesta, porquanto esta somente teve ciência da causa da suspeição ou do impedimento depois de apresentada a contestação.

A situação de que estamos a cogitar se encaixa, portanto, ainda que com alguma adaptação, no inciso III, do art. 342, do CPC" (obra cit., p. 482/483).

No precitado livro anterior, de nossa autoria, dissemos que o art. 487, II, do CPC, permite ao juiz pronunciar, *ex officio*, a prescrição. Igual faculdade acabou sendo atribuída também ao juiz do trabalho, pela Lei n. 13.467, de 13.7.2017, que introduziu na CLT o art. 11-A, com este teor: "§ 2.º A declaração da prescrição intercorrente pode ser requerida ou declarada (*sic*) *de ofício* em qualquer grau de jurisdição" (destacamos).

4. Oralidade

O princípio em foco, na verdade, não se resume: a) ao predomínio da palavra oral, senão que abarca, também, b) a imediatidade do juiz; c) a identidade física do juiz; d) a concentração dos atos do procedimento; e) a irrecorribilidade das decisões interlocutórias.

Percebe-se, por isso, o vocábulo *oralidade* foi adotado pela doutrina e pela jurisprudência para expressar, por meio de fórmula simplificada e representativa, um complexo de ideias e princípios que, a despeito de serem identificáveis e autônomos, são ligados entre si por um objetivo comum (Chiovenda).

a) *Predomínio da palavra oral.* Quando se fala em *oralidade* não se está a afirmar que todos os atos do procedimento e todas as comunicações de vontade das partes, do juiz, do Ministério Público e de terceiros possam ou devam ser realizadas oralmente, ou seja, por forma não escrita. A oralidade significa, isto sim, o *predomínio* da palavra oral; esta, no entanto, deve ser documentada, mediante termo grafado, seja na escrivania ou na sala de audiência. Nunca é desútil recordar que as palavras voam e as escritas permanecem (*verba volant, scripta manent*).

Os processos civil e trabalhista de nosso País não possuem uma oralidade pura, e, sim, mista, no qual, como dissemos, há somente a prevalência da expressão oral. O procedimento essencialmente oral encontrou no Código de Processo Civil de Hannover, de 1850, a sua consagração. Do ponto de vista legal, há oralidade no processo do trabalho na defesa (CLT, art. 847), nas razões finais (CLT, art. 850, *caput*), e nas sustentações orais, nos tribunais.

É, todavia, na *audiência* que o princípio da oralidade encontra o seu momento de culminância. Assim dizemos porque, nessa oportunidade, o interrogatório das partes, a inquirição das testemunhas, as perguntas (ou reperguntas, segundo a praxe) formuladas pelos advogados, assim como os requerimentos, as contraditas, os protestos, as razões finais etc., são efetuados de maneira oral, sendo certo que o magistrado as aprecia pela mesma forma. Mais uma vez, devemos observar que todas essas manifestações orais constarão da ata, que constitui o instrumento formal de documentação dos principais episódios verificados em audiência. O art. 817 da CLT, em linguagem arcaica, afirma que: "O registro das audiências será feito em *livro próprio*".

No âmbito dos tribunais, a oralidade aflora no momento da sustentação oral da tribuna e nas intervenções dos advogados, destinadas a esclarecer equívoco ou dúvida surgida em relação aos fatos, documentos ou afirmações capazes de influenciar no julgamento e a replicar acusação ou censura que lhes tenham sido dirigidas na ocasião (Lei n. 8.906/1994, art. 7.º, inciso X).

A oralidade contribui para a celeridade do procedimento, ao passo que a forma escritural tende a retardá-lo, a torná-lo mais formal e, o que é pior, a incentivar o formalismo, que é uma deturpação da função social do processo. Sob certo aspecto, a escrituralidade — se nos permitem o neologismo — conspira contra a regra constitucional da razoável duração do processo e da celeridade (CF, art. 5.º, LXXVIII).

b) *Imediatidade* do juiz. O princípio da imediatidade se entrelaça com o da *oralidade*, pois traduz a necessidade de o juiz estar em contato direto com as partes, designadamente, na audiência.

A audiência não representa, apenas, o momento mais espetacular do processo, aquele em que o princípio da *publicidade* se revela com maior nitidez (aos olhos de quem não é parte ou sujeito do processo). É nela em que, acima de tudo, se produzem as provas orais (interrogatório dos litigantes, inquirição de testemunhas, do perito). É também na audiência que o réu oferecerá resposta, que, embora devesse ser oral (CLT, art. 847), vem sendo apresentada — e aceita — por escrito.

Na audiência, ademais, o juiz encontrará condições efetivas de acompanhar a produção de provas, de fiscalizar a atuação das partes quanto a isso, cabendo-lhe interrogar os litigantes, as testemunhas, o perito, apreciar as perguntas que, por seu intermédio, forem formuladas pelos advogados, indeferindo-as quando lhe parecerem inoportunas, impertinentes, irrelevantes, capciosas, vexatórias e o mais, assegurando, contudo, à parte interessada o direito de vê-las reproduzidas na ata, desde que assim requeiram (CPC, art. 459, § 3.º). Mais do que isso, o juiz poderá — olhos nos olhos — acompanhar e avaliar as reações psicológicas ou emocionais das partes e testemunhas às perguntas efetuadas, verificando se as respondem com segurança ou com hesitação, se tergiversam, se o fazem com serenidade ou com grande nervosismo etc. É nesse instante, enfim, que o juiz, mais do que um condutor de audiências, do que um interrogador, age como analista sutil e arguto do psiquismo humano - habilidade que as experiências da vida cuidam de acumular-lhe no espírito, aprimorando-lhe a técnica e a argúcia inquiritória, tão importantes para verificar se a parte ou a testemunha estão a falsear a verdade.

Pensamos que as décadas de exercício da magistratura nos dão autoridade para afirmar que essa possibilidade de o juiz verificar as reações psicológicas ou emocionais das partes e das testemunhas, durante o interrogatório, fica gravemente comprometida nas audiências que se realizam por meio de plataformas virtuais, uma vez que ele somente visualiza essas pessoas na tela limitada de um computador, cujas imagens, seja pela distância da câmera que as focaliza e as torna reduzidas, pela má qualidade da imagem, seja pela queda de sinal da internet, não permitem ao magistrado captar, com clareza e precisão, tais reações subjetivas.

A *imediatidade* permite, ainda, ao juiz proceder à acareação da parte com a testemunha ou de uma testemunha com outra (CPC, art. 461, II), e, quando for o caso, indeferir, oralmente, diligências inúteis ou meramente proteladoras requeridas pelos litigantes (CPC, art. 370, parágrafo único), além, evidentemente, de tentar conduzi-los a uma solução consensual do litígio (CLT, arts. 846, 850, *caput*, e 852-E), escopo fundamental da Justiça do Trabalho (CLT, art. 764).

c) *Identidade física do juiz.* Este princípio espelha a vinculação do juiz ao processo, notadamente, com a instrução que haja realizado.

No sistema do CPC de 1939, essa identidade era injustificadamente rígida, como demonstra o art. 120 daquele Código: "O juiz transferido, promovido ou aposentado concluirá o julgamento dos processos cuja instrução houver iniciado em audiência, salvo se o fundamento da aposentação houver sido a absoluta incapacidade física ou moral para o exercício do cargo. O juiz substituto, que houver funcionado na instrução do processo em audiência, será o competente para julgá-lo, ainda quando o efetivo tenha reassumido o exercício. Parágrafo único. Se, iniciada a instrução, o juiz falecer ou ficar, por moléstia, impossibilitado de julgar a causa, o substituto mandará repetir as provas produzidas oralmente, quando necessário".

A rigidez dessa identidade física do juiz com a causa, a cuja instrução oral houvesse dado início ou concluído, fundava-se na equivocada pressuposição de que, por haver coligido tais provas, somente o mesmo juiz estaria apto para apreciá-las e proferir a sentença. O fato é que essa regra acarretava enormes transtornos de ordem prática, pois os juízes que haviam realizado a instrução deveriam realizar o julgamento, ainda que *transferidos*, *promovidos* ou *aposentados* (!), sem se falar no juiz substituto, que, mesmo com o retorno do titular, deveria proferir a sentença, no tocante às causas cuja instrução houvesse presidido. Tudo isso provocava, sem dúvida, um retardamento na solução do conflito, para desespero das partes, ou do autor, em especial. Era uma autêntica *vinculação compulsória* do magistrado à causa por ele instruída.

Procurando mitigar o rigor desse sistema, o art. 132 do CPC de 1973 estatuía: "O juiz, titular ou substituto, que concluir a audiência julgará a lide, salvo se estiver convocado, licenciado, afastado por qualquer motivo, promovido ou aposentado, casos em que passará os autos ao seu sucessor". Dizia, ainda, o parágrafo único dessa norma: "o juiz que proferir a sentença" poderá mandar repetir as provas, se entender necessário. Um pequeno retoque nessa dicção legal: não se tratava aí de juiz que *proferir* a sentença, e sim de juiz que a *iria* proferir.

No âmbito da doutrina e da jurisprudência do processo civil colhem-se as seguintes manifestações acerca do tema:

1) o fato de a audiência de instrução e julgamento haver sido presidida por juiz substituto, e a sentença proferida pelo juiz titular, não acarreta a nulidade do processo se não houver prejuízo para as partes (RT 614/162);

2) havendo permuta entre magistrados da mesma comarca, permanece a vinculação do juiz que encerrou a instrução (RJTJSP, 99/367);

3) não se aplica o art. 132 do CPC quando o juiz se limitou a formular proposta de conciliação sem dar início à instrução (RT, 628/155 e JTACivSP, 111/332);

4) é nula sentença proferida por desembargador em processo em que, como juiz de primeiro grau, concluíra a audiência de instrução (RTJ, 100/820 e 91/211);

5) o pressuposto para a aplicação do princípio da identidade física do juiz é a realização de prova oral em audiência, onde o magistrado tem participação ativa na tomada de

dados que podem influenciar sua convicção. A sentença proferida por outro juiz, diverso daquele que presidiu a audiência, só acarreta nulidade se tiver havido colheita de prova oral naquela audiência (JTACivSP, 109/356);

6) a expressão "sucessor", contida no art. 132 do CPC de 1973, deve ser entendida com larga abrangência e não em sentido estrito. A norma não especifica que, com a promoção do juiz que preside o processo, a sentença somente será proferida por aquele que for colocado na vaga aberta por titularidade, sendo válida a sentença proferida por juiz substituto antes do preenchimento do cargo vago (JTJ, 141/39).

Nos termos das Súmulas ns. 222 do STF e 136 do TST, o princípio da identidade física do juiz é inaplicável na Justiça do Trabalho. Dois fatos, basicamente, deram origem a esse entendimento: a) a antiga composição colegiada dos órgãos de primeiro grau — outrora denominados de Juntas de Conciliação e Julgamento; b) a necessidade de assegurar-se a celeridade na tramitação processual.

As Juntas de Conciliação e Julgamento, entretanto, foram extintas pela Emenda Constitucional n. 24/1999, sendo substituídas pelas Varas do Trabalho, órgãos monocráticos (CF, art. 112). Deitou-se por terra, com isso, um dos argumentos que justificavam a inaplicabilidade, na Justiça do Trabalho, do princípio da identidade física do juiz. Subsistiu, todavia, o outro argumento, porquanto a identidade física de que estamos a tratar implicava, efetivamente, delonga do trâmite processual e consequente retardamento da prestação jurisdicional.

O CPC de 2015 não contém regra a respeito do assunto. Teria sido, em razão disso, banido daquele sistema o princípio da identidade física do juiz? Entendemos que não, exatamente por tratar-se de um *princípio*. É da natureza deste sobreviver à própria norma que o instituiu. Independentemente, contudo, da conclusão a que venham chegar a doutrina e a jurisprudência do processo civil, estamos serenamente convencidos de que o processo do trabalho recepcionou, pela via tácita, o art. 132 do CPC de 1973, de tal arte que, mesmo tendo esse Código sido revogado, o princípio instilado no seu art. 132 passou a integrar o processo do trabalho. Assim sendo, em princípio, ao juiz que realizar a instrução processual caberá proferir a sentença. Aparentemente, essa vinculação implicaria protrair, retardar a prestação jurisdicional. Se bem refletirmos, entretanto, verificaremos que se cuida mesmo de simples aparência, pois a regra legal não será aplicável quando o juiz for convocado, licenciado, afastado por qualquer motivo, promovido ou aposentado, significa dizer: o princípio só incidirá se o juiz que realizou a instrução estiver em efetivo exercício na Vara.

Esse princípio é, sobremaneira, importante em tema de embargos de declaração, pois o juiz que redigiu a decisão está em melhores condições para aclará-la (obscuridade), complementá-la (omissão) ou torná-la coerente (contradição). Se os embargos declaratórios forem julgados por outro juiz, haverá o risco de o resultado do julgamento não corresponder ao que o juiz emissor da decisão embargada procurou dizer (obscuridade e contradição) ou diria (omissão). Haveria, assim, um tumultuante descompasso entre a decisão declarada e a declaratória, lembrando que uma e outra se integram numa só.

d) *Concentração dos atos do procedimento.* Ao elaborar a CLT, o legislador, pretendendo instituir um processo célere, concentrou os atos do procedimento em audiência única, na qual o réu apresentaria a sua resposta (exceção, contestação, reconvenção), seriam interrogadas as partes, inquiridas as testemunhas, formuladas as propostas de conciliação, aduzidas razões finais e proferida a decisão. Esse objetivo foi materializado nos arts. 843 a 850. Somente por motivo de força maior a audiência seria descontínua (art. 849). Ademais, essa concentração dos atos processuais em uma só audiência permitiria, a só tempo, que fosse mantida a carga de dramaticidade de tais atos, e que essa dramaticidade ainda ficasse viva na mente do juiz, ao elaborar a sentença.

Todavia, a realidade — trazida pelas asas do tempo — cuidaria de frustrar esse elogiável desiderato do legislador. Com efeito, decorrido algo em torno de duas décadas de vigência da CLT, muitos juízes, pressionados pelo crescente número de petições iniciais que lhes eram distribuídas, resolveram fragmentar a audiência, tripartindo-a em: a) inicial; b) de instrução; e c) de julgamento. Um dos escopos dessa tripartição decorreu da preocupação de poderem realizar maior quantidade de audiências iniciais e, em consequência, de conciliações. Instalou-se, a partir daí, uma praxe que criaria raízes profundas, por forma a atingir as décadas futuras.

Em termos generalizadores, o ideal é que a sentença seja sempre proferida não apenas o mais próximo possível dos atos da audiência, mas dos próprios fatos da causa, a fim de o juiz poder, de um lado, investigá-los sem que estejam esmaecidos, toldados pelo tempo, e, de outro, efetuar com maior celeridade a entrega da prestação jurisdicional.

A prática tem demonstrado que quando a sentença é emitida muito tempo depois de o autor haver ingressado em juízo, ou de haver sido efetuada a coleta da prova, o juiz tem diante de si uma realidade algo gélida, na qual quase não há pulsação ou vida, motivo por que tende a realizar um julgamento insensível, mecânico. Os próprios Tribunais, ao realizarem o julgamento de recursos, se ressentem dessa ausência de intimidade com a prova oral, pois são levados a apreciá-la e a valorá-la a partir de registros constantes das atas das audiências. Assim, ao contrário dos juízos de primeiro grau, que têm contato direto com os protagonistas do conflito de interesses, e, em razão disso, com os meios de prova, o tribunal se limita a apreciar meros relatos documentais dos fatos. Mesmo no caso de ação rescisória, a instrução oral, quando necessária, será realizada por juiz de primeiro grau, por meio de carta de ordem (CPC, art. 972). Estas considerações estimulam-nos a ponderar que os tribunais, sempre que possível, deveriam prestigiar os pronunciamentos dos órgãos de primeiro grau de jurisdição, no terreno dos fatos.

O princípio da concentração dos atos do procedimento atende, também, à política de *economia processual*, que pode ser resumida nesta fórmula lacônica: um máximo de resultado prático com um mínimo de atividade jurisdicional.

e) *Irrecorribilidade das decisões interlocutórias.* Lexicamente, o adjetivo *interlocutório* (do latim *interlocutio*) designa aquilo que é proferido no meio de algo, como de um processo.

O direito romano antigo separava, com nitidez, a *sententia* da *interlocutio*, reservando para a primeira a tarefa de solucionar o mérito da demanda, e, para esta, a de resolver determinados expedientes do processo (ainda que não necessariamente incidentais), como a produção de provas. As interlocutórias não possuíam caráter de sentença típica, caracterizando-se pela irrecorribilidade. Por isso, não se submetiam ao fenômeno da coisa julgada material. No moderno processo do trabalho, contudo, as decisões do juiz sobre a produção de provas não ensejam o acesso às vias dos recursos, conquanto possam desafiar mandado de segurança, contanto que configurada a lesão de direito líquido e certo e que o ato judicial tenha sido praticado contra a lei ou mediante abuso de poder.

O art. 162, § 2.º, do CPC de 1973 definia a decisão interlocutória como o ato pelo qual o juiz, no curso do processo, resolvia questão incidente. Cuidava-se de uma definição extremamente *objetiva*. O CPC de 2015 preferiu elaborar essa definição pelo método da exclusão: todos os atos judiciais que não se ajustarem ao conceito de sentença são decisões interlocutórias (art. 203, § 2.º). Talvez, a definição traçada pelo CPC de 2015 possa ser considerada *pragmática*, uma vez que, em síntese, para esse Código toda decisão do juiz que não extinga o processo — com resolução do mérito ou sem resolução deste — é *interlocutória*. *Despacho* não é decisão, conquanto não seja despropositado afirmar-se a existência de *despachos-decisórios*. São atos praticados pelo juiz que, externamente, apresentam visos de despacho; mas cujo conteúdo se identifica com o de decisão.

Há que se entender como *incidente* (do latim *incidere* = interromper, sobrevir), para efeito processual, todo fato superveniente, que, tendo ou não ligação com o mérito da causa, necessita ser resolvido pelo juiz. Nem toda questão incidente, entretanto, é solucionada por meio de decisão interlocutória. Se, por exemplo, for arguida a incompetência *ratione materiae* do órgão de primeiro grau da Justiça do Trabalho e essa alegação vier a ser acolhida, de modo a implicar a remessa dos autos para a Justiça Comum, o ato da Vara, aqui, será não uma decisão interlocutória, mas sentença que, por ser "terminativa do feito" (CLT, art. 799, § 2.º), será recorrível. Se a alegação de incompetência fosse rechaçada, teríamos uma situação característica de decisão interlocutória e, como tal, irrecorrível de maneira imediata e autônoma.

Questão incidental é, conseguintemente, todo fato trazido ao conhecimento do juiz, no curso do processo, sobre o qual se estabelece, em regra, controvérsia, que deve ser apreciada antes do proferimento da sentença de fundo. O ato do juiz, que resolve esse incidente, será sentença ou decisão interlocutória, conforme ponha fim, ou não, respectivamente, ao processo.

Os incidentes, por sua natureza, implicam direta e imediata repercussão no procedimento tendente à emissão da sentença de mérito, retardando-o, ou, mesmo, suspendendo-o, como se dá no caso do art. 313 do CPC. Nem todo retardamento do procedimento, contudo, provém de incidentes; uma audiência, p. ex., pode ser adiada, ainda que contra a vontade de uma das partes, por ato do juiz — que será um despacho e não uma decisão interlocutória.

Podemos afirmar, portanto, de maneira singela, que interlocutórias são as decisões sobre questões incidentes que não acarretam a extinção do processo. Se a decisão a respeito dessas questões provocar, ao contrário, o fim do processo, deveremos denominá-la de sentença, até porque, de acordo com o conceito firmado pelo art. 162, § 1.º, do digesto processual civil de 1973, em sua redação primitiva (incorporada ao processo do trabalho) na sentença é o ato judicial capaz de extinguir o processo, mesmo sem exame do mérito. Pois seja.

O princípio da irrecorribilidade das decisões interlocutórias constitui uma das características do processo do trabalho, como patenteia o art. 893, § 1.º, da CLT. Um retoque, entretanto, é necessário: não se cuida de irrecorribilidade *definitiva*, senão que de irrecorribilidade *imediata*, pois a decisão poderá ser impugnada mais tarde, quando da interposição do recurso à sentença. Trata-se, portanto, de uma recorribilidade *diferida*.

Emanação tópica da regra insculpida no art. 893, § 1.º, da CLT, é o art. 884, § 3.º, da mesma Consolidação, que veda a interposição de recurso (agravo de petição) da "sentença" (*sic*) de liquidação. Não se cuida, aqui, de sentença, e sim, de típica decisão interlocutória, que, por sua natureza, se revela infensa à impugnação imediata. Essa impugnação fica protelada para a fase de embargos à execução. Ao contrário do que chegou a sustentar certo setor da doutrina, mesmo que o executado não ofereça esses embargos, o exequente terá direito a impugnar a decisão liquidante.

Convém repisar: no processo do trabalho, *v.g.*, às decisões em exceções de incompetência, impedimento e suspeição, atribui-se um tratamento típico de interlocutórias, porquanto somente podem ser impugnadas por ocasião do recurso que se interpuser da sentença (CLT, art. 799, § 2.º). Impugnação autônoma apenas será admissível quando a decisão seja "terminativa do feito", no âmbito da Justiça do Trabalho (*idem*). Caráter interlocutório também possui a impropriamente denominada "sentença de liquidação", que somente poderá ser atacada na fase dos embargos à execução (CLT, art. 884, § 3.º), sejam oferecidos ou não. A Lei n. 8.432, de 11 de junho de 1992 — que deu nova redação ao art. 879, § 2.º, da CLT —, não modificou, na essência, esse procedimento, conquanto tenha facultado ao juiz conceder prazo sucessivo às partes, para que se pronunciem sobre os cálculos do contador, em inovação absolutamente censurável.

O procedimento, como vimos, constitui o conjunto de atos processuais (que se inicia pela petição do autor) tendentes a preparar a emissão da sentença de mérito, principal acontecimento do processo. Muitas vezes, no entanto, nesse percurso entre a petição inaugural e a sentença surgem diversos incidentes, que devem ser removidos pelo juiz, a fim de que o curso do procedimento seja desobstruído. São, justamente, esses atos "removedores" de empecilhos processuais que tipificam as decisões interlocutórias.

A expressão "sentença interlocutória", que sói ser utilizada por pessoas pouco afeitas ao rigor da terminologia processual — inclusive, pelo legislador —, em lugar de *decisão interlocutória*, contém uma intransponível contradição nos próprios termos, pois a referida decisão é proferida *no curso do processo*, ao passo que sentença é o ato pelo qual o juiz *põe fim ao processo*, examinando, ou não, o mérito da causa (CPC, art. 203, § 1.º).

Percebe-se, assim, que o legislador processual brasileiro não levou em conta a natureza do ato judicial, para classificá-lo como decisão interlocutória ou como sentença, mas a repercussão objetiva desse ato no processo: se tiver eficácia para extingui-lo, será sentença; se não, decisão interlocutória. Aliás, podemos mesmo afirmar que, do ponto de vista legal, se o ato do juiz não for sentença, nem despacho ordinatório ou de mero expediente, inclinar-se-á a ser reconhecido como decisão interlocutória.

A assertiva de que a *irrecorribilidade das decisões interlocutórias* representa uma emanação do princípio da *oralidade* merece alguma reserva. Na verdade, as decisões dessa natureza podem ser objeto de recurso, em alguns casos, como, por exemplo, da decisão monocrática que não admite recurso. Conquanto a lei (CLT, art. 897, letra "*b*") aluda a esse ato judicial como *despacho,* cuida-se, na verdade, de *decisão de traço interlocutório*, da qual o próprio sistema oficial admite a interposição de agravo de instrumento (*ibidem*).

Há situações em que, vedada a possibilidade de interposição de recurso, por estar-se diante de decisão interlocutória, será possível a impetração de mandado de segurança, como ocorre, por exemplo, no caso previsto pela Súmula n. 414, II, do TST: "No caso de a tutela provisória haver sido concedida ou indeferida antes da sentença, cabe mandado de segurança, em face da inexistência de recurso próprio".

Uma das exceções legais ao princípio da irrecorribilidade autônoma das decisões interlocutórias está na Lei n. 5.584, de 26.6.1970, cujo art. 2.º declara que o juiz, em audiência e antes de dar início à instrução, deverá fixar um valor à causa, na hipótese de a inicial ser omissa quanto a isso. Ocorre que, se a parte interessada impugnar esse valor e o juiz o mantiver, aquela poderá solicitar, no prazo de 24 horas, que o presidente do tribunal reveja esse valor. Se examinarmos a natureza jurídica desse pedido de revisão do valor dado à causa pelo juiz de primeiro grau, mediante a submissão dessa figura às características dos diversos institutos do processo (civil e trabalhista) brasileiro, logo veremos que não se trata de ação, exceção, contestação, reconvenção, embargos etc.; todavia, a singularidade de fazer com que o presidente do tribunal modifique o valor da causa, atribuído pelo juiz, demonstra que o pedido de revisão mantém um ponto de contato com o recurso, pois é próprio deste obter a modificação dos pronunciamentos jurisdicionais inferiores. Desse modo, ao prever a possibilidade de haver pedido de revisão do valor da causa, a Lei n. 5.584/1970 (art. 2.º, § 2.º) representa uma ressalva ao princípio que estamos a examinar, pois é indiscutível o caráter interlocutório da decisão pela qual o juiz de primeiro grau fixou o mencionado valor.

Exceções como a apontada não invalidam, nem infirmam, o princípio que proíbe a impugnação autônoma e imediata das decisões interlocutórias. Dito princípio, como dissemos no início, atende à necessidade de impedir que todas as decisões que tivessem como núcleo certos incidentes surgidos no processo (geralmente, por ato intencional de um dos litigantes) pudessem ser impugnadas ato contínuo, provocando, com isso, um considerável e pernicioso retardamento da solução do conflito de interesses, ou seja, da lide.

5. Economia

Ao examinarmos o princípio da *concentração* (item 4, "d", retro), pudemos afirmar que ele visa a atender à política de *economia processual*, consistente em um máximo de atuação do direito com um mínimo de atividade jurisdicional. Sob essa perspectiva, por exemplo, institui-se no processo do trabalho o procedimento sumaríssimo (CLT, arts. 852-A a 852-H), no qual o processo será instruído e julgado em audiência única (art. 852-C) e aí também decididos todos os incidentes e exceções capazes de interferir no prosseguimento da audiência e do processo (art. 852-G).

Toda e qualquer providência adotada no processo, sem transgressão de regra de ordem pública ou de violação dos direitos dos litigantes, destinada a criar condições para que a prestação jurisdicional seja entregue em um mínimo de tempo possível, está autorizada pelo princípio da *economia*. Cumpre ao juiz, na qualidade de reitor soberano do processo (CLT, art. 765), não só adotar essas providências, como combater as atitudes das partes, que se coloquem eventualmente em oposição a esse imperativo de celeridade do procedimento. Um dos deveres do magistrado, não por acaso, é o de velar pela duração razoável do processo (CPC, art. 139, II), cabendo-lhe, por isso, indeferir as diligências inúteis ou meramente protelatórias (*ibidem*, III).

Conforme se nota, o princípio da *economia*, assim como o da *concentração*, da *duração razoável do processo* e *celeridade* processual estão vinculados a um objetivo comum: fazer com que a prestação jurisdicional seja realizada no menor tempo possível, a fim de que esse ato estatal possa estar, cronologicamente, próximo dos fatos da causa e, com isso, apanhá-los em sua efervescência. Devemos reconhecer, no entanto, que a celeridade representa, nos dias de hoje, um sonho quase impossível, se, confrontada com atual estrutura do procedimento, mormente, do ordinário, que se caracteriza por uma cognição aprofundada e exaustiva. O que temos, em muitos casos — inclusive, na Justiça do Trabalho —, são processos lentos, que se arrastam por anos, para exasperação dos autores.

O conceito de *economia* é mais amplo do que o de *concentração*, pois embora esta tenha por escopo a celeridade da solução do conflito de interesses, mediante, como dissemos, a aglutinação dos atos integrantes do procedimento judicial, aquela, embora vise ao mesmo fim, não tem nessa aglutinação o seu único meio de alcançar aquele objetivo. Sob certo aspecto, podemos mesmo afirmar que a economia constitui o gênero, do qual a concentração figura como espécie.

Quando, *e.g.*, as partes, em virtude da manifestação convergente de suas vontades, decidem admitir como prova emprestada um laudo pericial juntado em outros autos, é evidente que essa atitude corresponde aos anseios gerais de economia dos atos do procedimento, sem que se possa ver, nessa juntada, uma concentração de atos do procedimento; o que há, em situações como a narrada, é uma supressão de ato (realização de exame pericial), em decorrência do aproveitamento consensual de ato praticado em outros autos. A prova emprestada, neste caso, se destina também a evitar despesas processuais derivantes dos honorários do experto, caso a perícia fosse realizada.

Podem ser também referidas como práticas tendentes a atender ao princípio da economia processual, dentre outras: a) a correntia substituição da resposta oral (CLT, art. 847) pela forma escrita, pois isso permite a realização de maior número de audiências "iniciais" por dia; b) certas transações, como as que ocorrem nos casos de insalubridade, por força da qual o réu admite o direito do autor à percepção do correspondente adicional, cujo grau é fixado pelos litigantes. Desse modo, não só se abrevia a duração do processo, suprimindo-se a realização do exame pericial, como se evita o pagamento de honorários ao perito; c) a dispensa recíproca, pelos litigantes, dos seus interrogatórios; d) a inquirição de testemunhas no juízo em que se processa a ação, por ato espontâneo destas, embora tivessem o direito de ser ouvidas mediante carta precatória; e) o litisconsórcio facultativo, que se configura pelo agrupamento, num mesmo processo, de diversas lides, sem que a sentença deva ser uniforme para todos os compartes; f) a reconvenção, caracterizada pela existência de ações contrapostas num mesmo processo, devendo ambas ser apreciadas por uma só sentença; g) o suprimento da falta de citação, com o comparecimento voluntário do réu à audiência (CPC, art. 239, § 1.º); h) a dispensa da leitura do relatório, nas sessões do tribunal; i) a conexão e a continência (CPC, art. 57).

O exemplário dos casos que se conformam ao princípio da economia processual é, enfim, muito vasto; forremo-nos, por isso, do atrevimento de tentar esgotá-lo — sob pena de, muito antes disso, exaurirmos, isto sim, a paciência dos nobres leitores, com semelhante maçada.

O importante a ser reiterado é o fato de que toda e qualquer providência adotada no processo, sem transgressão manifesta de regra de ordem pública e sem violação de direito dos litigantes, destinada a criar condições para que a sentença seja proferida no menor espaço de tempo possível, está autorizada pelo princípio da economia. Incumbe essencialmente ao juiz, na qualidade de reitor exclusivo do processo, fazer com que esse princípio seja respeitado na prática e não se torne mero ornato dos argumentos e dos debates. Mais uma vez: um dos deveres dos magistrados é, não por acaso, o de velar pela duração razoável do processo (CF, art. 5.º, LXXVIII; CPC, art. 139, II), motivo por que a lei lhe concede poderes para indeferir diligências inúteis ou procrastinatórias (CPC, art. 370, parágrafo único) e para impulsionar, *ex officio*, o procedimento (CPC, art. 2.º), sem ignorarmos a amplitude de liberdade que possui o juiz do trabalho na direção do processo (CLT, art. 765), podendo (ou devendo?), em função disso, determinar diligências necessárias à justa, adequada e rápida entrega da prestação jurisdicional. O juiz, em suma — como muito bem disse Pontes de Miranda —, está condenado à atividade, porquanto a lei o pune nos casos de inação injustificada.

É de bom senso, todavia, reconhecer não ser possível a incidência absoluta dessas regras deontológicas da magistratura, em razão do volume colossal e pletórico das ações que são diariamente ajuizadas, fazendo com que a deficiente estrutura do Poder Judiciário em geral, e da Justiça do Trabalho, em particular, impeça os juízes de apreciá-las com a brevidade que, por certo, gostariam de fazê-lo. Como tantas vezes acentuamos, a demora que se tem verificado na entrega da prestação jurisdicional, em nosso País, deve ser atribuída menos à atuação insatisfatória da magistratura do que às apontadas deficiências estruturais do Poder Judiciário e à própria obsolescência do processo de conhecimento atual como método oficial de composição dos litígios.

A despeito disso, cumpre ao juiz empenhar-se na rápida solução dos conflitos, sem eximir-se dessa penosa tarefa de distribuir justiça de maneira célere e convincente (CPC, art. 140). Trata-se, como vimos, de um compromisso histórico assumido pelo Estado com o indivíduo — que teve subtraída, a partir daí, a possibilidade de autodefesa — do qual o magistrado é o executor. A responsabilidade política do magistrado, no que toca à breve solução das lides, é, por isso, tanto quanto a jurídica, enorme e indeclinável.

A própria iniciativa do *impulso processual*, que a lei atribui ao juiz (CPC, art. 2.º), não deixa de atender aos anseios de celeridade processual, anseio que seria frustrado se se reduzisse o juiz a um mero "convidado de pedra" no processo, a assistir, de maneira impassível, as partes a se digladiarem nos autos.

Uma ponderação necessária: conquanto a celeridade processual constitua, verdadeiramente, um justificável anseio de todos os que invocam a prestação da tutela jurisdicional trabalhista, e, acima de tudo, uma garantia constitucional: art. 5.º, LXXVIII – essa celeridade, em um Estado Democrático de Direito, como é o caso da República Federativa do Brasil (CF, art. 1.º, *caput*), não pode ser obtida em detrimento de determinadas garantias que a Constituição Federal atribui às partes, no processo, como as do contraditório, da ampla defesa (art. 5.º, LV) e do devido processo legal (*ibidem*, LIV).

6. Lealdade

O processo, como método, técnica ou instrumento de solução estatal de conflitos de interesses, individuais ou coletivos, é dotado de um substrato ético, por força do qual as partes e terceiros devem agir com boa-fé (*bona fide*) ao atuarem em juízo. Há, nisso, um dever processual que subjuga não apenas as partes, mas, a nosso ver, todos os sujeitos do processo.

Assim como o magistrado, as partes (e os demais sujeitos do processo) estão adjungidas a determinados *deveres*, legalmente previstos, que orientam a sua atuação em juízo. Não se pode negar, portanto, a existência de uma *deontologia processual*.

Estabelecia o art. 14, II, do CPC de 1973, que os litigantes deveriam, dentre outras coisas, "proceder com lealdade e boa-fé". Na lição de Hélio Tornagui, "leal, do latim *legalis*, e, é aquele que no trato ou até no litígio com outrem observa as regras da lei moral, faz jogo limpo, sem ardis, sem enganos, sem fraude, sem astúcia. Para exprimir a lealdade o grego tem palavras que bem a definem: beleza e bondade (...). Leal é o que procede conforme a lei (...), conforme a justiça (...), com probidade (...). Proceder com lealdade é agir às claras, sem embustes, ciladas ou armadilhas. É o *fair dealing*, o *fair play*, a atuação franca, sem hipocrisia. É a honestidade na ação" (*Comentários ao Código de Processo Civil*. 2.ª ed. São Paulo: Revista dos Tribunais, 1976. vol. I, p. 145). A boa-fé, por sua vez, indica o agir com franqueza, com boas intenções: é o *atuar sinceramente*.

O fato de o art. 77 do CPC de 2015 não haver reproduzido a regra do art. 14 do CPC de 1973, não significa que o dever de lealdade e boa-fé tenha sido anatematizado pelo Código atual. Afinal, o processo, como método ou técnica estatal de solução de conflitos de interesses, possui um conteúdo, acentuada e inalienavelmente, ético, que impõe às partes e a todos os que participam do processo um comportamento compatível com esse conteúdo, ou seja, dotado de lealdade e boa-fé. Seria inconcebível que o processo pudesse ser utilizado pelos litigantes com intenções desleais, desonestas, escusas, enfim, com o escopo de prejudicar o adversário, de fraudar a lei, de causar danos a terceiros ou de propiciar o sucesso de velhacadas do gênero.

É compreensível que o conflito de interesses e o contraditório constituam clima propício para a luta ardorosa, o embate de ideias e o mais. Essa particularidade, contudo, não autoriza as partes a se lançarem a uma porfia desenfreada, sem um mínimo de regras éticas, vinculativa de suas condutas. Por isso, a inegável necessidade de a lei disciplinar a conduta das partes no processo, impondo-lhes alguns deveres básicos, como, entre outros, os de expor os fatos de acordo com a verdade; não formular pretensões, nem alegar defesa, cientes de que são destituídas de fundamento jurídico; não produzir provas, nem praticar atos inúteis ou desnecessários à declaração ou defesa de direitos; cumprir com exatidão as decisões judiciais, de natureza provisória ou final, e não criar embaraços à sua efetivação (CPC, art. 77, incisos I a V).

Com muita propriedade, aliás, Calamandrei comparou o processo a um jogo, em que a habilidade é permitida, mas a trapaça não.

Em termos práticos, qualquer infração ao dever de lealdade e boa-fé tipifica um ilícito processual, que compreende o dolo e a fraude. Essa transgressão, quando cometida por uma das partes, configura *litigância de má-fé*, sujeitando o infrator às sanções da lei.

A CLT, inspirada no art. 80, incisos I a VII, do CPC, considera litigante de má-fé aquele que:

a) deduzir pretensão ou defesa contra texto expresso de lei ou fato incontroverso;

b) alterar a verdade dos fatos;

c) usar do processo para conseguir objetivo ilegal;

d) opuser resistência injustificada ao andamento do processo;

e) proceder de modo temerário em qualquer incidente ou ato do processo;

f) provocar incidente manifestamente infundado;

g) interpuser recurso com intuito manifestamente protelatório (art. 793-B, I a VII).

Nos termos do art. 793-C, da CLT:

> "De ofício ou a requerimento, o juízo condenará o litigante de má-fé a pagar multa, que deverá ser superior a 1% (um por cento) e inferior a 10% (dez por cento) do valor corrigido da causa, a indenizar a parte contrária pelos prejuízos que esta sofreu e a arcar com os honorários advocatícios e com todas as despesas que efetuou."

Valor da multa. A multa deverá ser superior a um por cento e inferior a dez por cento do valor da causa, corrigido. Além da multa, o litigante de má-fé será condenado a indenizar a parte contrária pelos prejuízos a esta acarretados; a pagar honorários advocatícios e todas as despesas por esta efetuadas. Despesas decorrentes do ato de má-fé por parte do adversário, elucide-se.

Condenação do improbus litigator. É imposta pelo juiz, por sua iniciativa ou a requerimento do interessado (e legitimado). Essa condenação não traduz faculdade do magistrado, senão que um seu dever, como evidencia o verbo utilizado pelo legislador ("condenará").

Dever de indenizar. O dever de o litigante de má-fé pagar multa e indenizar a parte contrária pelos prejuízos por esta sofridos está vinculado, exclusivamente, à prática de quaisquer dos atos descritos nos incisos I a VII do art. 793-B da CLT, não se subordinando, portanto, ao resultado do julgamento da causa. Deste modo, se, por exemplo, o réu opuser resistência injustificada ao andamento do processo, mas, mesmo assim, vier a ser vitorioso na decisão de mérito, subsistirá a condenação por litigância de má-fé, que, acaso, lhe tenha sido imposta pelo juiz. Uma exceção ao princípio de que a condenação por litigância de má-fé não está jungida ao resultado da decisão de mérito talvez possa estar no inciso III do art. 793-B, pois se a parte fizer uso do processo para conseguir objetivo ilegal, além de ser condenada por litigância de má-fé, provavelmente, ficará vencida, *ipso facto*, na decisão de fundo, ou seja, o seu pedido será rejeitado por ser contrário à lei.

Honorários advocatícios e demais despesas. Além da condenação ao pagamento de multa e de indenização por perdas e danos, o litigante de má-fé será condenado a pagar honorários advocatícios à parte contrária e a ressarci-la das despesas que tenha efetuado em decorrência do ato praticado pelo *improbus litigator*. As despesas devem ser comprovadas.

Mesmo que a parte esteja recebendo o benefício constitucional da justiça gratuita (CF, art. 5.º, LXXIV), poderá ser condenada por litigância de má-fé, porquanto o sobredito benefício não pode servir de pretexto para a impunidade de quem incide em uma das previsões dos incisos I a VII do art. 793-B da CLT. Sob esse aspecto, mais do que nunca, todos são iguais perante a lei (CF, art. 5.º, *caput*).

Sendo dois ou mais os litigantes de má-fé, o juízo condenará cada um na proporção de seu respectivo interesse na causa ou solidariamente aqueles que se coligaram para lesar a parte contrária CLT, art. 793-C, § 1.º).

Condenação proporcional ou solidária. Se o ato caracterizador de má-fé for praticado por mais de uma pessoa, o juiz condenará cada uma delas na proporção do seu interesse na causa ou solidariamente. Talvez fosse mais justo utilizar-se como critério não o interesse dos litigantes de má-fé *na causa*, mas a *intensidade da participação de cada um no ato*.

É certo que, na prática, nem sempre será fácil ao magistrado determinar essa proporção (interesse na causa), hipótese em que poderá impor condenação solidária.

No caso de os litigantes de má-fé terem estabelecido conluio (*consilium fraudis*) para prejudicar a parte contrária, serão condenados de maneira solidária.

Em quaisquer dessas situações, o objeto da condenação será o pagamento de *multa*.

Multa. Valor da causa irrisório ou inestimável. Sendo irrisório ou inestimável o valor da causa, a multa será fixada em até duas vezes o limite máximo dos benefícios do Regime Geral da Previdência Social (CLT, art. 793-C, § 2.º). Não prevalecerá, portanto, o critério estabelecido no *caput* da norma em exame. Controvérsias poderão ocorrer, nos casos concretos, sobre se o valor atribuído à causa é irrisório, ou não.

O art. 81, § 2.º, do CPC, determina que a multa seja calculada com base no salário mínimo. Todavia, a fixação de multa com base em salário mínimo é de duvidosa constitucionalidade. Ocorre que a Constituição Federal, no art. 7.º, IV, que integra o capítulo dos

"Direitos Sociais", veda a vinculação do salário mínimo "para qualquer fim". É certo que o adjetivo *qualquer*, utilizado pelo constituinte, não possui sentido e alcance absolutos, por forma a vedar a vinculação do salário mínimo, por exemplo, ao valor da alçada, para efeito de definição do procedimento judicial a ser observado (CLT, art. 852-A). Se nos lembrarmos, todavia, de que a proibição estampada no inciso IV do art. 7.º da Constituição Federal teve como finalidade impedir que o salário mínimo fosse utilizado como fator de correção monetária de aluguéis e de multas pecuniárias — com repercussão no fenômeno inflacionário —, veremos que nossa suspeita quanto à inconstitucionalidade do § 5.º do art. 77, e do § 2.º do art. 81, do CPC, no que toca a autorizar a fixação da multa com fulcro no salário mínimo, não é de todo infundada.

Seja como for, o fato é que a CLT, mais cautelosa, ordena que a fixação da multa tenha como base o valor dos benefícios do Regime Geral da Previdência Social.

Valor da indenização. Em princípio, o montante da indenização deverá ser fixado pelo juiz; caso isso não seja possível, o valor será liquidado, nos mesmos autos, por arbitramento ou pelo procedimento comum (CLT, art. 793-C, § 3.º).

O art. 509, I, do CPC, afirma que a liquidação por *arbitramento* será adotada "*quando determinado pela sentença, convencionado pelas partes ou exigido pela natureza do objeto da liquidação*". Dessas três hipóteses, somente a terceira possui pertinência com o art. 793-C, § 3.º, da CLT, pois: a) se o juiz não fixou valor da indenização; b) não se deve admitir que as partes, mediante convergência de vontades, definam a forma de liquidação.

A liquidação pelo *procedimento comum*, por sua vez, nada mais é do que a que se processa mediante *artigos*. Basta ver que o art. 509, II, do CPC, afirma que a liquidação será realizada pelo *procedimento comum* "*quando houver necessidade de alegar e provar fato novo*".

A expressão: *fato novo*, conquanto inveterada, tradicional, é, em rigor, imprecisa, pois, na verdade, se trata de fato já considerado pela sentença, que necessita apenas ser *tornado preciso, exato*. Se a sentença condena o réu, digamos, ao pagamento de horas extras, em quantidade a ser definida na fase de liquidação por meio de artigos, o que aqui se fará nada mais é do que estabelecer a *quantidade* dessas horas. Se fato novo significasse algo, efetivamente, não previsto pela sentença (título executivo), estar-se-ia desrespeitando a regra estampada no art. 789, § 1.º, da CLT, segundo a qual, na liquidação, "*não se poderá modificar, ou inovar, a sentença liquidanda, nem discutir matéria pertinente à causa principal*".

Pode ser aplicado ao processo do trabalho o art. 511, do CPC, conforme o qual na liquidação pelo *procedimento comum* o requerido, na pessoa do seu advogado ou da sociedade de advogados a que estiver vinculado, será intimado para, desejando, oferecer contestação no prazo de quinze dias, "*observando-se a seguir, no que couber, o disposto no Livro I da Parte Especial*" do referido Código. Isso significa, em termos gerais, que dependerá de petição específica (que poderá ser indeferida, se não for atendido o despacho a que se refere o art. 321), que deverá ser concedida oportunidade para a contestação, que poderá haver depoimento pessoal, de produção de provas documentais, testemunhas e periciais e decisão.

Cabe assinalar que em caso de *lide temerária* o advogado será solidariamente responsável com seu cliente, desde que coligado com este para lesar a parte contrária (*consilium fraudis*), conforme se apurar em ação própria, nos termos do art. 32, parágrafo único, da Lei n. 8.906, de 4.7.94.

7. Livre apreciação das provas

É conveniente lembrar, para logo, que o ônus da prova consiste nesse encargo que a lei atribui às partes, no tocante à demonstração da veracidade dos fatos narrados em juízo. Segundo a redação primitiva do art. 818 da CLT, o ônus das alegações incumbia a quem as fizesse. Sempre consideramos essa redação das mais talentosas, por sua maleabilidade. Sob certo aspecto, ela poderia conduzir à inferência de que o ônus da prova sempre seria do réu, quando este contestasse as alegações contidas na petição inicial. A Lei n. 13.467/2017, entrementes, deu nova redação a esse dispositivo da CLT. Houve, aqui, pastiche do art. 373 do CPC de 2015. Deste modo, também no processo do trabalho o encargo da prova passou a ser: a) do autor, quanto ao fato constitutivo do seu direito; b) do réu, quanto à existência de fato modificativo, impeditivo ou extintivo do direito do autor.

Em novo pastiche (agora, dos §§ 1.º e 2.º, do art. 373, do estatuto processual civil), o legislador trabalhista estatuiu:

> "§ 1.º Nos casos previstos em lei ou diante de peculiaridades da causa relacionadas à impossibilidade ou à excessiva dificuldade de cumprir o encargo nos termos deste artigo ou à maior facilidade de obtenção da prova do fato contrário, poderá o juízo atribuir o ônus da prova de modo diverso, desde que o faça por decisão fundamentada, caso em que deverá dar à parte a oportunidade de se desincumbir do ônus que lhe foi atribuído.
>
> § 2.º A decisão referida no § 1.º deste artigo deverá ser proferida antes da abertura da instrução e, a requerimento da parte, implicará o adiamento da audiência e possibilitará provar os fatos por qualquer meio em direito admitido.
>
> § 3.º A decisão referida no § 1.º deste artigo não pode gerar situação em que a desincumbência do encargo pela parte seja impossível ou excessivamente difícil."

Por que motivo as partes devem produzir provas em juízo? Porque será com base nesta que o magistrado formará o seu convencimento jurídico acerca dos fatos da causa. Daí, a extrema importância que a prova ostenta no processo. Já se disse, aliás, em feliz metáfora, que a prova é uma espécie de pedestal da sentença.

Com efeito, como o juiz não pode decidir com base em conhecimento *pessoal* dos fatos, é indispensável que as partes desenvolvam no processo uma atividade específica, destinada a reproduzir, nos autos, os fatos de que se originam as suas pretensões. A verdade que se forma nos autos se tem denominado de *formal*. A verdade formal pode coincidir, ou não, com a *real*, entendida esta como os fatos, tais quais acontecidos no mundo sensível. O ideal é que a verdade *formal* coincida com a *real*; nem sempre, contudo, isso ocorre, pelos mais variados motivos, especialmente em virtude de a parte não se haver desincumbido do *onus probandi* que lhe correspondia. Para o juiz, todavia, só há uma verdade: a que se estabeleceu nos autos (formal). Para ele, enfim, como afirmamos, o que não está nos autos não está no mundo (*quod non est in actis non est in mundo*), ressalvados os casos de fato notório (CPC, art. 374, I) e as máximas de experiência (CPC, art. 375). Estabelece esta última norma legal mencionada que o juiz aplicará as regras da *experiência comum* (*máximas de experiência*) "subministradas pela observação do que ordinariamente acontece e, ainda, as regras da experiência técnica, ressalvado, quanto a esta, o exame pericial".

Em suma, de modo geral, o juiz deve julgar de acordo com aquilo que foi alegado e *provado* pelas partes (*iudex secundum allegata et probata partium iudicare debet*).

O princípio da *livre apreciação das provas* traduz a liberdade que o juiz possui, com vistas à apuração da verdade dos fatos, podendo, em função disso, mesmo *ex officio*, determinar as provas necessárias à instrução do processo (CPC, art. 370), o comparecimento das partes, a fim de interrogá-las em audiência (CPC, art. 139, VIII) etc.

Torna-se necessário observar que o juiz integrante dos modernos sistemas processuais, civil e trabalhista, ao contrário dos juízes do passado, não está condenado a assumir uma atitude eminentemente estática no processo, resignando-se a aguardar que as partes produzam as provas desejadas, para, depois disso, demovendo-se do seu imobilismo, efetuar a entrega da prestação jurisdicional. Ao magistrado dos tempos atuais, como vimos, a lei comete um expressivo conjunto de poderes diretivos do processo, dentre os quais se inclui o da determinação da realização de provas destinadas à instrução (CPC, art. 370). Ao juiz do trabalho, em especial, a norma legal atribui ampla liberdade na direção do processo (CLT, art. 765), malgrado se saiba que essa liberdade não possa cercear nem restringir as garantias que a lei ordinária e a Constituição da República concedem aos litigantes.

Em sinopse, a concepção publicista do processo e a exaltação do escopo social deste autorizam o juiz dos tempos modernos a demover-se daquela espécie de "*laissez faire, laissez passer*" (deixar fazer, deixar passar)[(2)], que caracterizava a atitude do juiz antigo. Hoje, o princípio da *livre apreciação das provas* expressa essa possibilidade de o magistrado não só promover o impulso processual, como ordenar a produção de provas, bem como, de conhecer de certas questões que, outrora, só podia conhecer se houvesse provocação da parte interessada. É inevitável ponderar, entrementes, que o juiz, no exercício dessa sua potestade, não deverá ir além do razoável, a ponto de suprir eventual negligência da parte e, com isso, tornar-se tendencioso, suspeito, aos olhos do outro litigante. Dentro desse critério de recomendável prudência, o juiz poderá tomar a iniciativa da prova — sem receio de ser acusado de parcialidade — quando, por exemplo, puder invocar relevantes motivos de ordem pública, ou encontrar-se diante de provas divididas.

O princípio da *livre apreciação das provas* autoriza o juiz, por outro lado, em alguns casos, a converter o julgamento em diligência, a fim de dirimir eventual dúvida decorrente da apreciação das provas produzidas pelas partes, do mesmo modo como poderá ordenar a realização de nova perícia, quando a primeira não lhe parecer satisfatória (CPC, art. 480).

---

(2) A frase teria sido proferida por Baptiste Colbert, controlador-geral das finanças, no reinado e Luís XIV, e, mais tarde, adotada pelo liberalismo.

Nem se omita a possibilidade de ele voltar a interrogar as partes e as testemunhas, quando isso lhe parecer indispensável para a formação do seu convencimento jurídico acerca dos fatos da causa, e, ainda, de tomar a iniciativa de inspecionar pessoas ou coisas, em qualquer fase do procedimento, com a finalidade de se esclarecer acerca de fato que interesse à solução da causa (CPC, art. 481).

É razoável presumir que, a esta altura, algum leitor arguto poderia indagar por que motivo estamos a falar de princípio da *livre* apreciação das provas, se o art. 371 do CPC de 2015 suprimiu o advérbio *livremente*, que constava da redação do art. 131 do CPC de 1973. Hoje, dir-se-ia, a lei autoriza o juiz, somente, a *apreciar a prova constante dos autos*. Realmente, houve essa supressão, particularidade que poderá colocar em dúvida a continuidade do uso da expressão *livre apreciação da prova*, nos domínios do processo civil. No processo do trabalho, contudo, essa utilização está autorizada pela conjugação do art. 371 do CPC com o art. 765 da CLT, que atribui ao juiz do trabalho *ampla liberdade* na direção do processo.

Merece ser reproduzida, nesta altura, a percuciente observação feita por Cintra, Grinover e Dinamarco: "No processo penal, sempre predominou o sistema de livre investigação das provas. Mesmo quando, no processo civil, se confiava exclusivamente no interesse das partes para o descobrimento da verdade, tal critério não poderia ser seguido nos casos em que o interesse público limitasse, ou excluísse a autonomia privada. (...) Conclui-se, pois, que o processo civil, hoje, não é mais eminentemente dispositivo, como o era outrora; e o processo penal, por sua vez, transformando-se de inquisitivo em acusatório, não deixou completamente à margem uma parcela de dispositividade das provas. Impera, portanto, tanto no campo processual penal como no campo processual civil, o princípio da livre investigação das provas, embora com doses maiores de dispositividade no processo civil" (*Teoria geral do processo*. p. 65-66).

Independentemente da conclusão a que possam chegar os estudiosos do processo civil, devemos repisar que o princípio da livre apreciação das provas continua a imperar no processo do trabalho, por força da conjugação do art. 371 do CPC com o art. 765 da CLT, que atribui ao magistrado ampla liberdade na direção do processo. É evidente que o magistrado do trabalho deverá indicar, na decisão, as razões que influenciaram na formação do seu convencimento jurídico acerca dos fatos da causa. Afinal, a fundamentação de qualquer decisão judicial constitui mandamento constitucional, sob pena de o seu descumprimento acarretar a nulidade do processo (CF, art. 93, IX).

Tão importante quanto a *livre apreciação* de que estamos a cuidar é a *valoração* judicial da prova produzida.

A esse respeito, cumpre-nos recordar que os ordenamentos processuais registram, ao longo do tempo, a existência de três sistemas, a saber: a) da prova legal; b) do livre convencimento; c) da persuasão racional.

a) *Prova legal*. Teve raízes nas *ordálias* ou nos *juízos de Deus*. Essas práticas execrandas consistiam em submeter o indivíduo a determinada prova, imaginando-se que Deus não o deixaria sair com vida, ou sem algum sinal evidente, na hipótese de falsear a verdade. Esses meios cruéis de prova eram as bebidas acres; o fogo; a água fervente; as serpentes; a cruz etc.

Nesse período, a liberdade do juiz no campo da valoração da prova era nenhuma, pois o valor da prova era previamente tarifado. Assim, o depoimento de uma testemunha de nada valia (*testis unus, testis nullus*), ao passo que o depoimento de duas testemunhas fidedignas (*testis classi*) constituía prova plena (*plena probatio*). Uma só testemunha fidedigna tinha o valor de meia prova (*semiplena probatio*); um testemunho duvidoso (*testis suspectus*) valia menos do que meia prova, e assim por diante.

Está claro, portanto, que nesse sistema obsoleto, a função do juiz, no campo da valoração da prova, ficava reduzida à de um simples contador: competia-lhe, apenas, verificar a quantidade de testemunhas fidedignas, duvidosas e o mais, e decidir de acordo com o resultado numérico obtido. Conforme destacam Cintra, Grinover e Dinamarco, no referido sistema (amplamente utilizado no direito romano-canônico), era constituído por um conjunto de regras aritméticas e por uma complicada doutrina baseada num sistema de presunções, "na tentativa da lógica escolástica de resolver tudo *a priori*" (*Teoria geral do processo*. 14.ª ed. São Paulo: Malheiros Editores, 1998, p. 66).

b) *Livre convencimento*. Surgiu como uma espécie de reação ao *da prova legal*. Oriundo do Direito Romano, foi amplamente utilizado pelos povos germânicos. Intensificou-se sob a Revolução Francesa de 1789. Um decreto da Assembleia Constituinte, de setembro de 1791, dispunha, por exemplo, que os jurados poderiam decidir segundo a sua consciência e sua íntima convicção ("*suivant votre conscience et votre intime conviccion*"). Por esse motivo, o princípio em estudo ficou também conhecido como da íntima convicção.

Todavia, enquanto o sistema *da prova legal* pecava da falta de liberdade do magistrado no terreno da valoração da prova, o do *livre convencimento* ficava comprometido pelo oposto: o excesso de liberdade. Tornou-se antológica do período, a propósito, a figura do "bom" juiz Magnaud, que na qualidade de presidente do tribunal de primeiro grau de Château-Thierry, de 1889 a 1904, valendo-se da faculdade que o sistema vigente lhe concedia, manifestava-se extremamente piedoso para com os fracos, os pobres, os oprimidos, e, com a mesma intensidade, enérgico, intransigente, quanto aos fortes e às classes dominantes.

Na precisa anotação de Carlos Maximiliano, nas mãos do juiz Magnaud, "a lei variava segundo a classe, mentalidade religiosa ou inclinações políticas das pessoas submetidas à sua jurisdição" (*Hermenêutica e aplicação do direito*. 8.ª ed. São Paulo: Livraria Freitas Bastos, 1965. p. 95).

Esse juiz, na verdade, era parcial, tendencioso, sendo certo que o adjetivo "bom", que se pespegou ao seu nome, lhe foi concedido por todos aqueles a quem beneficiou mediante decisões puramente subjetivas e arbitrárias. Por certo, se aos vencidos fosse permitido escrever a História, hoje estaríamos a aludir ao "mau" juiz Magnaud. O juiz, todavia, não deve ser bom nem mal: deve ser neutro e justo.

c) *Persuasão racional*. Este princípio representa uma síntese dos anteriores, se considerarmos o método dialético da tese (prova legal), antítese (livre convencimento) e da síntese (persuasão racional).

Surgiu com os códigos napoleônicos e foi incorporado por diversos textos modernos, como o CPC brasileiro de 1973. Efetivamente, dispunha o art. 131 desse diploma de processo civil que o juiz poderia apreciar *livremente* a prova, atendendo aos fatos e circunstâncias dos autos, desde que indicasse os *motivos* que lhe formassem o convencimento. Os vocábulos que destacamos representam a essência desse princípio, que ainda persiste no processo do trabalho, em decorrência da conjugação do art. 371 do CPC de 2015 com o art. 765 da CLT. O juiz do trabalho possui, portanto, ampla liberdade para formar a sua convicção jurídica acerca dos fatos da causa, desde que o faça com fulcro na prova dos autos. Podemos dizer, inspirados em Eduardo Couture, que o juiz, em sede de valoração da prova, tem uma liberdade semelhante à do prisioneiro: pode ir aonde quiser, desde que dentro dos limites da cela. A cela, na metáfora, é a prova dos autos.

Justamente porque assim o é, fica evidente que o juiz dos tempos modernos não precisa *contar* as testemunhas, cumprindo-lhe, isto sim, *pesá-las*. Por outra forma de expressão: não deve levar em consideração o número de testemunhas, e sim a *qualidade dos testemunhos*. Sob essa atual perspectiva axiológica, não haverá de causar sobressalto a ninguém o fato de vir a ser vencedora na causa a parte que levou, digamos, duas testemunhas, em confronto com a que levou três ou mais (CLT, art. 821): tudo dependerá da *qualidade do testemunho*, como alertamos.

É de ser ressaltado, ainda, que já não há lugar, nos tempos de hoje, para o preceito de origem bíblica, que se tornou axiomático no obscuro período da prova legal, segundo o qual uma só testemunha nada prova *(testis unus, testis nullus)*. Nos modernos sistemas processuais, conforme assinalamos, as testemunhas não são *contadas*: são *pesadas*; leva-se em conta o *conteúdo* das suas declarações como critério de valoração objetiva da prova.

Em nome de certas regras didáticas, aliás, o princípio da *persuasão racional* deveria ser denominado de *livre convencimento motivado*, pois esse título seria muito mais apropriado para revelar o conteúdo a que se refere.

Ao juiz do trabalho, conseguintemente, o sistema processual vigente em nosso País atribui ampla liberdade na apreciação das provas, com o objetivo de formar o seu convencimento jurídico a respeito dos fatos da causa. Note-se: a liberdade que a lei confere ao magistrado é concernente à *valoração* da prova, e não para formar a sua convicção com menosprezo à prova produzida nos autos, o que corresponde a afirmar: de maneira arbitrária. É evidente que se, em determinado caso, se tratar de *fato notório* (CPC, art. 374, I), o juiz não necessitará fundar o seu convencimento na prova, senão que invocar a notoriedade do fato e decidir com base nela. O mesmo se diga, *mutatis mutandis*, quanto às *máximas de experiências*, que dão conteúdo ao art. 375 do CPC: nesta hipótese, o juiz, inexistindo prova nos autos, estará autorizado a decidir com fundamento na sua observação acerca daquilo que ordinariamente acontece, ou seja, valendo-se da experiência comum. O que não lhe é dado é decidir segundo o seu conhecimento *particular* do fato; se o fizer, estará transgredindo o seu dever legal de imparcialidade; estará deixando de ser juiz para converter-se em testemunha de uma das partes. Tolera-se o uso da cognição particular do fato, pelo magistrado, quando muito, para efeito de orientá-lo na coleta da prova oral.

8. Duplo grau de jurisdição

O reexame dos pronunciamentos jurisdicionais é algo quase tão antigo quanto o direito dos povos; previram-no, dentre outras legislações priscas, a babilônica, a hebraica, a egípcia, a islâmica, a grega, a romana, a canônica.

Dos recursos se ocuparam, igualmente, as Ordenações reinóis portuguesas, os diversos códigos estaduais brasileiros e o CPC de 1939. No CPC de 1973 a matéria estava regulada nos arts. 496 a 565. No CPC de 2015, está nos arts. 994 a 1.044. Foi, contudo, por força de um decreto francês de 1.º de maio de 1790 que se firmou, no plano do moderno direito processual, o princípio do *duplo grau de jurisdição* (dispunha o aludido decreto: "Haverá dois graus de jurisdição, em matéria civil, salvo as exceções particulares").

No processo civil, o princípio em foco se manifesta, por excelência, mediante o recurso de apelação (CPC, art. 513); no do trabalho, pelo recurso ordinário (CLT, art. 895).

O princípio do duplo grau de jurisdição significa a possibilidade de as partes submeterem a matéria decidida por um juízo à reapreciação de outro, em regra, hierarquicamente superior. Enquanto a sentença proferida contra os interesses de particulares só se sujeitará ao duplo grau de jurisdição se estes desejarem (interpuserem recurso), a sentença proferida contra a União, os Estados, o Distrito Federal, os Municípios, as autarquias ou fundações de direito público federais, estaduais ou municipais que não explorem atividade econômica (Decreto-lei n. 779/1969; CPC, art. 496) ou a que julgar "improcedente", no todo ou em parte, os embargos à execução fiscal (CPC, *ibidem*) somente passará em julgado se for submetida, *ex officio*, ao duplo grau de jurisdição. Isso quer dizer que mesmo não havendo recurso, pela parte interessada, o juiz deverá remeter os autos ao tribunal, para efeito de reexame necessário; se não o fizer, o presidente do tribunal poderá avocar os autos. Na esteira do art. 496 do CPC, estatui a Súmula n. 423 do SFT: "Não transita em julgado a sentença por haver omitido o recurso *ex officio*, que se considera interposto *ex lege*". Em rigor, não há "recurso" (*sic*) de ofício, e sim *remessa* de ofício, para reexame necessário, pois seria desarrazoado imaginar que o juiz devesse recorrer da própria decisão, ou seja, que o criador estivesse legalmente compelido a voltar-se contra a criatura...

Colocamos entre aspas o vocábulo *improcedente*, que há pouco utilizamos, porque os pedidos devem ser *acolhidos* ou *rejeitados* (CPC, art. 490). Sob o rigor acribológico, os pedidos sempre "procedem", pois *vêm* da petição inicial.

Foi por força de um Decreto francês, de 1.º de maio de 1790, entretanto, que se firmou, no plano do direito processual moderno, o princípio do duplo grau de jurisdição.[3] A contar

(3) Dispunha o aludido decreto: "Haverá dois graus de jurisdição, em matéria civil, salvo as exceções particulares". Essa duplicidade foi desfeita pela Constituição de 1793, vindo, porém, a ser restabelecida pela de 1795.

daí, assegurou-se ao litigante vencido (total ou parcialmente) o direito de submeter a matéria decidida a uma nova apreciação jurisdicional, no mesmo processo, desde que atendidos determinados pressupostos específicos, previstos em lei. Essa duplicidade de graus jurisdicionais, contudo, foi desfeita pela Constituição de 1793, vindo a ser restabelecida pela de 1795.

O *duplo grau de jurisdição*, entretanto, não constitui garantia constitucional, como se chegou a imaginar. O equívoco dos que assim sustentaram decorreu de uma interpretação distorcida do inciso LV, do art. 5.º, da Constituição Federal. Dispõe essa norma, *verbis*: "aos litigantes, em processo judicial ou administrativo, e aos acusados em geral são assegurados o contraditório e a ampla defesa, com os meios e *recursos* a ela inerentes" (destacamos). O constituinte, porém, não pretendeu utilizar o vocábulo *recursos* no sentido técnico que possui na terminologia processual, ou seja, como significante de meio de impugnação dos pronunciamentos jurisdicionais, e sim com o senso de *medidas* necessárias a tornar possível a realização da *ampla defesa*, expressão a que esse vocábulo está gramaticalmente subordinado na frase. Deve ser dito ainda que a expressão "meios e recursos", com pequenas variações literais, vem sendo utilizada desde a Constituição de 1891 (art. 72, § 16), não representando, portanto, nenhuma novidade trazida pelo Texto de 1988. O único hiato que se verificou, a esse respeito, na cronologia de nossas Constituições, se deu na Carta de 1937.

O duplo grau de jurisdição continua a fazer parte, consequentemente, de nossa tradição infraconstitucional, pois não foi introduzido no elenco dos direitos e garantias constitucionais dos indivíduos e das coletividades. Em termos concretos, isso equivale a dizer que se o legislador ordinário, por algum motivo, restringir ou eliminar o direito de interposição de recurso de determinadas decisões judiciais não estará, com isso, produzindo ato contrário à Constituição da República. Corolário disso é a Lei n. 5.584/70, cujo art. 2.º, § 4.º, veda a interposição de recurso das sentenças proferidas nas causas de valor não excedente a duas vezes o do salário mínimo — exceto se envolver matéria constitucional, hipótese em que caberá recuso extraordinário direto ao STF (CF, art. 102, III, *caput)*. A observar-se que o art. 2.º, § 4.º, da Lei n. 5.584/1970 foi recepcionado pela Constituição Federal de 1988 (TST, Súmula n. 356).

É evidente que há argumentos favoráveis e desfavoráveis ao duplo grau de jurisdição. Relativamente aos primeiros, costuma-se dizer que os recursos são necessários para corrigir eventuais falhas do julgador originário; aos segundos, que retardam a formação da coisa julgada material e que, não raro, uma boa sentença pode ser substituída por um mau acórdão, pois julgar por último não significa julgar melhor (Ulpiano). Todos esses argumentos são, sem dúvida, ponderáveis. Pensamos, no entanto, que entre *suprimir* a possibilidade do uso de recursos (notadamente o ordinário) e *mantê-la*, a opção deve ser por esta última, conquanto devam ser limitados, por lei, os casos que autorizam a interposição de certos recursos, evitando, assim, a forma abusiva com que essa faculdade processual vem sendo utilizada nos dias atuais. As penalidades de natureza pecuniária, previstas em lei, não nos parecem suficientes para isso. A supressão, pura e simples, dos recursos, poderia fazer com que decisões injustas ou ilegais se submetessem ao fenômeno da coisa julgada material, sem que, muitas vezes, pudessem ser desconstituídas por meio de ação rescisória, por falta de previsão legal, como nos casos do art. 485 do CPC. Nesta hipótese, a coisa julgada, longe de constituir um fator de pacificação das relações jurídicas, poderia representar um perigoso elemento de latência ou de recalque de conflitos mal solucionados, com danosas consequências sociais. Essa é a razão pela qual entendemos que, embora deva ser preservado o princípio do duplo grau de jurisdição, há necessidade de serem reduzidos os casos que admitem o uso de recursos, notadamente, os de revista e de embargos para a SDI do TST. A justa medida dessa redução haverá de ser produto do bom senso do legislador — preferentemente, após consulta à comunidade jurídica.

Vale lembrar que a adoção, pelo direito processual brasileiro, do duplo grau de jurisdição foi antecedida de críticas, até certo ponto contundentes; chegou-se, mesmo, a colocar a questão nestes termos: a) ou os órgãos da jurisdição superior são, presumivelmente, mais capacitados que os inferiores, quanto à realização da justiça, e neste caso seria recomendável encaminhar diretamente a eles a ação que se pretendesse exercer, ou, ao contrário, b) não devem ser depositários dessa presunção de preeminência jurídica, diante do que haveria um grande risco de confiar-lhes o reexame da matéria, visto que poderiam substituir uma decisão correta por uma errada. Fora esta, precisamente, a preocupação manifestada, há séculos, por Ulpiano.

A par destas, outras objeções foram formuladas à duplicidade de graus jurisdicionais:

a) a confirmação da sentença, pelo órgão superior, implicaria supérflua atividade para o Judiciário, porquanto a manutenção do julgado traria em si uma declaração de ter sido perfeita a decisão do grau inferior;

b) ao contrário, eventual reforma da decisão secundária envolveria certo desprestígio do Estado, porque isto importaria o reconhecimento de um erro daquela decisão, que fora prolatada, em última análise, pelo mesmo Estado (Poder Judiciário);

c) os recursos retardam a formação da *res iudicata* e provocam um prolongamento do conflito de interesses em que se encontram enredadas as partes, além de infundir-lhes maior insegurança quanto ao êxito ou ao fracasso final das pretensões que deduziram em juízo;

d) a utilização dos recursos, pelo litigante de má-fé, em vez de servir ao direito, o escoria sensivelmente.

Não faltaram, entretanto, apologistas do duplo grau de jurisdição, podendo ser assim sintetizados os argumentos dessa corrente doutrinária:

a) a garantia dos recursos está jungida a uma necessidade humana, pois ninguém se conforma com um julgamento único e desfavorável;

b) o recurso atua como forma de purificação da sentença, escoimando-a de erros;

c) os recursos são apreciados por um órgão colegiado, composto de juízes dotados de maior experiência no ofício de julgar;

d) a possibilidade de recorrer faz com que o juízo inferior seja mais prudente, mais cioso no momento de proferir a decisão, sabendo que esta poderá ser submetida ao crivo do órgão superior, que tem competência para reformá-la, se for o caso.

Coloquemos um grão de sal na discussão do tema.

Respeitante à alegação (ou suposição) de possuírem os juízes dos graus superiores maior conhecimento jurídico das questões suscitadas na ação e apreciadas pela sentença, não se há, *venia permissa*, como reconhecer-lhe eficácia plena, visto que pressupõe serem, o saber e a cultura jurídicos, meros produtos do tempo, da prática reiterada, da vivência, enfim. Cumpre chamar a atenção, todavia, para o fato de, não raro, haver nos órgãos superiores magistrados investidos no cargo há muito *menos* tempo do que os de primeiro grau, como ocorre, por exemplo, quando é oriundo da classe dos advogados ou do Ministério Público. Suposição dessa natureza, ademais, conduziria à inevitável conclusão de constituírem, os juízes de primeiro grau, algo como uma espécie de "aprendices para resolver mal los assuntos", de modo a ser imprescindível a existência dos órgãos superiores, incumbidos de "corregir los errores de aquellos", na precisa observação de *Tomás Jofré* (*apud* Alcides de Mendonça Lima, obra cit., p. 134).

Quanto ao fato de a parte não se conformar com um julgamento único e desfavorável, a sua aceitação implicaria atribuir a uma simples reação psicológica do indivíduo uma relevância jurídica que ela, em verdade, não tem. Em rigor, toda pessoa vencida na ação pode ser tomada por esse estado de "insatisfação psicológica", mesmo sabendo, no foro da sua consciência, que a sentença foi correta e justa. A nosso ver, a própria previsão legal do *litigante de má-fé* (*improbus litigator*) deita por terra, de maneira implícita, qualquer importância que se pudesse reconhecer à insatisfação da parte diante de um provimento jurisdicional desfavorável aos seus interesses. Não há como conciliar a presença dessa espécie de litigante com a insatisfação subjetiva, que se tem procurado elevar à categoria de argumento destinado a justificar a necessidade do duplo grau de jurisdição.

Fosse de prevalecer essa alegação de desagrado psicológico, como justificar-se o fato de não se consentir que o litigante vencedor em primeiro grau e *vencido em segundo* interponha *recurso ordinário* do acórdão do Tribunal Regional para o TST, considerando-se ter sido esta a primeira decisão *desfavorável* aos seus interesses? Ou, acaso, se pretende que essa diáfana "insatisfação psicológica" justifique a interposição de recurso *ordinário* para o TST, mesmo fora das hipóteses em que a decisão do Tribunal Regional tenha sido proferida em matéria de sua competência originária?

O processo do trabalho há de receber com a necessária reserva, portanto, a afirmação do ilustre *João Monteiro*, quanto a estar "na própria natureza humana a gênesis da apelação...". (*Teoria do processo civil*. 6.ª ed. Rio: Edit. Borsoi, 1956. tomo II, p. 607).

De outro ponto, os recursos nem sempre acabam aperfeiçoando as decisões de primeiro grau; são conhecidos por todos os casos em que, ao contrário, um mau acórdão substitui uma boa sentença. Diante disso, como poderia sobreviver a afirmação de possuírem, ditos meios impugnativos, um caráter aprimorador das decisões inferiores?

Propalar-se, ainda, que o juiz, sabendo que a sua sentença poderá ser apreciada pelo órgão da jurisdição superior, via interposição de recurso, tratará de elaborá-la com maior atenção e zelo é insinuar, *data venia*, que os magistrados de primeiro grau são pessoas irresponsáveis e que requerem, por esse motivo, uma vigilância por parte dos órgãos da jurisdição superior, a quem se atribuiu, com vistas a isso, o encargo de corrigir-lhes os desacertos na entrega da prestação jurisdicional. Acreditamos não residir neste fato a circunstância de terem os juízes de primeiro grau aquela *liberdade vigiada*, de que tanto fala a doutrina (Sérgio Bermudes, obra cit., p. 11).

É absolutamente imperativo advertir, como o fez *Chiovenda*, que: "No Estado moderno não é possível a pluralidade das instâncias fundar-se na subordinação do juiz inferior ao superior, *por não dependerem os juízes, quanto à aplicação da lei, senão da lei mesma*" (Chiovenda, obra cit., p. 98). (Destacamos)

Temos para conosco que o duplo grau de jurisdição encontra a sua justificativa no truísmo da falibilidade ou da idiossincrasia humana. *Falibilidade*, porque os magistrados, como seres naturais e terrenos, são suscetíveis de cometerem erros, mesmo involuntários. Como diria o saudoso Ministro Orozimbo Nonato, do STF, os magistrados não são bafejados pelo dom divino da inerrância, nem são detentores da pedra lígia da verdade. *Idiossincrasia*, porque as manifestações da inteligência e do espírito humano sobre determinado assunto não são uniformes, variando conforme seja a inflexão em seus espíritos de fatores políticos, éticos, socias, religiosos, filosóficos, psicológicos etc.

Ao dispor, entretanto, que "aos litigantes, em processo judicial ou administrativo, e aos acusados em geral são assegurados o contraditório e ampla defesa, com os meios e recursos a ela inerentes" (sublinhamos), não teria o art. 5.º, LV, da Constituição Federal vigente, assegurado, em todos os casos, o duplo grau de jurisdição, e, com isso, revogado o § 4.º do art. 2.º da Lei n. 5.584/70, que declara serem irrecorríveis as sentenças emitidas nas causas cujo valor não exceda ao de duas vezes o do salário mínimo?

Apesar de — pelos motivos anteriormente expostos — entendermos que o duplo grau de jurisdição representa um instrumento a serviço do aprimoramento das decisões judiciais e de efetiva realização da justiça, somos levados a responder de maneira negativa à indagação formulada. Com efeito, cabe-nos advertir, desde logo, que a Constituição não é um código de processo; sendo assim, fica evidente que o constituinte não utilizou o vocábulo *recursos* no sentido técnico, ou seja, como significante de instrumento de impugnação dos pronunciamentos jurisdicionais. Recurso, aí, significa, genericamente, o conjunto de medidas necessárias à efetiva garantia da ampla defesa, da qual o contraditório constitui espécie. Veja-se, *e.g.*, que a mesma Constituição alude, no art. 5.º, LXXIV, à assistência jurídica integral a ser prestada pelo Estado "aos que comprovarem insuficiência de *recursos*" (sublinhamos). O dispositivo mencionado não está, à evidência, a falar de impugnação aos provimentos jurisdicionais e, sim, de falta de condições financeiras do indivíduo para demandar em juízo.

Além disso, o uso do vocábulo *recurso* ou da expressão *meios e recursos* traduz uma tradição constitucional que, de tão antiga, chega mesmo a confundir-se, em nosso meio, com a própria aurora da vida republicana! Assim dizemos porque já estatuía a Constituição Federal de 1891, *verbis*: "Aos acusados se assegurará na lei a mais ampla defesa, com todos os recursos e meios essenciais a ela" (art. 72, § 16). Nas Constituições ulteriores, a matéria veio assim disciplinada: a) de 1934: "A lei assegurará aos acusados ampla defesa, com os meios e recursos essenciais a esta" (art. 113, § 24); b) de 1937: omissa a respeito do assunto — por motivos politicamente compreensíveis, na medida em que foi imposta (outorgada) ao país; c) de 1946: "É assegurado aos acusados ampla defesa, com todos os meios e recursos essenciais a ela" (art. 141, § 25); d) de 1967: "A lei assegurará aos acusados ampla defesa, com os recursos a ela inerentes" (art. 150, § 15); e) Emenda Constitucional n. 1/1969: "A lei assegurará aos acusados ampla defesa, com os recursos a ela inerentes" (art. 153, § 15).

Como se nota, pois, a alusão aos meios e recursos inerentes à ampla defesa não corresponde a uma inovação trazida pelo texto constitucional em vigor, mas, em verdade, à manutenção, por parte desta, de uma tradição iniciada, como dissemos, nos primeiros tempos da vida republicana brasileira. Eis o motivo por que nunca se arguiu, com sucesso, o contraste da Lei n. 5.584/1970 com a Constituição de 1967, que estava a viger à época em que foi editada aquela norma legal ordinária. Esse é, também, o motivo pelo qual não se pode considerar revogada referida lei pela Constituição de 1988 (art. 5.º, LV).

As redarguições que efetuamos aos argumentos empenhados na defesa do duplo grau de jurisdição não significam, como se possa conjecturar, que estejamos, com essa atitude, a colocar-nos ao lado dos que preconizam a total supressão dos recursos; nossas objeções foram formuladas apenas para demonstrar que aquelas razões, nimiamente civilistas, quando trasladadas para o campo peculiar do processo do trabalho, perdem, em boa parte, a importância que possam ter.

Somos dos que entendem que os recursos constituem, sem dúvida, um instituto salutar, na razão em que contribuem, em muitos casos, para a perfectibilidade das decisões judiciais e, de certa forma, para a definição de algumas questões controvertidas; discordamos, entretanto, da ampla possibilidade que as leis processuais trabalhistas concedem ao litigante vencido para provocar o reexame da matéria pelo grau superior — mesmo estando consciente da exação da sentença impugnada. Por outro lado, os fatos do cotidiano estão a demonstrar que a exigência do depósito pecuniário, de que trata o art. 899, § 1.º, da CLT, não tem contribuído para a redução do número de recursos interpostos, até porque essa exigência não afeta as partes econômica e financeiramente abastadas. A lembrar-se que o art. 899 da CLT: a) reduz pela metade o valor do depósito, no caso das entidades sem fins lucrativos, dos empregadores domésticos, dos microempreendedores individuais, das microempresas e das empresas de pequeno porte (§ 9.º), assim como: b) isenta desse depósito os beneficiários da justiça gratuita, as entidades filantrópicas e as empresas em recuperação judicial (§ 10). Também permite que o depósito pecuniário seja substituído por fiança bancária ou seguro garantia judicial (§ 11), a contar de 11 de novembro de 2017, quando entrou em vigor a Lei n. 13.467/2017 (TST, Súmula n. 426, II).

Em resumo: entendemos ser necessária a manutenção da possibilidade de a parte interpor recurso ordinário (conquanto possam ser estabelecidas por lei ordinária algumas restrições quanto a isto), embora reconheçamos não ser menos necessário impor-se acentuada restrição à interponibilidade de recursos de natureza extraordinária (como é o caso do de revista) ao TST. O recurso ordinário está intimamente ligado ao duplo grau de jurisdição. É aquele que dá concreção a este, que o retira da abstração constitucional para aplicá-lo na vida prática.

9. Eventualidade

O princípio em foco está consubstanciado no art. 336 do CPC, conforme o qual cumpre ao réu alegar, na contestação, *toda a matéria de defesa* (além de expor as razões de fato e de direito com que impugna o pedido do autor e as provas que pretende produzir).

Esse princípio expressa, pois, o dever de o réu, na contestação, apresentar todos os argumentos necessários à sua defesa, ainda que lhe parecesse ser suficiente para isso um só argumento. Desta forma, ao réu incumbirá expender as suas razões de defesa em ordem sucessiva, a fim de que o juiz, rejeitando a primeira, passe a apreciar a seguinte, e assim por diante. É como se o réu dissesse: "Apresento a Vossa Excelência o meu argumento principal; todavia, na *eventualidade* de não ser acolhido, apresento-lhe este outro".

A consequência prática de o réu não atender a essa determinação legal se manifestará sob a forma de preclusão, não lhe sendo lícito, portanto, apresentar mais tarde (na fase de recurso, digamos) um argumento que deixou de expender na oportunidade da contestação. Naturalmente, existem algumas exceções a essa regra. Basta referir o inciso III do art. 342 do CPC, segundo o qual após a contestação podem ser deduzidas novas alegações (em caráter excepcional) quando, por expressa autorização legal, puderem ser formuladas em qualquer grau de jurisdição (CC, art. 193). Em razão disso, tem-se permitido ao réu arguir a prescrição extintiva, pela primeira vez, nas razões finais (CLT, art. 850, *caput;* CPC, art. 366), ou até mesmo em grau de recurso ordinário (CLT, art. 895). Discute-se, todavia, na doutrina e na jurisprudência se o réu pode alegar prescrição em contrarrazões. Pensamos que não. Ora, se as contrarrazões se destinam a refutar as razões do recorrente (e, em virtude disso, a defender a sentença impugnada), torna-se ilógico, sob essa inomitível perspectiva teleológica, afirmar-se que as contrarrazões pudessem ser utilizadas pelo réu não para rechaçar os argumentos do recorrente, nem para defender a sentença, mas para modificá-la substancialmente: esse escopo do réu só pode ser atendido em sede de recurso adesivo (CPC, art. 997; TST, Súmula n. 196).

A propósito da regra contida no art. 193 do Código Civil, um outro comentário se impõe. Quando essa norma legal declara que a prescrição pode ser alegada em qualquer grau de jurisdição, isso não significa que essa alegação possa ser feita, inclusive, depois de constituída a *coisa julgada material.* Destarte, no caso de execução de título *judicial*, não poderá o devedor arguir, na oportunidade dos embargos que oferecer, a prescrição que poderia (e deveria) ter alegado, "em qualquer tempo", no processo de conhecimento. Ao devedor somente será lícito arguir, nos embargos à execução, a prescrição *intercorrente.* É dela que tratam os arts. 11-A, *caput,* e 884, § 1.º, da CLT.

A prescrição intercorrente se inicia quando o exequente deixa de praticar determinado ato processual, para o qual havia sido intimado (CLT, art. 11-A, § 1.º), podendo ser pronunciada *ex officio* pelo juiz (*ibidem*, § 2.º). Em decorrência do art. 11-A da CLT, a Súmula n. 114 do TST passou a admitir a prescrição intercorrente.

Por outro lado, a jurisprudência do TST entende que a interrupção somente pode ocorrer com o ajuizamento da ação trabalhista, e produzirá efeitos apenas no tocante aos pedidos idênticos. Ainda que a ação seja exercida em juízo incompetente ou nos casos de extinção do processo sem resolução do mérito, haverá a interrupção da prescrição (TST, Súmula n. 268). O *protesto*, como instrumento interruptivo da prescrição, somente pode ser utilizado até 10 de novembro de 2017, nos termos da OJ n. 392, da SBDI-1, do TST.

Pensamos que teria sido melhor denominar *o princípio da eventualidade* de *princípio da exaustão da defesa*, pois, desse modo, ficaria mais claro o seu conteúdo. Assim dizemos porque, na verdade, o réu deve esgotar, em um só momento, todas as alegações ou argumentos de que se possa valer para promover a sua defesa, evitando, desse modo, que as razões de fato ou de direito com que se opõe às pretensões do adversário venham a ser apresentadas fragmentadamente, conforme a fase do procedimento ou o grau de jurisdição em que se encontre a causa.

Esclareçamos, contudo, que esse princípio tem a sua incidência circunscrita à contestação, que é uma das espécies de resposta do réu (CPC, art. 335). Basta ver se ele vem regulado pelo art. 335 do CPC, que se ocupa, especificamente, da contestação. O esclarecimento é importante porque se poderia pensar que essa eventualidade devesse ser observada, também, quanto às exceções (de incompetência relativa, de impedimento e de suspeição), de tal maneira que, quando fosse o caso, caberia ao réu arguir, digamos, a incompetência relativa (a absoluta deve ser objeto de preliminar, na contestação) e, ato contínuo (na mesma peça, talvez), contestar o mérito, na "eventualidade" de a exceção vir a ser rejeitada. Nada mais inexato. Exceção é exceção e contestação é contestação; por isso, o réu que venha a oferecer eventual exceção não está obrigado a contestar o mérito sem que aquela tenha sido apreciada. Seria, mesmo, um seu contrassenso apresentar contestação perante um juízo que alega ser incompetente. Logo, não faz sentido cogitar-se da aplicação do princípio da eventualidade na espécie, vez que exceção e contestação constituem modalidades distintas de resposta, sendo certo que o princípio mencionado está restrito à segunda.

O art. 342 do CPC, todavia, enumera algumas situações que justificam a desobediência ao princípio em estudo; permite essa norma legal, p. ex., que o réu, mesmo depois de haver contestado a ação, deduza novas alegações quando: a) relativas a direito ou a fato superveniente; b) competir ao juiz conhecê-las de ofício; c) por expressa disposição de lei, puderem ser formuladas em qualquer tempo e grau de jurisdição (I a III). Encaixa-se nas duas primeiras hipóteses a incompetência absoluta, porquanto, segundo o art. 64, § 1.º, do mesmo álbum processual, ela deve ser declarada de ofício (letra b, supra) e pode ser alegada em qualquer tempo e grau de jurisdição (letra c, supra) — desde que, evidentemente, a sentença ou o acórdão não tenha passado em julgado; se já consumado o fenômeno da *res iudicata*, a solução se transfere para o campo da ação rescisória (CPC, art. 966, II).

10. Impugnação especificada dos fatos

O art. 341 do CPC impõe que o réu, na contestação, se manifeste precisamente sobre os fatos narrados na petição inicial. A consequência desse descumprimento da norma legal será a presunção de veracidade dos fatos alegados naquela peça inaugural.

Essa regra não será aplicada se: a) não for admissível, a respeito desses fatos, a confissão, como quando disserem respeito a direitos indisponíveis (CPC, arts. 345, II, e 392); b) a petição inicial estiver desacompanhada do instrumento público que a lei considerar da substância do ato (CPC, art. 406); c) estiverem em contradição com a defesa, tomada em seu conjunto — nos termos do art. 341, incisos I a III, respectivamente, do CPC.

De igual maneira, a regra da impugnação especificada dos fatos não será aplicável defensor público, ao advogado dativo e ao curador especial (CPC, art. 341, parágrafo único).

Em rigor, essa impugnação especificada traduz um ônus, não um princípio processual. Em todo o caso, não nos parece despropositado afirmar que ela possa ser considerada tanto como princípio como ônus, segundo seja o ponto de vista que se adote. Com efeito, se pusermos à frente a pessoa do réu, essa impugnação se revelará sob a forma de ônus (encargo); se, contudo, utilizarmos como pano de fundo o processo, nada obstará que a vejamos como *princípio.*

A exigência legal de que o réu se pronuncie *precisamente* acerca dos fatos narrados na petição inicial se destinou a anatematizar a praxe, largamente difundida na vigência do Código de 1939, consistente nas denominadas "contestações genéricas", ou "contestações por negativa geral", cuja imprecisão acarretava graves transtornos não apenas para a instrução, mas para a própria entrega da prestação jurisdicional. Ocorre que essa fórmula genérica não permitia ao juiz saber quais as razões pelas quais cada fato estaria sendo contestado: tudo cabia naquela fórmula, mercê de sua plasticidade. De qualquer modo, o art. 180 do CPC de 1939, com sua redação algo vaga, era a causa dessa praxe — que, como afirmamos, acabou sendo banida pelo Código de 1973 (art. 302). A propósito, o parágrafo único do art. 341 do CPC de 2015, ao declarar que o ônus da impugnação especificada dos fatos não se aplica ao defensor público, ao advogado dativo e ao curador especial (CPC, art. 72), está, na verdade, a dizer que estes, por exceção, podem apresentar *contestação genérica*, o que não deixa de traduzir um regresso tópico e ocasional ao sistema do Código anterior.

Fora disso, atualmente, por força da regra inscrita no *caput* do art. 341 do CPC, cabe ao réu impugnar, um a um, os fatos alegados pelo autor, na inicial. É óbvio que essa impugnação deve ter como objeto, apenas, os fatos *relevantes* e *pertinentes*; com isso, queremos dizer que a ausência de contestação aos fatos *despiciendos* (assim considerados aqueles dos quais o autor não extraiu nenhum pedido) ou *impertinentes* (os que, embora possam ser relevantes, não dizem respeito à causa) não trará nenhuma consequência prejudicial ao réu.

Seria mesmo de sugerir-se que as contestações fossem mais objetivas, pois as contestações prolixas, muitas vezes, têm o inconveniente de fazer com que o réu se concentre, longamente, em alguns dos fatos narrados pelo autor, esquecendo-se, em decorrência disso, de impugnar outros fatos, cuja consequência será a presunção de veracidade destes últimos. Contestação objetiva ou incisiva, contudo, não significa contestação precária, omissa, e sim contestação que se dirija, com habilidade, eficiência e concisão, a todos os fatos alegados pelo autor, de maneira a evitar que o réu se torne vulnerável à incidência da regra contida no art. 341 do CPC.

De qualquer forma, é necessário observar ser meramente *relativa* a presunção emanante da ausência de atendimento à referida norma legal, motivo por que essa presunção pode ser elidida por outros meios de prova, como, por exemplo, pela confissão real do autor.

Não menos relevante é advertir-se que a norma do art. 341 do CPC deverá ser aplicada com cautela no processo do trabalho, em virtude da capacidade postulatória que o art. 791, *caput*, atribui às partes. Convém lembrar que no processo civil a presença do advogado, por princípio, é obrigatória (CPC, art. 103), motivo pelo qual se justifica a regra do art. 341 do CPC. No processo do trabalho, contudo, essa presença não é exigida (embora não seja proibida), razão por que a aplicação sistemática da aludida norma do CPC poderia ser injusta à parte que estivesse postulando em juízo pessoalmente, vale dizer, sem representação do advogado. Nem devemos ignorar o fato de as iniciais trabalhistas, via de regra, contenderem uma quantidade expressiva de fatos e de pedidos, cuja particularidade dificulta, ainda mais, a elaboração da defesa pelo réu que não possua advogado constituído nos autos.

11. Informalidade dos atos

O art. 188 do CPC estabelece que os atos e termos processuais não dependem de forma determinada, exceto quando a lei expressamente a exigir, reputando-se válidos os que, praticados de outro modo, lhe preencham a finalidade essencial. Por outro lado, estabelece o art. 277 do mesmo Código: "Quando a lei prescrever determinada forma, o juiz considerará válido o ato se, realizado de outro modo, lhe alcançar a finalidade".

O princípio legal, portanto, é de que os atos processuais não estão sujeitos à forma preestabelecida. Para que o elemento formal seja condicionante da validade do ato, é indispensável que a lei, por exceção, a exija de maneira expressa. Mesmo assim, se a norma legal impuser determinada forma para o ato, sem cominar de nula eventual inobservância, o ato terá validade. Nesta hipótese, incide o princípio doutrinal da *instrumentalidade* do processo, que não vê o processo como um fim em si mesmo, senão que como mero instrumento de atuação jurisdicional. Com efeito, a moderna concepção do processo como instrumento de realização da justiça rechaça o formalismo excessivo, cuja consequência, não raro, é a frustração dos objetivos do processo, de sua função social. Conforme havíamos observado em linhas anteriores, já se disse, com propriedade, que embora a forma seja algo necessário para a validade dos atos processuais — e para a própria segurança jurídica das partes —, o formalismo extremado constitui uma deturpação, uma anomalia a ser combatida.

A Lei n. 9.099, de 26.9.95, instituidora dos Juizados Especiais Cíveis e Criminais, em seu art. 2.º, declara que o processo se orientará, dentre outros critérios (princípios), pelo da *informalidade*. Complementando essa declaração, o art. 13 dispõe que os atos processuais serão válidos "sempre que preencherem as finalidades para as quais forem realizados, atendidos os critérios indicados no art. 2.º desta lei".

Exemplo característico de situação em que a lei comina de nulo o ato realizado de forma diversa da prevista é o do art. 280 do CPC: "As citações e as intimações *serão nulas* quando feitas sem observância das prescrições legais" (destacamos). Todavia, a nulidade não deverá ser decretada quando requerida pela parte que lhe deu causa (CPC, art. 276). Cuida-se, nesta hipótese, de um princípio ético. No processo do trabalho, embora a resposta *escrita* do réu contrarie a letra do art. 847 da CLT, não pode ser causa de nulidade processual, seja porque o mencionado dispositivo legal não contém essa cominação, seja porque essa alteração quanto à forma, em regra, não acarreta prejuízo à parte contrária (CLT, art. 794).

A propósito das nulidades processuais, é oportuno recordar que estas podem dizer respeito: a) à forma, ou b) *ao fundo*. As nulidades da *forma*, por sua vez, subdividem-se em: a.a.) *relativas*, que somente podem ser alegadas pelas partes, estando, por isso, sujeitas à preclusão; a.b.) *absolutas*, que podem ser decretadas *ex officio* ou a requerimento da parte, em qualquer tempo ou grau de jurisdição (como a incompetência absoluta: CPC, art. 64, § 1.º), motivo por que não geram preclusão. As nulidades de *fundo* se referem aos pressupostos processuais e às condições da ação. São absolutas e, por isso, podem ser decretadas em qualquer tempo e grau de jurisdição ordinária.

12. Sucumbência

Em princípio, não se cogitava, nos sítios do processo do trabalho, da sucumbência com um dos princípios deste processo. Aqui, os honorários de advogado somente eram devidos no caso do art. 14 da Lei n. 5.584/1970, a teor das Súmulas ns. 219 e 329 do TST.

Tempos depois, entrementes, por força da Emenda Constitucional n. 45/2004, a Justiça do Trabalho teve ampliada a sua competência, para abranger litígios derivantes da "relação de trabalho" (art. 114, inciso I), ou seja, de certas relações materiais regidas pelo direito comum. Em decorrência disso, a Instrução Normativa n. 27/2005 do TST passou a admitir a sucumbência nessas causas, por forma a autorizar os juízes a imporem o pagamento de honorários de advogado ao vencido (art. 5.º).

Mais tarde, a Lei n. 13.467/2017 introduziu na CLT o art. 791-A, contendo esta redação: "Art. 791-A. Ao advogado, ainda que atue em causa própria, serão devidos honorários de sucumbência, fixados entre o mínimo de 5% (cinco por cento) e o máximo de 15% (quinze por cento) sobre o valor que resultar da liquidação da sentença, do proveito econômico obtido ou, não sendo possível mensurá-lo, sobre o valor atualizado da causa".

A contar desse momento, o processo do trabalho passou a adotar o princípio civilista da *sucumbência*, em tema de honorários advocatícios. Esse princípio, todavia, somente pode ser aplicado aos processos iniciados após 11 de novembro de 2017, data em que entrou a viger a Lei n. 13.467/2017 (TST, Súmula n. 219, VII).

Na lição, sempre atual, de Giuseppe Chiovenda, o princípio da sucumbência decorre do fato objetivo da derrota na causa e se justifica porque "a atuação da lei não deve representar uma diminuição patrimonial para a parte a cujo favor se efetivou; por ser do interesse do Estado que o emprego do processo não se resolva em prejuízo de quem tem razão, e por ser, de outro turno, interesse do comércio jurídico que os direitos tenham um valor tanto quanto possível e constante" (*Instituições*. vol. I, p. 285/286).

É bem verdade que se pode colocar em dúvida a pertinência dessas palavras do eminente jurista italiano com os casos em que a parte postula em causa própria, uma vez que, nesta hipótese, ela não estaria contraindo despesas com a contratação dos serviços profissionais de advogado. Em todo o caso, o art. 791-A, *caput*, cuidou de declarar: "Ao advogado, ainda que atue em causa própria, serão devidos honorários de sucumbência".

Os honorários são igualmente devidos nas ações promovidas em face da Fazenda Pública e naquelas em que a parte estiver assistida ou substituída pelo sindicato (*ibidem*, § 1.º).

Com vistas à condenação do vencido ao pagamento de honorários advocatícios, o juiz deverá observar os seguintes critérios: "I – o grau de zelo do profissional; II – o lugar de prestação do serviço; III – a natureza e a importância da causa; IV – o trabalho realizado pelo advogado e o tempo exigido para o seu serviço" (*ibidem*, § 2.º).

A respeito do tema de honorários de advogado e de outras despesas processuais, devem ser destacadas, dentre várias, as seguintes Súmulas do STF:

> **234:** "São devidos honorários de advogado em ação de acidente do trabalho julgada procedente";
>
> **236:** "Em ação de acidente do trabalho, a autarquia seguradora não tem isenção de custas";
>
> **389:** "Salvo limite legal, a fixação de honorários de advogado, em complemento da condenação, depende das circunstâncias da causa, não dando lugar a recurso extraordinário";
>
> **512:** "Não cabe condenação em honorários de advogado na ação de mandado de segurança";
>
> **616:** "É permitida a cumulação da multa contratual com os honorários de advogado, após o advento do Código de Processo Civil vigente".

É prudente salientar, todavia, que o princípio da sucumbência não está restrito a esses honorários, compreendendo, isto sim, todas as *despesas processuais*, em cujo conceito se incluem, ainda, custas, indenização de viagem, diária de testemunha, remuneração do assistente técnico etc., nos termos do art. 84 do CPC. As despesas enfeixam, portanto, todos os gastos que se fizeram indispensáveis para que o processo pudesse cumprir a sua função social.

O pedido de honorários de advogado integra a classe especial dos *implícitos*, como evidencia os arts. 84 do CPC e 791-A, *caput*, da CLT. No mesmo sentido a orientação jurisprudencial do SFT, conforme demonstra a sua Súmula n. 256: "É dispensável pedido expresso para condenação do réu em honorários, com fundamento nos arts. 63 ou 64 do Código de Processo Civil". Conquanto os dispositivos legais aí indicados se refiram ao CPC de 1939, a Súmula citada continua a ser aplicável na vigência do Código de 2015, em virtude da redação imperativa do art. 84, *caput*.

Se cada litigante for em parte vencedor e vencido, serão recíproca e proporcionalmente distribuídos e compensados entre eles as despesas (CPC, art. 86, *caput*): verifica-se, aqui, a denominada "sucumbência recíproca", também prevista no art. 791-A, § 3.º, da CLT. Contudo, se um dos litigantes decair de parte mínima do pedido, o outro responderá, inteiramente, pelas despesas e honorários (CPC, art. 86, parágrafo único): é a "sucumbência mínima".

Nem tudo, porém, são flores.

As razões de nossa asserção podem ser encontradas no artigo abaixo, de nossa autoria, publicado na *Revista LTr*, edição de novembro de 2019:

"SUCUMBÊNCIA E HONORÁRIOS ADVOCATÍCIOS:

POR UMA ADEQUADA INTERPRETAÇÃO

DO ART. 791-A, DA CLT

I – Considerações introdutórias

1. Há alguns anos, afirmei no preâmbulo de um dos meus livros que havia em nosso País uma perversa tradição, consistente na elaboração de normas legais trabalhistas destinadas não a pacificar situações tumultuadas, mas, ao contrário, a tumultuar situações pacificadas.

A Lei n. 13.467, de 13-07-2017, que introduziu diversas alterações nos direitos material e processual do trabalho — configurando a denominada *Reforma Trabalhista* —, está a evidenciar que aquela minha afirmação não perdeu a atualidade.

Efetivamente, a precitada norma legal instaurou intenso desassossego no espírito dos jurisdicionados em geral, e no dos trabalhadores, em particular.

Dentre as modificações impostas ao processo do trabalho por essa Lei, uma, em especial, acarretou profundo impacto na realidade. Refiro-me ao art. 791-A, da CLT, introdutor do princípio da sucumbência em tema de honorários advocatícios.

Para que possam ser bem compreendidas as razões da opinião que manifestarei, mais adiante, em relação ao assunto, torna-se conveniente empreender um voo, ainda que de pássaro miúdo, em direção ao passado.

2. Quando a CLT foi elaborada, estava a viger o CPC de 1939, o primeiro estatuto processual civil unitário, ou seja, federal, que o nosso País conheceu.(4) Esse Código estampava, no *caput* do art. 64, o princípio da sucumbência, assim enunciado: "*a sentença final* (sic) *na causa condenará a parte vencida ao pagamento dos honorários do advogado da parte vencedora (...)*".

3. Ao legislador trabalhista do período teria sido muito cômodo transportar para o texto da CLT o mesmo princípio, pastichando, inclusive, o precitado CPC.

Houve, entretanto, por parte do legislador de 1943 um silêncio acerca do tema. Neste momento, torna-se oportuno e necessário esclarecer que o silêncio dos legisladores pode decorrer de duas atitudes: a primeira é produto de inadvertência:

(4) Anteriormente ao CPC de 1939, vigoraram os Códigos de Processo Civil do *Pará* (1905), do *Rio Grande do Sul* (1906), do *Maranhão* (1911), da *Bahia* (1915), do *Rio de Janeiro* (1919), de *Goiás* (1919), do *Piauí* (1920), de *Sergipe* (1920), do *Paraná* (1920), do *Ceará* (1921), do *Rio Grande do Norte* (1922), de *Minas Gerais* (1922), de *Pernambuco* (1924), de *Santa Catarina* (1928), da *Paraíba*, (1930), do *Espírito Santo* (1930) e de *São Paulo* (1930). A Constituição Federal de 1934 restabeleceu a unidade processual, que havia sido abandonada pela Carta de 1891, ao dispor ser da privativa da União a competência para legislar, entre outras matérias, sobre *direito processual* (art. 5.º, inciso XIX, alínea *"a"*).

o legislador *deveria* ter-se pronunciado a respeito de um assunto, mas não o fez: o caso, aqui, é de *omissão*; a segunda, entretanto, é consequência de uma *intenção implícita*: nada disse sobre o assunto, porque *não desejou dizer*: aqui, a intenção é sinônimo de rejeição, de veto subentendido. Esta última atitude foi adotada pelo legislador trabalhista de 1943, no tocante ao princípio da sucumbência em matéria de honorários de advogado, disciplinada pelo art. 64 do estatuto processual civil de 1939.

4. A jurisprudência trabalhista, tanto dos primeiros momentos quanto a que se alastrou pelos anos subsequentes, sempre rechaçou a possibilidade de haver condenação ao pagamento de honorários advocatícios por entendê-los incompatíveis com o processo do trabalho.

5. A primeira vez que se veio a admitir esses honorários, nos sítios do processo do trabalho legislado, foi por obra da Lei n. 5.584, de 26-6-1970. Essa norma legal, dentre outras disposições, atribuiu aos sindicatos representativos das categorias profissionais o encargo de ministrar assistência judiciária gratuita aos trabalhadores que recebessem salário mensal igual ou inferior ao dobro do mínimo legal (art. 14, § 1.º). Como contrapartida pelas despesas financeiras decorrentes dessa imposição, o mencionado preceptivo legal estabeleceu: *"Os honorários do advogado, pagos pelo vencido, reverterão em favor do Sindicato assistente"* (art. 16).

6. Em que pese ao fato de a sobredita norma legal aludir a *honorários do advogado*, a praxe trabalhista, com sua peculiar criatividade, cuidou, em muitos momentos, de substituir essa expressão por *honorários assistenciais*, à consideração de que o titular do direito à mencionada verba não era, em rigor, o advogado, e sim, a entidade sindical que estava a ministrar assistência judiciária gratuita ao trabalhador. Idiossincrasias terminológicas à parte, o fato concreto é que a Lei n. 5.584/70 abriu uma — justificável, por certo — exceção à regra da inaplicabilidade do princípio da sucumbência no sistema do processo do trabalho.

7. Tempos depois, o TST, em consonância com a legislação vigente no período, adotou, pela Resolução n. 14/1985, a Súmula n. 219, de sua jurisprudência uniforme, com este teor:

"Na Justiça do Trabalho, a condenação ao pagamento de honorários advocatícios, nunca superiores a 15% (quinze por cento), não decorre pura e simplesmente da sucumbência, devendo a parte estar assistida por sindicato da categoria profissional e comprovar a percepção de salário inferior ao dobro do salário mínimo ou encontrar-se em situação econômica que não lhe permita demandar sem prejuízo do próprio sustento ou da respectiva família".

Ao longo dos anos, a citada Súmula sofreu alterações, estando assim enunciada nos dias atuais, *ex vi* da Resolução n. 204/2016:

HONORÁRIOS ADVOCATÍCIOS. CABIMENTO (alterada a redação do item I e acrescidos os itens IV a VI em decorrência do CPC de 2015) – Res. n. 204/2016, DEJT divulgado em 17, 18 e 21-03-2016

I – Na Justiça do Trabalho, a condenação ao pagamento de honorários advocatícios não decorre pura e simplesmente da sucumbência, devendo a parte, concomitantemente: a) estar assistida por sindicato da categoria profissional; b) comprovar a percepção de salário inferior ao dobro do salário mínimo ou encontrar-se em situação econômica que não lhe permita demandar sem prejuízo do próprio sustento ou da respectiva família. (art. 14, § 1.º, da Lei n. 5.584/1970). (ex-OJ n. 305 da SBDI-I).

II – É cabível a condenação ao pagamento de honorários advocatícios em ação rescisória no processo trabalhista.

III – São devidos os honorários advocatícios nas causas em que o ente sindical figure como substituto processual e nas lides que não derivem da relação de emprego.

IV – Na ação rescisória e nas lides que não derivem de relação de emprego, a responsabilidade pelo pagamento dos honorários advocatícios da sucumbência submete-se à disciplina do Código de Processo Civil (arts. 85, 86, 87 e 90).

V – Em caso de assistência judiciária sindical ou de substituição processual sindical, excetuados os processos em que a Fazenda Pública for parte, os honorários advocatícios são devidos entre o mínimo de dez e o máximo de vinte por cento sobre o valor da condenação, do proveito econômico obtido ou, não sendo possível mensurá-lo, sobre o valor atualizado da causa (CPC de 2015, art. 85, § 2.º).

VI – Nas causas em que a Fazenda Pública for parte, aplicar-se-ão os percentuais específicos de honorários advocatícios contemplados no Código de Processo Civil.

8. Verifica-se, pelo conteúdo da Súmula, que a jurisprudência do TST ampliou as exceções à regra da inaplicabilidade do princípio civilista da sucumbência no sistema do processo do trabalho. O mais importante a ser ressaltado, todavia, é que a Súmula *preservou a regra*; não a anatematizou.

9. A Emenda Constitucional n. 45/2004 ampliou a competência da Justiça do Trabalho ao trazer para o âmbito cognitivo-resolutivo desta os conflitos de interesses derivantes da *relação de trabalho, lato sensu*, significa dizer, das relações jurídicas materiais regidas, via de regra, pelo Direito Civil. Em razão disso, o TST, cedendo à argumentação contida nas manifestações doutrinárias da época, editou a Instrução Normativa n. 27/2005, para dispor que, exceto nas lides oriundas da *relação de emprego*, seriam devidos honorários de advogado à parte vencedora "pela mera sucumbência" da vencida (art. 5.º). Dizendo-se por outra forma: a aludida Instrução Normativa admitiu a condenação ao pagamento desses honorários, unicamente, no caso dos conflitos de interesses provenientes das relações *de trabalho*. Com isso, criou — mesmo sem pretender — uma censurável discriminação entre a natureza das lides submetidas à cognição da Justiça do Trabalho, sob a perspectiva dos honorários advocatícios.

10. Sobrevém, então, a Lei n. 13.467, de 13-07-2017, que insere na CLT o art. 791-A, com a redação que agora reproduzimos, em parte:

"Art. 791-A. Ao advogado, ainda que atue em causa própria, serão devidos honorários de sucumbência, fixados entre o mínimo de 5% (cinco por cento) e o máximo de 15% (quinze por cento) sobre o valor que resultar da liquidação da sentença, do proveito econômico obtido ou, não sendo possível mensurá-lo, sobre o valor atualizado da causa.

(...)

§ 3.º Na hipótese de procedência parcial, o juízo arbitrará honorários de sucumbência recíproca, vedada a compensação entre os honorários."

Estava quebrada, desse modo, a antiga regra da aplicabilidade restrita do princípio da sucumbência no processo do trabalho. Estava deitado por terra o argumento de que inexistia norma legal prevendo a condenação ao pagamento desses honorários fora dos casos previstos na Lei n. 5.584/1970. Estava quebrada, enfim, toda uma tradição de mais de meio século. Tudo isso, num simples gesto inconsequente do legislador.

Tempos novos e difíceis estavam por vir, nomeadamente, para a classe trabalhadora e para os advogados que soíam a defender em juízo. Esses tempos não se demoraram a chegar.

II – A adequada interpretação do § 3.º do art. 791-A, da CLT

11. Doutrina e jurisprudência majoritárias, com os olhos postos no § 3.º do art. 791-A, da CLT, não hesitaram em concluir que se determinado pedido formulado pelo autor fosse acolhido *em parte* haveria *sucumbência recíproca*, de tal arte que ele e o réu seriam condenados ao pagamento de honorários advocatícios, na proporção em que ficassem vencidos em suas pretensões deduzidas na causa.

12. O que se viu, a partir dessa interpretação, foi algo, deveras, preocupante: o generalizado receio de o trabalhador invocar a prestação da tutela jurisdicional trabalhista, do receio de vir a sofrer as consequências de eventual sucumbência, ainda que *parcial*. O trabalhador, em muitas situações, sentiu-se desestimulado a ter *his day in court*, a submeter à apreciação da Justiça do Trabalho a lesão de um direito ou a ameaça de lesão. O trabalhador passou, em suma, a *temer* a jurisdição trabalhista. As estatísticas oficiais comprovam, de modo dramático e insofismável, a redução do número de ações promovidas nos órgãos de primeiro grau dessa Justiça Especializada.

13. Não temos vocação à heterodoxia – malgrado também não rendamos culto à ortodoxia –, embora estejamos serenamente convencidos de que a interpretação do § 3.º do art. 791-A, da CLT, que tem prevalecido na atualidade, máxime nos sítios da jurisprudência, com suas consequências catastróficas para o trabalhador, é responsável por esse pânico do trabalhador. Demonstremos.

14. Dispõe o 3.º do art. 791-A, da CLT:

"*Na hipótese de procedência* (sic) *parcial, o juízo arbitrará honorários de sucumbência recíproca, vedada a compensação.*"

O equívoco em que estão a incorrer a doutrina e a jurisprudência predominantes tem como núcleo a interpretação da expressão legal "procedência parcial". Uma e outra têm entendido que a "procedência" é quanto aos *pedidos* — ou, melhor: a *cada* pedido. Assim, se, por exemplo, o autor formulou determinado pedido, no valor de R$ 50.000,00, mas a sentença lhe concedeu somente R$ 20.000,00, a consequência seria esta: o autor teria sucumbido em relação a R$ 30.000,00 (que deixou de ganhar), e o réu, a R$ 20.000,00 (a que foi condenado a pagar). Com base nesses valores, seriam calculados os honorários advocatícios impostos pela sentença, a cada litigante, dentro dos limites legais (sem possibilidade de compensação entre eles, ressalte-se).

Não é essa, *data venia*, a nossa intepretação da referida norma legal.

15. Antes de a revelarmos, há uma pergunta inquietante: os defensores da interpretação de que estamos a discrepar teriam sido, acaso, influenciados pela *Fata Morgana*, das lendas bretãs, que tinha o poder de distorcer as imagens que se formavam na superfície dos lagos, ou tomados por aquele *pensamento desejoso* (*wishful thinking*), de que nos falam os povos de língua inglesa, capaz de fazer com que pessoa leia não o que está escrito, e sim, o que gostaria que estivesse escrito?

16. A expressão legal "procedência parcial", a nosso ver, diz respeito à causa, à *ação*, e não, aos *pedidos*. Vamos ao didatismo dos exemplos. Se o autor formulou os pedidos **A** e **B**, e a sentença lhe deferiu o pedido **A**, mas lhe negou o **B**, haveria, aqui sim, "procedência parcial", relativamente à ação, e, ao mesmo tempo, *sucumbência recíproca*, sob o aspecto subjetivo, pois ambos os litigantes ficaram vencidos *na causa*. Ressalte-se que o fato de o autor — no exemplo que formulamos — vir a ter, eventualmente, acolhido *em parte* o pedido **A** não configuraria a sucumbência *recíproca*, e sim, a sucumbência *parcial*, que é algo diverso. Entendemos, *per summa ratio*, que a condenação do autor ao pagamento de honorários advocatícios só será possível se houver sucumbência *total*, em relação a cada pedido. Isso significa afirmar, em sentido inverso, que se a sucumbência for *parcial* (insista-se: no tocante a cada postulação) não haverá condenação do autor ao pagamento desses honorários, porquanto ele não terá sido *vencido na causa*, senão que *vencedor*, ainda que em parte.

17. A intepretação que estamos a extrair do § 3.º do art. 791-A, da CLT, não é somente técnica, senão que histórico-política e sistemática.

Histórico-política, porque o objetivo que levou o legislador de 2017 a instituir o princípio da sucumbência, no processo do trabalho, está expresso na Justificativa do correspondente Projeto:

"*A inclusão do art. 791-A na CLT tem por objeto disciplinar o pagamento dos honorários advocatícios na Justiça do Trabalho.*

(...)

Pretende-se com as alterações sugeridas ***inibir a propositura de demandas baseadas em direitos ou fatos inexistentes****. Da redução do abuso do direito de litigar advirá a garantia de maior celeridade nos casos em que efetivamente a intervenção do Judiciário se faz necessária, além da imediata redução de custos vinculados à Justiça do Trabalho.*" (Destacamos)

18. Salta aos olhos, portanto, que o escopo do legislador foi o de "*inibir a propositura de demandas baseadas em direitos ou fatos inexistentes*". Ora, sob essa perspectiva, se a sentença não acolhe, por inteiro, determinado pedido formulado pelo autor, isso não significa que a ação se tenha fundado em *direito ou fato inexistente*: um e outro *existiam*, pois foram jurisdicionalmente reconhecidos e acolhidos, embora em dimensão inferior à pretendida na petição inicial (pedido acolhido apenas em parte). Só se pode cogitar de direito ou fato *inexistentes* se a sentença rejeitar, *por inteiro*, o pedido. Aqui, o direito do autor não terá sido reconhecido.

19. A propósito, é momento de efetuarmos uma correção nas expressões "*julgar procedente o pedido*", "*julgar improcedente o pedido*", e similares, que caíram, há muitos lustros, no duvidoso gosto da doutrina, da jurisprudência e — como visto — do próprio legislador trabalhista de 2017. *Proceder* significa, lexicamente, *vir de algum lugar*; e o pedido *procede* da peça inicial. Logo, sob o rigor da lógica formal, todo pedido *procede*, pois tem origem em alguma coisa. Adote-se, portanto, em atenção aos preceitos da acribologia, a terminologia mais científica, utilizada na redação do art. 490, do CPC: "*O juiz resolverá o mérito acolhendo ou rejeitando, no todo ou em parte, os pedidos formulados (...)*". (Destacamos). Pedidos são, consequentemente, *acolhidos* ou *rejeitados;* logo, se constarem da inicial, serão sempre "procedentes" — ainda que venham a ser rejeitados...

20. Retornemos à análise do § 3.º do art. 791-A, da CLT, para reiterar o nosso entendimento de que a expressão *sucumbência recíproca*, constante dessa norma legal, está a expressar que as partes ficaram *totalmente* vencidas em relação a distintos pedidos formulados *na causa.*

Nossa convicção quanto a isso se funda não apenas na interpretação histórico-política, já exposta, mas na *sistemática*, materializada no art. 789, § 1.º, da CLT, segundo o qual as custas serão pagas somente pelo *vencido.* Vencido *na causa*, por certo, e não, quanto a cada pedido. De tal arte, se o autor formulou pedido de R$ 80.000,00, mas a sentença lhe concedeu apenas R$ 30.000,00, somente o réu pagará custas, a serem calculadas sobre os R$ 30.000,00 a que foi condenado. O autor nada pagará a esse título, pois o sistema do processo do trabalho não possui custas *pro rata*. Esse é o mesmo raciocínio a ser utilizado, sistematicamente, na interpretação do art. 791-A, § 3.º, da CLT.

21. Em síntese, a interpretação que estamos a extrair do § 3.º do mencionado dispositivo de lei não só é fiel à sua literalidade e à própria *mens legislatoris* como procura fazer com que o autor possa exercer, sem maiores sobressaltos no espírito, o seu inalienável direito constitucional de ação (CF, art. 5.º, inciso XXXV), significa dizer, direito de invocar a tutela jurisdicional do Estado, com a finalidade de promover a defesa de um direito ligado a bens ou a utilidades da vida, ameaçado de lesão, ou já lesado.

22. Ainda que a interpretação que estamos a preconizar fosse considerada apenas uma de tantas possíveis, atuaria em favor dela, em caráter adminicular, o vetusto princípio *in dubio pro misero*, contrafeito do *in dubio pro reo*, do direito penal. Conquanto o *in dubio pro misero* não incida em tema de apreciação de provas — como na denominada *prova dividida*, pois, neste caso, o juiz tem de verificar qual foi a prova de *melhor qualidade* e decidir em consonância com ela — é aplicável, à larga, em matéria de interpretação de *norma legal*, seja de natureza material, seja de natureza processual. O aludido princípio possui base lógica, pois se a legislação trabalhista — *lato sensu* — se destina, em tese, a proteger o trabalhador, a tutelar os seus interesses, nada mais coerente do que, diante de duas interpretações possíveis de determinado preceito legal, se opte por aquele que se harmonize com o caráter protetivo que essa legislação revela.

23. É razoável presumir que alguém possa vir a interpelar-nos para, entre outras coisas, esclarecermos a razão pela qual não defendemos a revogação, pura e simples, do art. 791-A, da CLT, com vistas a anatematizar do processo do trabalho essa verdadeira Caixa de Pandora introduzida pelo legislador de 2017. Sendo assim, devemos responder, em caráter proléptico, que no atual momento político que o País está a viver não há clima para essa proposta de revogação, pois o Congresso Nacional está ou estará às voltas com as reformas da Previdência, Tributária, Administrativa e outras mais.

24. Em todo o caso, se essa revogação viesse a ocorrer, o sistema do processo do trabalho não ficaria destituído de instrumento necessário à preservação do conteúdo ético que lhe é inerente, uma vez que o art. 793-C, da CLT — também introduzido pela Lei n. 13.467/2017 —, prevê os casos de *litigância de má-fé*, ensejando a condenação do *improbus litigator* ao pagamento não somente de multa (superior a 1% e inferior a 10%) e de indenização, como de *honorários de advogado* à parte contrária.

25. Os males que o art. 791-A, da CLT, vem acarretando, principalmente, à classe trabalhadora brasileira, podem ser abrandados pela interpretação que estamos a alvitrar do § 3.º da sobredita norma legal. Sem o predomínio dessa interpretação, os trabalhadores continuarão a ter receio de demandar na Justiça do Trabalho – essa Justiça que, desde as suas origens, constitui modalidade de serviço público colocado à disposição deles.

26. Sob esse aspecto, vem-me à lembrança a lenda de um Imperador despótico, em cujo reino não havia um Poder Judiciário. No decorrer dos anos, entretanto, os ministros que lhe eram mais íntimos passaram a aconselhá-lo a instituir esse

Poder, pois os países democráticos, com os quais o reino do déspota mantinha importantes relações comerciais, estavam inquietos diante do fato de ser o próprio Imperador quem realizava o julgamento dos conflitos de interesses ocorrentes entre os seus súditos. Tantas foram as insistências, tantos foram os argumentos dos ministros, que o déspota decidiu criar um Poder Judiciário. Convocou, então, um grupo de assessores, dizendo-lhes que elaborassem o correspondente projeto, mas impôs-lhes uma condição *sine qua non*: que fossem criadas pesadas taxas para quem desejasse ingressar em juízo, para quem pretendesse produzir provas, para quem quisesse recorrer da sentença, e assim por diante.

O Imperador concluiu a sua determinação, dizendo:

— Imponham, enfim, tantas pesadas taxas e tantas pesadas despesas, de tal forma que o povo tenha, verdadeiramente, receio de ingressar nesse Poder Judiciário!

Uma ironia: o que era, simplesmente, uma lenda, parece haver-se tornado cruenta realidade no processo do trabalho de nosso País, mercê da interpretação que determinados segmentos da doutrina e da jurisprudência vêm dando ao § 3.º do art. 791-A, da CLT — e da qual ousamos discordar.

27. Gil Vicente é considerado o fundador da dramaturgia em Língua Portuguesa. Por volta de 1517, ele escreveu *O auto da barca do inferno*. Trata-se de uma peça de crítica aos costumes da sociedade lisboeta do período. Na obra, Gil nos fala de duas barcas estacionadas em margens opostas do mesmo rio: uma, capitaneada por um Anjo, conduziria as pessoas falecidas ao Paraíso; outra, comandada pelo Diabo, as conduziria — por óbvio — ao Inferno. Todas as pessoas finadas pretendiam subir para a barca angelical. O Anjo, todavia, previamente as interrogava a respeito da vida terrena que tiveram, e o resultado é que, praticamente, todas eram mandadas à indesejável Barca do Inferno. Assim ocorreu com um fidalgo, um agiota, um parvo, um sapateiro, um frade, uma alcoviteira, um corregedor, um procurador, entre outros. Conseguiram ingressar na Barca do Anjo apenas quatro cavaleiros da Ordem de Cristo, que haviam combatido nas Cruzadas, além de um parvo e de um padre.

Pergunto ao estimado leitor: se Gil Vicente ainda fosse vivo, para qual Barca ele remeteria os autores da Reforma Trabalhista brasileira?

28. O florentino Dante Alighieri escreveu a celebérrima *A divina comédia*. Na verdade, a obra possuía o título somente de *A comédia*. Quem lhe acrescentou o substantivo *divina* foi Boccaccio. Pois seja. Dante, em companhia de seu amigo, o poeta Virgílio, visita os nove círculos do Inferno, mas o que o impressiona é a inscrição constante à porta desse local apavorante: *Lasciate ogni speranza voi que entrate* (Abandonai qualquer esperança, vós que entrais).

Confesso que me toma de preocupação o espírito a possibilidade de, no futuro, a permanecer o atual estado de coisas — agravado pela exigência de que os pedidos formulados na inicial indiquem também o correspondente *valor* (CLT, art. 840,

§ 1.º, sob pena de indeferimento dessa peça processual: *ibidem*, § 3.º) —, o trabalhador brasileiro vir a ser tragicamente surpreendido ao perceber essa inscrição infernal reproduzida no frontispício dos órgãos da Justiça do Trabalho de nosso País...

Lasciate ogni speranza...

Curitiba, outono de 2019."

Somos favoráveis, portanto, a que, *de lege ferenda*, seja revogado o art. 791-A da CLT, que tantos receios vem infundindo no espírito do trabalhador desejoso de invocar a tutela jurisdicional da Justiça do Trabalho; significa dizer, de exercer o seu direito constitucional de ação. Até lá, resignemo-nos a contar os mortos, vítimas desse malsinado preceptivo legal.

13. Estabilidade subjetiva da lide

O princípio em questão diz da imutabilidade dos elementos da lide, seja sob o aspecto: a) *subjetivo*, seja sob o b) *objetivo.*

a) *Aspecto subjetivo.* Liga-se à pessoa dos litigantes e à permanência de sua legitimidade, ainda que ocorram fatos supervenientes. É a *perpetuatio legitimationis*, de que fala o art. 108 do CPC: "No curso do processo, somente é lícita a sucessão voluntária das partes nos casos expressos em lei".

A *perpetuatio legitimationis* se define a partir do momento em que ocorrer a citação válida (CPC, art. 240, *caput*).

Cabe também lembrar a disposição do art. 109, *caput*, do CPC, conforme a qual a alienação da coisa ou do direito litigioso, a título particular, por ato entre vivos, não altera a legitimidade das partes. Na verdade, o adquirente ou o cessionário só poderá ingressar em juízo para substituir o alienante ou o cedente se com isso concordar a parte contrária (§ 1.º); de qualquer modo, faculta-se ao adquirente ou ao cessionário intervir nos autos, como assistente litisconsorcial do alienante ou ao cedente (§ 2.º).

Um dos casos em que a lei prevê a sucessão das partes, no curso do processo, é revelada pelo art. 110 do CPC: morte ou perda da capacidade processual de qualquer das delas. A alteração subjetiva será feita pelo espólio ou pelos sucessores. O procedimento da habilitação da parte legitimada é regulado pelos arts. 687 a 692 do mesmo Código.

O princípio da estabilização subjetiva da lide está relacionado com os limites subjetivos da coisa julgada material, porquanto, segundo o art. 472 do CPC, a sentença faz coisa julgada entre as partes, não beneficiando nem prejudicando terceiros.

b) *Aspecto objetivo.* Os elementos objetivos da lide são a *causa de pedir* e os *pedidos.* Estabelece o art. 329 do CPC que o autor poderá: a) até a citação, aditar ou alterar o pedido ou a causa de pedir, mesmo sem o consentimento do réu; b) até o saneamento do processo, aditar ou alterar o pedido e a causa de pedir, com a anuência do réu, assegurado o contraditório mediante a possibilidade de manifestação deste no prazo de quinze dias, facultado o requerimento de prova complementar.

No sistema do CPC de 1973, realizada a citação, era defeso ao autor modificar o pedido ou a causa de pedir, sem o consentimento do réu, acrescentando o parágrafo único dessa norma que a alteração, em nenhuma hipótese, seria permitida depois do saneamento do processo, a que se referia o art. 331 daquele Código. O art. 294 do mesmo Código, por sua vez, proibia o aditamento ao pedido após a citação do réu. Esse dispositivo legal, em sua redação primitiva, não permitia o aditamento em nenhuma situação, cuja rigidez foi atenuada pela Lei n. 8.718, de 14.10.93. A redação original era esta: "Quando o autor houver omitido, na petição inicial, pedido que lhe era lícito fazer, só por ação distinta poderá formulá-lo".

O princípio da estabilidade da lide se justifica não somente pela necessidade de preservar as garantias constitucionais do contraditório e da ampla defesa, e de evitar eventuais atitudes de má-fé, como a impedir a instauração de tumulto no procedimento — que por certo ocorreria se ao autor fosse lícito modificar a causa de pedir ou o pedido, ou realizar aditamento, ao seu alvedrio, em qualquer fase do procedimento, mesmo que antes da sentença.

O processo do trabalho pode nortear-se, *mutatis mutandis*, pelo art. 329 do CPC. Assim: a) sem que tenha ocorrido a citação, o autor poderá modificar a causa de pedir ou o pedido, independentemente de consentimento do réu. Essa possibilidade é plenamente justificável, pois se o réu ainda foi citado significa que não tem ciência da ação; b) no processo do trabalho não há uma fase específica, destinada ao saneamento e à organização do processo (CPC, art. 357). Sendo assim, citado que tenha sido o réu, qualquer modificação da causa de pedir ou do pedido somente poderá ser feita com a concordância expressa deste.

14. Inalterabilidade dos prazos peremptórios

Para logo, é conveniente registrar que, em sede processual, sempre haverá a fixação, por norma legal ou pelo magistrado, de prazo destinado à prática de atos, seja pelas partes ou por terceiros. A existência de prazos visa, a um só tempo, a estabelecer uma regra de equanimidade entre os litigantes (pois, em princípio, a duração do prazo deverá ser igual para ambos) e a controlar o tempo do procedimento. Tão importante são os prazos, nos sítios do processo, que o art. 218, § 3.º, do CPC, estatui que se não houver preceito legal nem assinação pelo juiz, o prazo para a prática do ato, a cargo das partes, será de cinco dias. Trata-se, portanto, de uma regra de caráter supletivo, a incidir nos eventuais casos em que houver omissão da lei ou do magistrado.

O princípio da *inalterabilidade dos prazos peremptórios* tinha a sua sede no art. 182 do CPC de 1973: "É defeso às partes, ainda que todas estejam de acordo, reduzir ou prorrogar os prazos peremptórios (...)".

O CPC de 2015 não reproduziu essa regra. Como deve ser interpretado esse silêncio do legislador? Respondamos: no processo do trabalho segue em vigor a regra do art. 182 do CPC de 1973, pois não se aplica ao processo do trabalho o disposto nos arts. 190 e 191 do CPC de 2015. O primeiro permite que as partes, sendo capazes — e desde que o processo verse sobre direito que admita a autocomposição —, estabeleçam mudanças no procedimento para ajustá-lo à especificidade da causa, e também convencionar sobre ônus, poderes, faculdades e deveres processuais, antes ou durante o processo; o segundo autoriza o juiz e as partes, mediante acordo (*comum acordo* é pleonasmo vicioso), fixarem calendário para a prática de atos processuais, quando for o caso. Os arts. 190 e 192 do CPC parecem ter sido o pressuposto para a não repetição da regra contida no art. 182 do CPC de 1973, que, conforme vimos, proibia às partes reduzirem ou alterarem os prazos peremptórios. O que o art. 222, § 1.º, do CPC de 2015 veda é a possibilidade de o juiz reduzir prazos peremptórios sem a concordância das partes.

Em suma: entendemos que, no processo do trabalho, nem o juiz, nem as partes, podem alterar prazos peremptórios.

De modo geral (logo, podem ocorrer exceções), a diferença entre prazos *dilatórios* e *peremptórios* decorre na norma legal que os prevê: sendo a norma de natureza meramente *dispositiva*, o prazo aí referido será *dilatório*; caso, entretanto, a norma seja do tipo *cogente*, estaremos diante de prazo *peremptório*.

São exemplos de prazos *peremptórios* os fixados para excepcionar, contestar, reconvir, recorrer, embargar etc. Esses prazos não podem ser modificados, ou seja, reduzidos ou ampliados, mesmo que haja, quanto a isso, concordância das partes. Assim, ainda que autor e réu viessem a ajustar, entre si, que o prazo para interpor o recurso ordinário seria de quinze dias, essa manifestação de vontade seria absolutamente ineficaz, pois o prazo legal, fixado em oito dias (CLT, art. 895), por ser peremptório, não pode ser modificado.

Em caráter excepcional, no entanto, a lei permite que o juiz, nas comarcas onde for difícil o transporte, prorrogue quaisquer prazos (inclusive os peremptórios), mas nunca por mais de dois meses (CPC, art. 222, *caput*). Nos casos de calamidade pública, esse limite de prorrogação poderá ser ultrapassado (*ibidem*, § 2.º), segundo o prudente arbítrio do magistrado, que, para isso, levará em conta o momento a partir do qual os problemas acarretados pela calamidade teriam cessado.

Os prazos *dilatórios*, entretanto, podem ser reduzidos ou prorrogados; para isso, deverão ser atendidos alguns requisitos legais básicos: a) a modificação, para mais ou para menos, do prazo não pode ser objeto de manifestação unilateral, sendo indispensável a existência de acordo, de ajuste entre os litigantes; b) essa convenção deverá fundar-se em motivo legítimo e c) ser submetida à apreciação do juiz antes do vencimento do prazo. Desta forma, se o motivo da pretendida alteração for irrelevante, despiciendo, o requerimento, digamos, de prorrogação do prazo deverá ser indeferido, do mesmo modo deverá sê-lo se, a despeito de serem ponderosas as razões em que se funda, esse requerimento vier a ser protocolado em juízo depois de exaurido o prazo que se desejava prorrogar: sucede que, nesta hipótese, a parte não estará pretendendo prorrogar o prazo, e sim restabelecê-lo.

No caso de deferir o requerimento, o juiz deverá fixar o dia do vencimento do prazo da prorrogação. A jurisprudência tem entendido que se o juiz deixar de fixar o dia do termo desse prazo, o dia de início do novo prazo será o subsequente àquele em que a parte for intimada do deferimento de seu pedido de prorrogação.

No processo do trabalho, portanto, há *dois princípios*, quanto à alteração dos prazos: a) o princípio que não admite a modificação dos prazos peremptórios, mesmo havendo acordo das partes; b) o princípio que admite a modificação dos prazos dilatórios, mediante a comunhão da vontade dos litigantes.

De resto, decorrido o prazo (previsto em lei ou assinado pelo juiz), extingue-se, de forma automática, o direito de praticá-lo, exceto se a parte provar que não o realizou em decorrência de justa causa (CPC, art. 223, *caput*). Sobre essa declaração da lei, alguns escólios elucidativos são necessários. Em primeiro lugar, a extinção automática do direito de realizar o ato significa que esse efeito preclusivo independerá de pronunciamento do juiz; em segundo, a justa causa, capaz de autorizar a devolução do prazo à parte, consiste no evento imprevisto, alheio à sua vontade, que a impediu de praticar o ato, pessoalmente ou mediante mandatário (*ibidem*, § 1.º). Podem ser mencionados como exemplos de justa causa: a grave enfermidade do advogado; o sequestro do advogado; o falecimento inesperado de um parente próximo; a paralisação dos serviços judiciais em virtude de greve; o encerramento do expediente forense antes do horário normal; a retirada dos autos em carga, pelo adversário, sendo o prazo comum etc. Verificada a justa causa, o juiz deverá permitir à parte a prática do ato no prazo que lhe assinar (*ibidem*, § 3.º)

15. Renúncia aos prazos

A lei (CPC, art. 225) permite que a parte renuncie ao prazo estabelecido, exclusivamente, em seu benefício, contanto que o faça de maneira expressa.

Não se tem exigido, para a validade dessa renúncia, que o direito material discutido em juízo seja disponível, porquanto a renúncia terá como objeto não o mencionado direito, e sim uma faculdade processual.

Embora o art. 225 do CPC exija que a renúncia, para a sua validade, seja *expressa*, no processo do trabalho será possível admitir-se a renúncia *tácita*. No caso de recurso, por exemplo, a renúncia tácita estará caracterizada pelo fato de a parte praticar, sem reserva, algum ato inconciliável com a vontade de recorrer (CPC, art. 1.000). A propósito, há certa antinomia entre os arts. 225 e 1.000 do CPC, se considerarmos que o primeiro, conforme dissemos, exige que a renúncia seja expressa, ao passo que o segundo a admite pela via tácita; que se configurará com o fato de a parte praticar, sem reserva, "ato incompatível com a vontade de recorrer".

Tanto o autor quanto o réu podem desistir, por exemplo, do prazo para manifestar-se acerca de documento juntado por terceiro, de laudo pericial, para interpor recurso.

Tratando-se de litisconsórcio unitário, a renúncia só será eficaz se manifestada por todos os litisconsortes; nas demais espécies de regimes litisconsorciais, contudo, a renúncia feita por um só, em princípio, terá eficácia, porquanto o direito material discutido é divisível. Nesta hipótese, incidirá a regra estabelecida pelo art. 117 do CPC. Sob esse mesmo critério doutrinal é que deve ser interpretada a norma do art. 1.005 do CPC, de que o recurso interposto por um dos litisconsortes a todos aproveita, salvo se opostos ou distintos os seus interesses. Esse aproveitamento só se dá no âmbito do litisconsórcio unitário, em que a lide deve ser decidida de modo uniforme para todos os compartes (CPC, art. 116).

16. Ônus da prova

As diversas legislações, brasileiras e estrangeiras, tanto do passado quanto atuais, sempre manifestaram preocupação em repartir o encargo da prova entre os litigantes.

Não vem ao caso examinar, com minúcia, as várias correntes de pensamento e as diversas legislações concebidas com essa finalidade. Apenas à guisa de ilustração sumária, devemos referir o fato de, em certa fase do Direito Romano, haver-se concebido a regra segundo a qual o ônus da prova incumbia a quem afirmasse ou agisse (*semper onus probandi ei incumbit qui dicit*; *semper necessitas probandi incumbit illi qui agit*). Assim se afirmava porque quem por primeiro ingressava em juízo era, por óbvio, o autor. Como era ele quem fazia afirmações ou alegações, incumbia-lhe o encargo da prova (*actori incumbit onus probandi*). Um dos efeitos práticos dessa regra era de que o encargo da prova não se transferia ao réu, mesmo que este não contestasse os fatos alegados pelo autor (*ei incumbit probatio qui dicit, non negat*), conforme se lê em *Paulus*, "Digesto", Livro XXII, Título III: *De probationibus et praesumptionibus*, fragmento n. 2.

Considerando-se, porém, que essa regra era incorreta, porquanto, muitas vezes, a alegação feita pelo réu implicava um fato capaz de modificar, impedir ou extinguir o direito invocado pelo autor, passou-se a atribuir ao réu o encargo da prova em tais situações, alterando-se a regra para: "*réus in excipiendo fit acto*r" (ao contestar o réu se torna autor), que Ulpiano adaptou para "*reus in exciptione actor est*" (Digesto, Livro XLIV, Título I, "*De exceptionibus*", fragmento n. 1).

No plano do processo civil brasileiro, a distribuição do encargo da prova é regulada pelo art. 373 do CPC, conforme o qual o ônus incumbe: a) ao autor, quanto se tratar de fato constitutivo do seu direito (inciso I); b) ao réu, quanto à existência de fato impeditivo, modificativo ou extintivo do direito do autor (inciso II).

No sistema do processo do trabalho, a matéria é disciplinada pelo art. 818, da CLT. Conforme afirmamos no item 7, retro ("Livre apreciação das provas"), a redação primitiva do precitado dispositivo legal era a seguinte: "A prova das alegações incumbe à parte que as fizer".

Ao escrevermos o livro "*A prova no processo do trabalho*" (São Paulo, LTr Editora), cuja primeira edição foi lançada em 1985, encontramos oportunidade para sugerir uma interpretação sutil dessa norma da CLT, por modo a concluir que o ônus da prova incumbiria sempre ao réu. Assim dizíamos, baseados em uma pressuposição fundamental: ao alegar fatos capazes de substituir os do autor, o réu atrairia para si o ônus da prova. É evidente que se o réu não os contestasse teria contra si a presunção de veracidade daqueles fatos. Nossa sugestão, conquanto tenha amealhado adeptos, não predominou. O argumento central da interpretação que demos ao art. 818 da CLT estava umbilicalmente jungido ao escopo de proteção do trabalhador, como parte hipossuficiente, que constitui, de forma inegável, um dos traços característicos do processo do trabalho. Tempos depois – mais precisamente em 1990 –, a Lei n. 8.078, de 11 de setembro daquele ano, veio a demonstrar que nosso pensamento não era tão absurdo quanto possa ter parecido. Ocorre que essa norma legal inseriu, no rol dos direitos básicos do consumidor, dentre outros, a facilitação da defesa dos seus interesses e direitos, "inclusive com a *inversão do ônus da prova, a seu favor*, no processo civil, quando, a critério do juiz, for verossímil a alegação ou *quando for ele hipossuficiente*, segundo as regras ordinárias de experiências" (art. 6.º, inciso VIII). (Destacamos)

Sob este aspecto — prosseguíamos — não se poderia negar que a CLT tivesse sido superada pelo Código de Defesa do Consumidor, logo ela, CLT, que sempre assinalou a sua presença na ordem jurídica à mercê de um acentuado traço de vanguardismo.

Seja como for, o fato é que, não sendo a CLT omissa quanto tema (art. 818), nenhum intérprete estava autorizado a aplicar, em caráter subsidiário (CLT, art. 769), a regra do art. 333 do CPC de 1973.

Os tempos mudaram.

Surge o CPC de 2015, cujo art. 373 mantém o critério de distribuição do ônus da prova consagrado pelo art. 333 do CPC de 1973. Advém a Lei n. 13.467/2017, que reformula a redação do art. 818 do CLT, passando a ser esta: "O ônus da prova incumbe: I – ao reclamante, quanto ao fato constitutivo do seu direito; II – ao reclamado, quanto à existência de fato impeditivo, modificativo ou extintivo do direito do reclamante". Houve, como se percebe, capitulação total do processo do trabalho ao processo civil, no que respeita ao ônus da prova. Só não foi mais grave essa capitulação porque o § 1.º do art. 818 da CLT faculta ao juiz distribuir o ônus da prova de modo diverso, no caso de verificarem-se as situações ali previstas.

17. Proporcionalidade e razoabilidade

Esse princípio se contém no art. 8.º do CPC. Trata-se, na verdade, de dois princípios expressos em uma só frase.

Há na doutrina discrepâncias conceituais no tocante aos princípios da razoabilidade e da proporcionalidade.

Virgílio Afonso da Silva afirma que enquanto a proporcionalidade

> "tem uma estrutura racionalmente definida, que se traduz na análise de suas três sub-regras (adequação, necessidade e proporcionalidade em sentido estrito), a razoabilidade ou é um dos vários *topoi* dos quais o STF se serve, ou uma simples análise de compatibilidade entre meios e fins" (O proporcional e o razoável. *Revista dos Tribunais*, vol. 789, p. 23, São Paulo, RT, abr. 2002).

Cláudio Pereira de Souza Neto e Daniel Sarmento entendem que o princípio da proporcionalidade é constituído por três subprincípios (adequação, necessidade e proporcionalidade em sentido estrito). Para esses autores, o princípio da razoabilidade apresenta quatro dimensões:

> "a) razoabilidade como exigência de razões públicas para a conduta do Estado, que demanda que os atos estatais possam ser justificados por meio de argumentos

que, pelo menos em tese, sejam aceitos por todos; b) a razoabilidade como coerência veda que o Estado atue de maneira contraditória; c) a razoabilidade como congruência veda a edição de medidas que não tenham amparo na realidade; e, por fim, d) a razoabilidade como equidade permite que, em hipóteses excepcionais, as normas gerais sejam adaptadas em sua aplicação (...) ou ainda se negue a aplicação da norma quando esta provocar grave e flagrante injustiça (*Direito constitucional.* Belo Horizonte: Fórum, 2013. p. 465).

Lê-se em Carlos Roberto Siqueira Castro:

> "a moderna teoria constitucional tende a exigir que as diferenciações normativas sejam razoáveis e racionais. Isto quer dizer que a norma classificatória não deve ser arbitrária, implausível ou caprichosa, devendo, ao revés, operar como meio idôneo, hábil e necessário ao atingimento de finalidades constitucionalmente válidas. Para tanto, há de existir uma indispensável relação de congruência entre a classificação em si e o fim a que ela se destina. (...) No que respeita diretamente o princípio da proporcionalidade, sua afirmação traduz o dever jurídico do intérprete e aplicador do direito de guardar e buscar sempre a almejada justa medida no trato intersubjetivo.
>
> Essa cláusula, que é imanente à ideia de direito e que hoje ostenta fecunda vocação expansiva para a compreensão do fenômeno jurídico na pós-modernidade, expressa a noção de equitatividade, de adequabilidade, de suficiência, de ausência de abusos ou excessos, de equilíbrio de conduta, de equânime distribuição de ganhos e ônus nas relações jurídicas, de idoneidade na contemplação dos interesses e pretensões jurídicas, enfim, de justa e aceitável proporção na correlação entre os direitos e os deveres impostos, reprimidos, admitidos ou de qualquer forma promovidos pela ordem jurídica plural e democrática" (*O devido processo legal e os princípios da razoabilidade e da proporcionalidade.* Rio de Janeiro: Forense, 2010. p. 137/38 e 188).

Estabelece o art. 8.º do CPC: "Ao aplicar o ordenamento jurídico, o juiz atenderá aos fins sociais e às exigências do bem comum, resguardando e promovendo a dignidade da pessoa humana e observando a *proporcionalidade, a razoabilidade*, a legalidade, a publicidade e a eficiência" (destacamos).

O texto do Projeto primitivo era este: "Art. 6.º Ao aplicar a lei, o juiz atenderá aos fins sociais a que ela se dirige e às exigências do bem comum, observando sempre os princípios da dignidade da pessoa humana, da razoabilidade, da legalidade, da impessoalidade, da moralidade, da publicidade e da eficiência". Não se cogitava, portanto, de *proporcionalidade.*

Parte da redação desse dispositivo foi tomada por empréstimo: a) ao art. 5.º da LINDB, assim redigido: "Na aplicação da lei, o juiz atenderá aos fins sociais a que ela se dirige e às exigências do bem comum"; b) ao art. 37, *caput*, da Constituição Federal, que enuncia os princípios que devem ser observados pela administração pública, a saber: legalidade, impessoalidade, moralidade, publicidade e eficiência. Outros princípios foram incorporados ao art. 8.º do novo CPC.

O Código de Ética da Magistratura Nacional, por sua parte, estabelece: "Art. 1.º O exercício da magistratura exige conduta compatível com os preceitos deste Código e do Estatuto da Magistratura, norteando-se pelos princípios da independência, da imparcialidade, do conhecimento e capacitação, da cortesia, da transparência, do segredo profissional, da prudência, da diligência, da integridade profissional e pessoal, da dignidade, da honra e do decoro".

Da conjugação dos arts. 37, *caput*, da CF, 6.º do CPC e 1.º do Estatuto da Magistratura, temos os seguintes princípios, entre outros, a serem atendidos pelo magistrado no exercício de suas funções:

- Legalidade;
- Impessoalidade;
- Moralidade;
- Publicidade;
- Eficiência;
- Dignidade da pessoa humana;
- Razoabilidade;
- Independência;
- Imparcialidade;
- Conhecimento e capacitação;
- Cortesia;
- Transparência;
- Segredo profissional e pessoal;
- Prudência;
- Diligência;
- Integridade profissional e pessoal;
- Dignidade;
- Honra;
- Decoro.

Para sermos francos, a "carga" de princípios que as normas legais supracitadas depositaram nos ombros dos magistrados é algo que, se atendida à risca e em sua integralidade, transformará os juízes em semideuses... Talvez, tenha faltado aí um outro princípio: o de *fazer justiça*.

Embora este item verse sobre os princípios da razoabilidade e da proporcionalidade, procederemos ao exame de todo o conteúdo do art. 8.º do CPC.

Atendimento aos fins sociais e às exigências do bem comum. O art. 5.º da Lei n. 12.376, de 30-12-2010 (Lei de Introdução às Normas do Direito Brasileiro), estabelece: "Na aplicação da lei, o juiz atenderá aos fins sociais a que ela se dirige e às exigências do bem comum". Como se nota, o art. 8.º do atual CPC reproduz, em essência, a regra do art. 5.º da sobredita Lei de Introdução.

Em que pese ao fato de a norma supracitada ser amplamente aplicável aos direitos material e processual do trabalho, ela deve, sempre que for o caso, ser conjugada com a do art. 8.º, *caput*, da CLT, na parte em que ordena às autoridades administrativas e à Justiça do Trabalho "que nenhum interesse de classe ou particular prevaleça sobre o interesse público".

A prevalência do interesse público sobre o privado não é um princípio restrito a este ou àquele ramo do Direito, senão que compreende todos os ramos. A própria sobrevivência da organização social depende deste princípio. Realmente, se, como regra, os interesses privados tivessem supremacia sobre o interesse público, certamente a sociedade humana estaria em risco. Deste modo, a vida em sociedade impõe o sacrifício do interesse particular ao interesse público. Na verdade, o nosso texto constitucional não contém declaração específica a respeito da prevalência do interesse público sobre o particular; nada obstante, esse princípio se encontra esparso por diversas das disposições da Constituição, como são os casos, por exemplo, das pertinentes à desapropriação (art. 5.º, XXIV), *à função social da propriedade* (art. 170, III), *à defesa do consumidor* (*ibidem*, V), ao meio ambiente (*ibidem*, VI). A própria Lei de Greve (Lei n. 7.783, de 28-06-1989), ao mencionar, no art. 10, quais são os serviços ou atividades essenciais (para os efeitos do art. 11), demonstra haver colocado o interesse público acima do interesse particular.

Dignidade da pessoa humana. Um dos fundamentos do Estado Democrático de Direito, em que se constitui a República Federativa do Brasil, é a dignidade da pessoa humana (CF, art. 1.º, III).

A dignidade da pessoa humana é conceituada por Ingo Wolfgang Sarlet como uma "qualidade intrínseca e distintiva de cada ser humano que o faz merecedor do mesmo respeito e consideração por parte do Estado e da comunidade, implicando, neste sentido, um complexo de direitos e deveres fundamentais que assegurem a pessoa tanto contra todo e qualquer ato de cunho degradante e desumano, como venham a lhe garantir as condições existentes mínimas para uma vida saudável, além de propiciar e promover sua participação ativa e corresponsável nos destinos da própria existência e da vida em comunhão com os demais seres humanos". (*Dignidade da pessoa humana e direitos fundamentais na Constituição Federal de 1988*. Porto Alegre: Livraria do Advogado, 2001. p. 60).

Estabelece, a propósito, o art. 3.º do Código de Ética da Magistratura Nacional, instituído pela Resolução n. 60, de 19-09-2008, do CNJ: "*A atividade judicial deve desenvolver-se de modo a garantir e fomentar a dignidade da pessoa humana*, objetivando assegurar e promover a solidariedade e a justiça na relação entre as pessoas" (destacamos). E o art. 22 do mesmo Código: "O magistrado tem o dever de cortesia para com os colegas, os membros do Ministério Público, os advogados, os servidores, as partes, as testemunhas e todos quantos se relacionem com a administração da Justiça".

Razoabilidade. A razoabilidade nada mais é do que um critério hermenêutico. Surgiu nos Estados Unidos a partir do *due process of law.* A contar dos anos 30, os magistrados da Suprema Corte daquele país passaram a fazer largo uso desse critério, a ponto de Charges Hughes haver afirmado que a Constituição seria aquilo que a Suprema Corte desejasse que fosse. Deste modo, o que poderíamos chamar de a primeira versão do princípio da razoabilidade teve natureza processual. Ocorre que, inicialmente, não se admitia a possibilidade de esse critério ser utilizado para a interpretação de atos provenientes da legislação. Era, assim, uma garantia para a regularidade do processo penal, que, mais tarde, acabou sendo estendida para os processos civil e administrativo.

Posteriormente, passou-se a sustentar que o critério da razoabilidade não deveria ser restrito ao processo, devendo, por esse motivo, ser aplicado também para a verificação dos meios e sua compatibilidade com os fins desejados pelo legislador. Dizendo por outros termos, sempre que determinado dispositivo legal contivesse normas que se encontrassem em aparente conflito com os valores por elas protegidos, o intérprete deveria levar em conta esses valores e optar pela norma que tutelasse o valor que deveria prevalecer no julgamento.

Luis Recaséns Siches já nos falava "del logos de lo razonable". Este pensador espanhol situou a sua *lógica do razoável* como mediação entre a teoria (representada pelos princípios gerais do ordenamento jurídico) e a praxe. Disse ele: "Na aplicação do direito não há a uniformidade lógica do raciocínio matemático e sim a flexibilidade do entendimento razoável do preceito" (*Filosofia de la interpretacion jurídica.* 1956. p. 128).

Conforme escreveu Luis Gustavo de la Cruz Mallaupoma:

> "Recaséns Siches considera que los juristas han cometido un grave error en la teoria y la práctica jurídicas del siglo XIX, por haber querido tratar los contenidos de las normas jurídicas empleando métodos de la lógica tradicional, es decir de la lógica habitualmente llamada matemático-física, deductiva, silogística, sistemática, de la lógica que va desde su fundación en el ***Organon*** de Aristóteles hasta las lógicas contemporáneas; que si bien esa lógica vale para la matemática, la física y otras ciencias de la naturaleza, es inservible para el tratamiento de los problemas prácticos de conducta humana — domésticos, familiares, económicos, sociales, jurídicos, etc. Ahora bien, esa lógica de "lo racional", la lógica pura, la lógica matemático física, todas consideradas como lógica tradicional no constituyen la totalidad de la lógica ya que es sólo una parte del logos, hay otra parte del logos — que es tan lógica como la racional pero diferente de ésta — que se denomina el logos de los asuntos humanos o **lógica de lo razonable**. Lo razonable pertenece al campo de la razón con igual o tal vez mejor derecho que lo meramente racional desde el ángulo formalista. Pertenece al reino de la lógica pero es diferente a la lógica de lo racional formalista, en el sentido tradicional es

necesario tener en cuenta el campo de lo razonable como otro sector de la razón que también podemos denominar el logos de lo humano. **En síntesis, estamos hablando de la aplicación del logos de lo razonable a la interpretación de normas, a las decisiones administrativas y a las sentencias judiciales, porque en materia de interpretación, debemos trabajar con razones. La lógica de lo razonable es una razón impregnada de puntos de vista estimativos, de criterios de valoración, de pautas axiológicas que además lleva las enseñanzas recibidas de la experiencia propia y de la experiencia del prójimo a través de la historia.** Por lo tanto, estamos dentro de un campo lógico, pero no de la lógica de lo racional, sino de la lógica de lo humano o de lo razonable. El problema de la interpretación del Derecho es un problema de lógica material, de lógica de los contenidos y no de lógica formal. **Ante cualquier caso, fácil o difícil, hay que proceder razonablemente, percatándonos de la realidad y del sentido de los hechos, comprendiendo las valoraciones en que se inspira el orden jurídico positivo, viendo el propósito de la norma en cuestión y apreciando las valoraciones complementarias que produzca el Juez en armonía con dicho orden jurídico positivo, y, relacionándolos.** De ese modo se debe llegar a la solución satisfactoria. Conviene destacar que este movimiento se ha gestado a partir de una Filosofía del Derecho que ha prestado mayor atención a la interpretación judicial" (*ldelacruz2908@hotmail.com*). (Destacamos)

Atualmente, podemos conceituar a *razoabilidade* como um critério de valoração dos atos praticados pelo Poder Público, com a finalidade de verificar se eles se encontram imbuídos do valor *justiça*, que é ínsito a todo e qualquer ordenamento jurídico.

A despeito do fato de havermos dito que o critério (ou princípio) da realidade tenha como objetivo estabelecer um parâmetro entre os meios e os fins, ou seja, o exame da adequação entre meios e fins, constatamos que ele tem sido utilizado, em alguns casos, para avaliar a aceitação dos próprios fins.

Em nosso sistema constitucional, o devido processo legal, a que se refere o inciso LIV do art. 5.º da CF, pode ser apontado como sede do princípio da razoabilidade, conquanto devamos admitir que ainda não existe, entre nós, uma teoria muito sólida a respeito deste princípio.

Seja como for, o art. 8.º do CPC determina que o juiz, ao aplicar a lei ao caso concreto, atenda, entre outros princípios, ao da razoabilidade. Parece-nos existir um certo conflito principiológico entre os arts. 8.º e 140, parágrafo único, do Código. Este último somente autoriza o juiz a decidir com equidade nos casos previstos em lei, ao passo que o primeiro lhe impõe, na aplicação da lei, atender ao princípio da razoabilidade, sabendo-se que a razoabilidade, sob certo aspecto, significa decidir com equidade. É bem verdade que o art. 140, parágrafo único, constitui reprodução literal do art. 127 do CPC de 1973; entretanto, naquele Código do passado não existia norma correspondente à do art. 8.º do CPC atual.

Não poderíamos deixar de lançar algumas considerações também sobre o princípio da *proporcionalidade*, que, não raro, é congeminado com o da razoabilidade.

Ele significa, no plano processual, que a atividade do juiz somente pode ser considerada válida se for exercida na exata medida da extensão e da intensidade (ou seja, na proporção), da quantidade de atuação jurisdicional necessária para atingir os objetivos desejados. Sob este aspecto, a proporcionalidade muito se aproxima da razoabilidade, pois sem esta não há aquela.

Em alguns casos, o excesso de atividade jurisdicional — corresponde a dizer, a desobediência ao princípio da proporcionalidade — pode ser extirpado via mandado de segurança, de recurso ou de correição parcial; em outros, o excesso é de tal magnitude que se torna inevitável a declaração de nulidade do próprio ato. Exemplo do primeiro caso é a realização da penhora de bens em valor muito acima daquele que corresponde ao crédito do exequente, sendo certo que o devedor possui outros bens penhoráveis, de valor proporcional ao crédito e que atendem à gradação legal; do segundo, a aplicação de penalidade pecuniária à parte que ofereceu embargos de declaração com o manifesto escopo de prequestionar a matéria, com vistas à interposição de recurso de revista ou de recurso extraordinário (STJ, Súmula n. 98).

Podem ser referidas como algumas das situações em que o magistrado encontra, no processo do trabalho (CLT), situações para fazer incidir o princípio da proporcionalidade:

- art. 730: multa àqueles que se recusarem, sem motivo justificado, a depor como testemunhas;

- art. 791-A: fixação dos honorários advocatícios entre 5% e 15% sobre o montante da liquidação ou do proveito econômico do exequente;

- art. 793-C: multa de 1% a 10% do valor da causa, a título de honorários advocatícios, além de indenização e das despesas efetuadas em decorrência da litigância de má-fé;

- art. 793-D: multa à testemunha que alterar, de maneira intencional, a verdade dos fatos ou omitir fatos essenciais ao julgamento da causa;

- art. 825: multa à testemunha que deixar de comparecer, sem justificativa, à audiência, após ser intimada pelo juízo.

Podem ser trasladadas do CPC:

- art. 77: multa de até 20% do valor da causa àquele que perpetrar ato atentatório à dignidade da justiça (§§ 2.º e 5.º);

- arts. 536/537: aplicação de multa pelo inadimplemento de obrigação de fazer ou de não fazer.

É evidente que o princípio da proporcionalidade não está adstrito a casos de imposição de multa, podendo incidir em outros de natureza não pecuniária.

Legalidade. O princípio da legalidade está inscrito no inciso II, do art. 5.º, da Constituição Federal: "ninguém será obrigado a fazer ou deixar de fazer alguma coisa senão em virtude de lei". Em nosso sistema normativo, portanto, a lei é o parâmetro da conduta humana. A legalidade gera a segurança jurídica, seja por explicitar às pessoas o que elas podem fazer ou o que não podem, seja por afastar a arbitrariedade dos poderes públicos ou mesmo dos atos praticados por particulares. Na Inglaterra, costuma-se afirmar que os jurisdicionados não podem ser tratados "como cães, que só descobrem que algo é proibido quando o bastão toca seus focinhos" (Bentham, em citação de R. C. Caenegem, Judges, Lesgislators & Professors, p. 161), para demonstrar a necessidade de serem evitadas decisões que surpreendam, de maneira desfavorável, as partes. Disto decorre, a imprescindibilidade da segurança jurídica, que está vinculada à *proteção da confiança* que o jurisdicionado deposita no Poder Judiciário. Como observa José Joaquim Gomes Canotilho, "a proteção da confiança se prende mais aos componentes subjetivos da segurança, designadamente a calculabilidade e previsibilidade dos indivíduos em relação aos efeitos dos actos" (*Direito constitucional e teoria da Constituição.* Coimbra: Almedina, 2000. p. 256).

A legalidade constitui uma espécie de viga mestra da estrutura dos Estados Democráticos de Direito. Por meio dela, dá-se a saber aos indivíduos e às coletividades o que lhes é lícito fazer e o que é ilícito. A este respeito, devemos lembrar a importância da "Lei das XII Tábuas" (*Lex Duodecim Tabularum* ou *Duodecim Tabulae*), pois foi por meio dela que o povo romano soube, pela primeira vez, quais eram os seus direitos e suas obrigações no âmbito da sociedade em que vivia. Nos primeiros tempos da República Romana, as leis eram mantidas em segredo pelos pontífices e por outros representantes dos patrícios. Eram executadas com extrema severidade contra os plebeus. Todavia, em 462 a.C., um plebeu chamado Terentílio (*Gaius Terentilius*) propôs a compilação e a publicação de um código legal oficial, a fim de que os plebeus pudessem conhecer as leis e, assim, não serem surpreendidos pela aplicação delas. Apesar da resistência dos patrícios, os dez primeiros textos (códigos) foram promulgados, sendo posteriormente afixados no Fórum romano para conhecimento de todos.

Impessoalidade. Este princípio está a significar que o juiz deve subministrar um tratamento igualitário a todos os jurisdicionados, independentemente das opções políticas, religiosas, filosóficas, ideológicas, esportivas etc. de cada um.

Essa regra de tratamento isonômico está enunciada no próprio *caput* do art. 5.º da Constituição Federal, conforme a qual "todos são iguais perante a lei, sem distinção de qualquer natureza".

Expressa, pois, o art. 8.º do CPC, o dever de o magistrado tratar as partes sem favoritismos ou perseguições. Vê-se, assim, que os requisitos de impessoalidade e de imparcialidade são sinônimos na ordem processual.

A Declaração Universal dos Direitos do Homem, aprovada em Resolução da III Sessão Ordinária da Assembleia Geral da ONU, em Paris, em 1948, estabelece no art. 10, *verbis*:

> "Todo homem tem direito, em plena igualdade, a uma justa e pública audiência por parte de um tribunal independente e imparcial, para decidir os seus direitos e deveres ou do fundamento de qualquer acusação criminal contra ele."

A Convenção Americana sobre Direitos Humanos (Pacto de São José da Costa Rica), integrante do ordenamento jurídico brasileiro, em virtude do Decreto n. 678, de 6.11.92, por seu turno, dispõe no art. 8.1:

> "toda pessoa tem direito a ser ouvida, com as devidas garantias e dentro de um prazo razoável, por um juiz ou tribunal competente, independente e imparcial, estabelecido anteriormente por lei, na apuração formal de qualquer acusação penal formulada contra ela, ou para que se determinem seus direitos ou obrigações de natureza civil, trabalhista, fiscal ou de qualquer outra natureza."

Moralidade. Assim como a Administração Pública, o Poder Judiciário se encontra jungido ao dever legal de agir em conformidade com os princípios da moralidade.

As pessoas, de modo geral, utilizam os vocábulos *ética* e *moral* como se fossem sinônimos. Essa confusão provavelmente deriva do fato de essas palavras estarem associada à mesma realidade (filosófica, histórica, religiosa, psicológica, política, jurídica etc.). Com efeito, o vocábulo *ética* é oriundo do grego *ethos*, que significa o modo de ser, o caráter de uma pessoa; *moral*, por sua vez, é originária do latim *mores*, que indica costume.

No terreno dos conceitos, contudo, esses vocábulos se desassemelham. A Moral pode ser definida como o conjunto de normas convencionais que disciplinam o bom comportamento das pessoas em sociedade. Por isso, Durkheim a considerava a "ciência dos costumes". Os preceitos morais são transmitidos de várias formas: pela educação, pela religião, pela tradição, pelo convívio humano. A Ética tem sido definida como o conjunto de valores que orientam os indivíduos em seus relacionamentos sociais. O objetivo da Ética é, por assim dizer, o bem-estar social.

A Moral possui caráter: a) prático; b) restrito; c) histórico; e d) relativo. A Ética: a) envolve uma reflexão filosófica sobre a moral; b) busca justificar a moral; c) o seu objeto conduz a ação; e d) a sua finalidade consiste em orientar de maneira racional a vida humana em sociedade.

Desde os tempos mais remotos, o ser humano tem consciência moral, que lhe permite distinguir o bem do mal. A Ética surgiu com a filosofia grega, particularmente com Sócrates.

Alguns estudiosos, apesar de afirmarem que a Ética é teórica e que a Moral é essencialmente prática, reconhecem que se complementam, levando em conta que tanto o conhecer como o agir influem nas ações humanas.

Tanto a Ética quanto a Moral pertencem ao patrimônio dos valores humanos, ou melhor, dos homens livres.

Publicidade. O princípio da publicidade assegura uma *transparência* do processo, permitindo, entre outras coisas, que o público em geral tenha acesso às salas de sessão dos órgãos jurisdicionais. O art. 368 do CPC, por exemplo, declara que as audiências serão públicas, ressalvadas as exceções legais. A Constituição Federal afirma, no inciso IX do art. 93, que todos os julgamentos do Poder Judiciário serão públicos; e o inciso LX do art. 5.º da mesma

Constituição declara que a lei somente poderá restringir a publicidade dos atos processuais quando a defesa da intimidade ou o interesse social o exigirem. Em nome do princípio da publicidade, as pessoas podem requerer certidões de atos processuais em geral; tratando-se de processo que corra em segredo de justiça, diz o art. 189, § 2.º, do CPC, que o direito de o terceiro requerer certidão está restrito ao dispositivo da sentença, e aos casos de inventário e partilha decorrente de separação judicial, e, ainda assim, desde que demonstre interesse jurídico em obter a certidão. Parece-nos, contudo, que essa disposição do CPC está em antagonismo com o art. 5.º, inciso XXXIV, letra "*b*", da Constituição, que assegura a todos a obtenção de certidões em repartições públicas, para defesa de direitos e esclarecimentos de situações de interesse pessoal. Sendo assim, pensamos que o juiz não possa indeferir o requerimento de certidão relativa a *qualquer ato processual*, formulado por terceiro, contanto que este demonstre a necessidade de obtê-la, para efeito de promover a defesa de seu direito ou de obter esclarecimento de situação de foro pessoal.

Pode-se dizer que o princípio da publicidade visa a permitir ao povo fiscalizar a atuação dos juízes e de todos os sujeitos do processo. Convém rememorar que o devido processo legal constitui um instrumento democrático de solução de conflitos de interesses tutelados pela ordem jurídica. Os julgamentos secretos, felizmente, fazem parte do passado. A reação contra esses julgamentos esotéricos surgiu com a Revolução Francesa de 1789, que proclamou a publicidade dos atos processuais como garantia de independência, de imparcialidade e de responsabilidade da magistratura e, ao mesmo tempo, de justiça para os jurisdicionados.

A Declaração Universal dos Direitos do Homem, enunciada pela Organização das Nações Unidas em 1948, assegura o princípio *da publicidade popular* do processo (art. 10), que é de certa forma ampla, pois enseja ao povo acompanhar (logo, fiscalizar) a atuação dos juízes, mediante, *e.g.*, o comparecimento às sessões de audiência e de julgamento. Ao declarar que "*todos os julgamentos do Poder Judiciário serão públicos*" (destacamos), a Constituição Federal de 1988 revela haver perfilhado esse princípio fundamental (art. 93, inciso IX).

Existe, entretanto, no sistema do processo civil, uma publicidade menos ampla (dita, por isso mesmo, restrita) que diz respeito às partes e seus procuradores e, eventualmente, a terceiros. O próprio texto constitucional, conforme já referimos, indica os casos em que a lei poderá restringir a publicidade dos atos processuais: "Quando *a defesa da intimidade* ou o *interesse social* o exigirem" (art. 5.º, LX; realçamos). Em tais situações, os atos processuais serão realizados em *segredo de justiça*.

Embora o processo civil haja consagrado o princípio da publicidade popular, pelo qual se consente que as pessoas em geral compareçam às salas de audiências ou de sessões dos órgãos jurisdicionais, seja para assistir a esses atos por mera curiosidade; seja para fiscalizar a atuação dos juízes, das partes, dos advogados ou do Ministério Público, isso não significa que tais espectadores possam *interferir* nos trabalhos que aí se desenvolvem, ou *perturbar* a boa ordem desses trabalhos, como: comunicando-se, por palavras ou gestos, com as partes, advogados e testemunhas; formulando críticas à atuação do juiz ou dos advogados; aplaudindo ou vaiando as declarações das partes ou das testemunhas; conversando em voz alta etc. Esse comportamento é atentatório à dignidade da Justiça e incompatível com o decoro que se exige de quem se encontra nas dependências das unidades judiciárias. Por isso, vindo qualquer pessoa a adotar atitudes dessa natureza, o juiz, no exercício do seu inerente *poder de polícia*, a advertirá para que se abstenha de fazê-lo, sob pena de ser retirada da sala de audiência ou de sessões (CPC, art. 360, inciso II; CLT, art. 816). Se houver necessidade, o juiz poderá requisitar força policial, além da segurança interna do fórum ou tribunal, a fim de que a sua ordem seja cumprida (CPC, *ibidem*, III; e art. 139, VII).

De uns tempos até esta altura, aliás, tem sido frequente — e, sobretudo, perturbadora — a presença de telefones celulares e de *smartphones* nas salas de audiências ou de sessões, cujos aparelhos passam a receber chamadas durante a realização desses atos processuais. Pouco importa que sejam as partes, seus advogados ou terceiros que estejam a portar essa espécie de aparelho: ao juiz incumbirá solicitar que sejam desligados, sob pena de a pessoa ser retirada da sala de audiências, ou adotada outra providência que a situação esteja a exigir.

Não se imagine, porém, que o magistrado, ao determinar que sejam retiradas da sala de audiência pessoas que estejam a perturbar os trabalhos, estará, com isso, golpeando o princípio constitucional da publicidade. Ora, é elementar que esse princípio, embora seja extremamente necessário, pelas razões já apontadas, não autoriza que as pessoas se comportem de maneira inconveniente no recinto em que se realiza a audiência, ou mesmo em suas proximidades. É importante lembrar que o juiz tem o dever de manter a ordem e o decoro na audiência e de determinar que sejam retiradas da sala as pessoas que estiverem, de algum modo, perturbando os trabalhos.

Aliás, se o juiz, eventualmente, mandar que a porta da sala de audiências seja fechada, em decorrência de vozearia ou ruído intenso que esteja sendo produzido em sala contígua ou em corredor próximo, também não estará desacatando o princípio constitucional da publicidade dos atos processuais, senão que adotando uma providência indispensável para que a audiência possa ser realizada sem essas interferências sonoras externas e perturbadoras.

O princípio da publicidade também não significa que qualquer pessoa, seja jornalista ou não, possa filmar ou gravar em fitas magnéticas ou por outro meio tudo o que se passa na audiência. Ocorre que isso poderá acarretar violação do direito à *intimidade* (e à preservação da *imagem*), de que são detentores as pessoas em geral. Basta observar que a própria Constituição autoriza o afastamento ocasional do princípio da publicidade, quando isso for necessário para assegurar a intimidade da parte (art. 5.º, LV). Embora essa regra constitucional seja dirigida ao legislador, nada obsta a que o magistrado a adote, desde que fundamente o seu ato (CF, art. 93, IX).

Não poderíamos deixar de denunciar o fato de o princípio constitucional da publicidade dos atos processuais estar sendo desrespeitado, em muitos casos, no processo eletrônico, máxime na realização de audiências, dada a extrema dificuldade tecnológica de qualquer pessoa do povo, como terceiro, ter acesso a esse ato processual.

Eficiência. O princípio da eficiência, trazido, pela primeira vez, *formalmente*, para os sítios do processo civil, diz, em última análise, da boa administração da justiça. Essa boa administração talvez possa ser sintetizada sob a fórmula: um máximo de atuação do direito com um mínimo de atividade jurisdicional. Sob este aspecto, o princípio em exame é fronteiriço ao da celeridade processual (CF, art. 5.º, inciso LXXVIII).

18. Cooperação

O art. 6.º do CPC ordena que: "Todos os sujeitos do processo devem cooperar entre si para que se obtenha, em tempo razoável, decisão de mérito justa e efetiva".

O legislador, ao redigir a norma, esteve pleno de boas intenções; o problema é que, a julgar pelos fatos da realidade, a norma tem sido frustrada em grande parte dos casos.

Esse dever de cooperação é multifacetado, por envolver relação entre as partes, entre estas e o juiz da causa, entre as partes e terceiros, entre terceiros e o juiz, entre juízes, havendo, portanto, um entrelaçamento entre os sujeitos do processo (para não falarmos dos membros do Ministério Público, das testemunhas, dos peritos, intérpretes, tradutores, avaliadores, depositários, administradores e de tantos outros).

No que respeita às relações das partes e de terceiros com o juiz, a colaboração, de modo geral, tem atingido o seu escopo; de igual maneira, a relação entre os juízes, como nos casos de cumprimento de carta precatória, de obtenção de informações acerca de processos que tramitam nas respectivas unidades judiciárias etc.

Referentemente, porém, às relações entre as partes, o preceito legal em foco, a despeito de seu propósito elogiável, tem um sentido muito mais romântico do que pragmático, pois fica difícil admitir a possibilidade de os litigantes, estando envolvidos em um conflito de interesses — que, em regra, lhes exacerbam os ânimos —, cooperarem entre si, para os fins previstos em lei, designadamente, a razoável duração do processo. Sejamos francos: sob esse aspecto, beira a surrealismo o art. 6.º do CPC, até mesmo porque contraria a própria natureza humana.

Afinal, como iria, por exemplo, o réu sentir-se estimulado a colaborar com o autor, sabendo que essa atitude é contrária aos seus interesses, podendo acarretar-lhe o insucesso na causa?

Seja como for, estamos diante de um *processo colaborativo*, por imposição legal. Essa colaboração visa a organizar o processo com a finalidade de conduzir à justa solução do conflito de interesses em tempo razoável.

A propósito, considerando-se que o tempo do processo apresenta significado diverso para autor e réu, em que o primeiro deseja que esse tempo corra com rapidez, ao passo que o anseio do segundo é que flua com lentidão, pode-se perceber o caráter de ambiguidade da cláusula legal da razoável duração do processo. É elementar que a visão que o condenado à forca possui da corda não é a mesma que o carrasco tem...

Admitida a possibilidade de impor-se o estrito acatamento à determinação contida no art. 6.º do CPC, indagamos: qual seria a sanção aplicável aos sujeitos do processo que deixassem de colaborar entre si? No que toca às partes, poder-se-ia, em alguns casos, fazer incidir o art. 793-B da CLT, que se ocupa da litigância de má-fé. Pondo em causa, entrementes, que o juiz *também é sujeito* — embora desinteressado — *do processo*, que sanções lhes seriam aplicáveis, e por qual órgão? Pela Corregedoria ou pelo Conselho Nacional de Justiça?

Lembremos que o magistrado, além dos deveres ("incumbências") que lhe são estabelecidos pelo art. 139 do CPC, possui os de dialogar com as partes e de prestar-lhes esclarecimentos, mesmo *ex officio*.

Resumo:

Princípios infraconstitucionais do processo:

- Demanda;
- Impulso oficial;
- Preclusão;
- Oralidade;
- Economia;
- Lealdade;
- Livre convencimento motivado;
- Duplo grau de jurisdição;
- Eventualidade;
- Impugnação especificada dos fatos;
- Informalidade dos atos;
- Sucumbência;
- Estabilidade da lide;
- Inalterabilidade dos prazos peremptórios;
- Renúncia dos prazos;
- Ônus da prova;
- Proporcionalidade e razoabilidade;
- Cooperação.

Capítulo IV

Princípios Específicos do Processo de Execução

Podemos dizer que os princípios até esta parte examinados são genéricos, em virtude de serem aplicáveis, indistintamente, aos processos de conhecimento, de execução e cautelar.

No entanto, há princípios próprios da execução, conforme procuraremos demonstrar a seguir.

1. Da preeminência dos interesses do exequente

Vimos que um dos deveres a que se encontra submetido o juiz é o de ministrar um tratamento igualitário às partes (CPC, art. 139, I). Esse direito que possuem os litigantes, de serem tratados de maneira isonômica pelo órgão jurisdicional, deriva do princípio da igualdade de todos perante a lei, contido no art. 5.º, *caput*, da Constituição Federal.

O princípio da igualdade das partes, entretanto, somente tem incidência plena no processo de conhecimento (e no cautelar), porquanto, trasladado para o de execução, sofre consideráveis restrições, que se justificam pela necessidade de amoldá-lo aos fins desse processo. Com efeito, como constou da Exposição de Motivos do digesto de processo civil de 1973 (Cap. IV, inc. III, letra "*a*", item 18), na execução o exequente se encontra em um ontológico estado de preeminência jurídica, diante do executado, que se vê colocado, em razão disso, num estado de sujeição ao direito daquele, reconhecido pela sentença exequenda.

Realiza-se a execução, enfim, no interesse do exequente (CPC, art. 797), embora possa o executado oferecer resistência jurídica às pretensões daquele, quando deduzidas em desacordo com o título executivo, ou ao próprio título, quando este estiver em antagonismo com a lei (CLT, art. 884). Só configurará ato atentatório à dignidade da justiça a resistência *injustificada* do executado (CPC, art. 774, IV).

Essa desigualdade jurídica dos litigantes no processo de execução emana, como dissemos, da preeminência que a lei atribui aos interesses do exequente. Tal superioridade jurídica, contudo, não pode constituir motivo para o espezinhamento — sistemático ou mesmo ocasional — dos direitos processuais e da dignidade do executado; por outros termos, não pode o juiz, em nome dessa preeminência do exequente, deixar de ministrar ao executado o mesmo tratamento que é dado àquele, quando a lei assim o determinar. Se, *e.g.*, for concedido ao exequente prazo para juntar documentos, para manifestar-se sobre os cálculos ou sobre o laudo pericial, igual oportunidade deverá ser assegurada ao executado, sob pena de violação do art. 139, I, do CPC, e consequente nulidade do processo.

Sempre, aliás, que a execução puder ser promovida por vários meios, o juiz determinará que seja feita pelo menos gravoso para o executado (CPC, art. 805). Cumprirá, pois, ao magistrado encontrar o necessário ponto de equilíbrio entre os arts. 797 e 805, ambos do CPC. Em síntese, a preeminência do exequente, no processo de execução, em que pese ao fato de ser justificável, não pode implicar ofensa à *dignidade* do executado, sabendo-se que a dignidade da pessoa humana traduz um dos fundamentos de nossa República (CF, art. 1.º, III).

2. Da natureza real

Em épocas priscas, a execução recaía na pessoa do próprio executado, tendo, por isso, caráter nitidamente *corporal*. Vale ser lembrada a *manus iniectio* romana, que concedia ao credor a faculdade de dispor da vida e da liberdade do devedor, podendo matá-lo ou vendê-lo como escravo — práticas que, hoje, provocam justificadas repulsas aos estudiosos do processo e aos jurisdicionados em geral.

Via de regra, nos tempos modernos, a execução tem caráter essencialmente *patrimonial*, porquanto incide, apenas, nos bens do executado. A finalidade da execução, nos atuais sistemas de processo, é, portanto, expropriar bens do devedor, com o objetivo de satisfazer o direito do credor (CPC, art. 824). A prisão civil por dívidas só é permitida nos casos de inadimplemento voluntário e inescusável de obrigação alimentícia (CF, art. 5.º, LXVII).

A Súmula Vinculativa n. 25 do STF, entrementes, assentou: *"É ilícita a prisão civil de depositário infiel, qualquer que seja a modalidade do depósito"* (*DJe* n. 238, p. 1, em 23-12-2009; *DOU* de 23-12-2009, p. 1). Mesmo anteriormente a essa Súmula, o Supremo Tribunal Federal vinha entendendo que a prisão civil do depositário infiel estaria em confronto com o § 7.º do art. 7.º da Convenção Americana de Direitos Humanos (adotada e aberta à assinatura na Conferência Especializada Interamericana sobre Direitos Humanos, em San José de Costa Rica, em 22 de novembro de 1969 e ratificada pelo Brasil em decreto de 6 de novembro de 1992), motivo por que declarou ser ilegal essa prisão (RE n. 466.343-1-SP, rel. Min. Cezar Peluso, *DJE* de 05-06-2009).

No Capítulo II, item 11, deste livro, pudemos demonstrar as razões de nossa discordância dessa Súmula do STF.

De qualquer forma, ninguém poderá ser privado de seus bens (assim como de sua liberdade) sem o devido processo legal (CF, art. 5.º, LIV) — que constitui, a nosso ver, um superprincípio e do qual todos os outros, de natureza processual, soem emanar.

Para o cumprimento de suas obrigações, o executado não responde unicamente com os bens que possua, mas, também, com aqueles que vier a adquirir (CPC, art. 789).

3. Da limitação expropriatória

Este princípio constitui uma espécie de extensão do examinado no item anterior. Por ele se diz que embora o escopo da execução seja o de fazer com que o devedor satisfaça, com seu patrimônio, o direito do exequente, os atos expropriatórios que venham a ser realizados em nome desse objetivo não devem ir além do limite da dívida, com os acréscimos legais (correção monetária, juros, honorários de advogado ou de perito etc.).

Em termos práticos, isso significa que a execução não pode ser utilizada como subterfúgio para a expropriação integral do patrimônio do executado, quando apenas parte deste seria suficiente para satisfazer, por inteiro, a obrigação.

Declara, por isso, o art. 831 do CPC, que a penhora cairá em tantos bens "quantos bastem para o pagamento do principal atualizado, dos juros, das custas e dos honorários advocatícios"; de outra parte, a arrematação deverá ser suspensa assim que o produto da expropriação for suficiente para solver a dívida (CPC, art. 899). Esclarece, ainda, o mesmo Código, que a segunda penhora somente será efetuada se o produto da expropriação não bastar para o pagamento do credor (art. 851, II).

Essas disposições legais demonstram, com sobras, que há um *limite* para a expropriação dos bens do executado — que é, naturalmente, o valor da dívida, com os acréscimos previstos em lei.

4. Da utilidade para o exequente

O interesse processual é, apenas, uma das condições da ação (CPC, art. 17), mas um requisito absolutamente indispensável para a admissibilidade de qualquer postulação que se faça em juízo.

Esse interesse decorre tanto da *necessidade* que o indivíduo possui de obter o pronunciamento jurisdicional invocado, quanto da *utilidade* que esse pronunciamento representa para os seus interesses juridicamente tuteláveis. Prende-se, dito interesse, portanto, ao binômio necessidade/utilidade, ainda que um só desses elementos seja bastante para justificar a prestação da tutela jurisdicional.

Segue-se que, se o executado não possuir nenhum bem que lhe permita satisfazer a obrigação, ou, os que possuir, forem totalmente absorvidos pelo pagamento das custas da execução (CPC, art. 836, *caput*), faltará ao exequente o indispensável interesse de prosseguir com a execução, razão por que o processo deverá ser suspenso por um ano (Lei n. 6.830/1980, art. 40, § 2.º); decorrido esse prazo, sem que sejam encontrados bens penhoráveis, o juiz ordenará o arquivamento dos autos, conquanto a execução possa vir a ser restabelecida a qualquer tempo, desde que surjam bens suscetíveis de expropriação (*ibidem*, § 3.º). Essa norma legal incide no processo do trabalho por força do estatuído no art. 899 da CLT.

5. Da não prejudicialidade do executado

O estado de sujeição à coisa julgada material — consubstanciada no título executivo —, em que se encontra ontologicamente colocado o executado, não constitui motivo para que sobre ele tripudie o exequente, procurando, p. ex., cobrar-lhe mais do que efetivamente deve, ou promovendo a execução pelo modo mais gravoso. Por aí se percebe que o princípio em foco se enastra com outros, anteriormente examinados, formando um espécie de teia jurídica.

Estatui o art. 776 do CPC que o exequente ressarcirá ao executado os danos que este sofreu, quando a sentença, passada em julgado, declarar inexistente, no todo ou em parte, a obrigação que deu origem à execução. A despeito de reputarmos incompatível com o processo do trabalho de *lege lata* essa regra do processo civil, devemos reconhecer que ela espelha a preocupação do legislador em evitar que o exequente se valha da execução para buscar a satisfação de direito inexistente.

Na execução provisória, caso a sentença (título executivo) venha a ser reformada, cumprirá ao exequente indenizar o executado dos danos que tiver acarretado a este (CPC, art. 520 I) — justamente, porque o executado não pode sofrer prejuízo, em decorrência do princípio que estamos a examinar.

6. Da especificidade

Significa que a execução deve ser processada de acordo com a natureza da obrigação a que se refira. Dessa forma, somente em hipóteses ou situações excepcionais, legalmente previstas, poderá ocorrer quebra desse princípio, permitindo-se a substituição de uma prestação específica por outra, de índole pecuniária.

Vejamos algumas dessas exceções.

Em consonância com os arts. 234, 236 e 239 do Código Civil, estatui o art. 809 do correspondente digesto processual que o credor tem direito a receber, além de perdas e danos, o valor da coisa, quando esta: a) não lhe for entregue; b) se houver deteriorado; c) não for reclamada do poder do terceiro adquirente. Tais disposições dizem respeito às obrigações de entregar coisa certa. Quanto às de fazer, estabelece o art. 248 do Código Civil que se a prestação do fato se impossibilitar por culpa do devedor, este responderá por perdas e danos, elucidando o art. 247 seguinte que na mesma obrigação de indenizar por perdas e danos incidirá o devedor que recusar a prestação a ele imposta, ou só por ele exequível, regra que é reproduzida, em sua essência, pelo art. 816 do CPC. No tocante às obrigações de não fazer, reza o art. 251 do Código Civil que, se o devedor praticar o ato a cuja abstenção se obrigara, o credor poderá exigir dele que o desfaça, sob pena de ser desfeito à sua custa, "ressarcindo o culpado de perdas e danos" — norma que provocou ressonância no art. 823 do CPC.

O art. 496 da CLT permite, todavia, ao juiz converter a reintegração no emprego em indenização quando aquela for desaconselhável. Temos aqui, portanto, a convolação *ex officio* de uma obrigação de fazer para de pagar quantia certa.

7. Da responsabilidade pelas despesas processuais

Ao executado incumbe não apenas satisfazer a obrigação assumida em face do exequente — realizando a pertinente prestação —, como reembolsá-lo dos gastos que teve de efetuar em decorrência da demanda (transporte de testemunhas, honorários de advogado ou de perito etc.) e, ainda, arcar com os custos processuais (custas, emolumentos), desde que previstos no título executivo ou em posterior pronunciamento jurisdicional.

Nem haveria de ser de outra forma, pois seria nimiamente injusto que o exequente, para fazer valer em juízo seu direito, sofresse perdas patrimoniais ou abalo em suas finanças, provenientes do pagamento de todas essas despesas, *lato sensu*.

Essa responsabilidade do executado, no sentido de responder pelas despesas processuais, subsiste mesmo no caso de remição, porquanto, para obtê-la, deverá pagar não só o principal (corrigido monetariamente e acrescido dos juros de mora legais) como custas e honorários de advogado (CPC, art. 826), embora estes, em regra, se encontrem já incluídos na conta geral da execução. A imposição ao pagamento de honorários periciais, contudo, pode ser ulterior à elaboração da mencionada conta, vale dizer, pode ocorrer mesmo depois do proferimento da sentença exequenda, como se dá, *v.g.*, na resolução dos embargos do devedor, sempre que a liquidação tenha sido feita mediante cálculos confeccionados por perito (à risca, contador *ad hoc*).

8. Do não aviltamento do executado

Embora, como dissemos, tenha o exequente posição de preeminência jurídica, na execução, isso não deve constituir motivo para afrontar-se a dignidade humana do executado, expropriando-lhe, por exemplo, bens indispensáveis à sobrevivência própria ou familiar; daí por que a lei declara impenhoráveis determinados bens (CPC, art. 833), como os inalienáveis e os declarados, por ato voluntário, não sujeitos à execução; os móveis, pertences e utilidades domésticas que guarnecem a residência do executado, exceto os de elevado valor ou que ultrapassem as necessidades comuns correspondentes a um padrão de vida médio; os vestuários e os pertences de uso pessoal do executado, salvo se de elevado valor; os vencimentos soldos, subsídios, remunerações, proventos de aposentadoria, pensões, pecúlios, montepios, assim como as quantias recebidas por liberalidade de terceiro e destinadas ao sustento do devedor e sua família, os ganhos do trabalhador autônomo e os honorários dos profissionais liberais; os livros, máquinas, ferramentas, utensílios, instrumentos ou outros bens móveis necessários ou úteis ao exercício de qualquer profissão; o seguro de vida; os materiais necessários para obras em andamento, exceto se estas forem penhoradas; a pequena propriedade rural; os recursos públicos recebidos por instituições privadas para aplicação compulsória em educação, saúde ou assistência social; até o limite de quarenta salários mínimos a quantia depositada em caderneta de poupança, os recursos públicos do fundo partidário recebidos, nos termos da lei, por partido político etc.

À falta de outros bens, podem ser penhorados (ou arrestados) os frutos e os rendimentos dos bens inalienáveis (CPC, art. 834). É interessante observar que o CPC de 1973, em sua redação primitiva, colocava a salvo de penhora as imagens e os objetos do culto religioso, desde que possuíssem valor elevado (CPC, art. 650, I e II). O Código de 2015 não reproduziu a regra.

A Lei n. 8.009, de 29 de março de 1990, modificando — e, acima de tudo, deturpando — o instituto do bem de família (CC de 1916, arts. 70 a 73; CC de 2002, arts. 1.711 a 1.722) dispõe que o imóvel residencial próprio do casal ou da entidade familiar é impenhorável, não respondendo por qualquer tipo de dívida civil, fiscal, comercial, previdenciária ou de qualquer outra natureza, contraída pelos cônjuges ou pelos pais ou filhos que sejam seus proprietários e nele residam (art. 1.º, *caput*), salvo se o bem consistir em veículo de transporte, obras de arte ou adornos suntuosos (art. 2.º, *caput*).

Não cabe aqui — tendo em vista o tema central deste livro — um exame aprofundado, exaustivo (e, sobretudo, crítico) dessa norma legal e de suas repercussões no processo de trabalho. A despeito disso, devemos justificar a afirmação de que a Lei n. 8.009/1990, sob certo aspecto, desfigurou o instituto do bem de família. Sucede que, enquanto a cláusula concernente ao bem de família regulado pelo Código Civil, então vigente, de 1916, assegurava a impenhorabilidade do prédio residencial durante o tempo em que vivesse o devedor e seu cônjuge e enquanto fossem menores de idade os seus filhos (art. 70, parágrafo único), a mencionada lei deixava claro que a impenhorabilidade não encontraria esses limites, pelo menos, no que respeitava aos filhos (art. 1.º, *caput*). Por outro lado, a malsinada norma legal não reproduziu a regra inserta no art. 71 do CC, segundo a qual essa impenhorabilidade só ocorreria se a pessoa, quando da instituição do bem de família, não possuísse dívidas cujo pagamento pudesse ser prejudicado por essa cláusula. Esclarecia o parágrafo único que a cláusula que isentasse o bem de execução por dívidas se referia a dívidas posteriores à instituição, e não às anteriores, caso se constatasse que a solução destas se tornasse inexequível em virtude da aludida instituição. A Lei n. 8.009/1990 não vai além de uma amena declaração de que o devedor não se beneficiará de suas disposições se, sabendo-se insolvente, adquirir de má-fé imóvel mais valioso para transferir a residência familiar, desfazendo-se ou não da moradia mais antiga (art. 4.º, *caput*).

Lamentavelmente, dita lei preocupou-se, apenas, com a dignidade humana do executado, ignorando a do exequente (trabalhador) e espezinhando os valores sociais do trabalho — dois dos princípios fundamentais de nossa República Federativa (CF, art. 1.º, III e IV).

No atual Código Civil (Lei n. 10.406, de 10-01-2002), a matéria concernente ao bem de família é regulada pelos arts. 1.711 a 1.722:

> Art. 1.711. Podem os cônjuges, ou a entidade familiar, mediante escritura pública ou testamento, destinar parte de seu patrimônio para instituir bem de família, desde que não ultrapasse um terço do patrimônio líquido existente ao tempo da instituição, mantidas as regras sobre a impenhorabilidade do imóvel residencial estabelecida em lei especial.
>
> Parágrafo único. O terceiro poderá igualmente instituir bem de família por testamento ou doação, dependendo a eficácia do ato da aceitação expressa de ambos os cônjuges beneficiados ou da entidade familiar beneficiada.
>
> Art. 1.712. O bem de família consistirá em prédio residencial urbano ou rural, com suas pertenças e acessórios, destinando-se em ambos os casos a domicílio familiar, e poderá abranger valores mobiliários, cuja renda será aplicada na conservação do imóvel e no sustento da família.
>
> Art. 1.713. Os valores mobiliários, destinados aos fins previstos no artigo antecedente, não poderão exceder o valor do prédio instituído em bem de família, à época de sua instituição.
>
> § 1.º Deverão os valores mobiliários ser devidamente individualizados no instrumento de instituição do bem de família.
>
> § 2.º Se se tratar de títulos nominativos, a sua instituição como bem de família deverá constar dos respectivos livros de registro.
>
> § 3.º O instituidor poderá determinar que a administração dos valores mobiliários seja confiada à instituição financeira, bem como disciplinar a forma de pagamento da respectiva renda aos beneficiários, caso em que a responsabilidade dos administradores obedecerá as regras do contrato de depósito.

Art. 1.714. O bem de família, quer instituído pelos cônjuges ou por terceiro, constitui-se pelo registro de seu título no Registro de Imóveis.

Art. 1.715. O bem de família é isento de execução por dívidas posteriores à sua instituição, salvo as que provierem de tributos relativos ao prédio, ou de despesas de condomínio.

Parágrafo único. No caso de execução pelas dívidas referidas neste artigo, o saldo existente será aplicado em outro prédio, como bem de família, ou em títulos da dívida pública, para sustento familiar, salvo se motivos relevantes aconselharem outra solução, a critério do juiz.

Art. 1.716. A isenção de que trata o artigo antecedente durará enquanto viver um dos cônjuges, ou, na falta destes, até que os filhos completem a maioridade.

Art. 1.717. O prédio e os valores mobiliários, constituídos como bem da família, não podem ter destino diverso do previsto no art. 1.712 ou serem alienados sem o consentimento dos interessados e seus representantes legais, ouvido o Ministério Público.

Art. 1.718. Qualquer forma de liquidação da entidade administradora, a que se refere o § 3.º do art. 1.713, não atingirá os valores a ela confiados, ordenando o juiz a sua transferência para outra instituição semelhante, obedecendo-se, no caso de falência, ao disposto sobre pedido de restituição.

Art. 1.719. Comprovada a impossibilidade da manutenção do bem de família nas condições em que foi instituído, poderá o juiz, a requerimento dos interessados, extingui-lo ou autorizar a sub-rogação dos bens que o constituem em outros, ouvidos o instituidor e o Ministério Público.

Art. 1.720. Salvo disposição em contrário do ato de instituição, a administração do bem de família compete a ambos os cônjuges, resolvendo o juiz em caso de divergência.

Parágrafo único. Com o falecimento de ambos os cônjuges, a administração passará ao filho mais velho, se for maior, e, do contrário, a seu tutor.

Art. 1.721. A dissolução da sociedade conjugal não extingue o bem de família.

Parágrafo único. Dissolvida a sociedade conjugal pela morte de um dos cônjuges, o sobrevivente poderá pedir a extinção do bem de família, se for o único bem do casal.

Art. 1.722. Extingue-se, igualmente, o bem de família com a morte de ambos os cônjuges e a maioridade dos filhos, desde que não sujeitos à curatela.

9. Da livre disponibilidade do processo pelo exequente

O sistema do processo civil brasileiro atribui ao exequente a faculdade de desistir de toda a execução (mais) ou de apenas algumas medidas executivas (menos); é o que consta do art. 775 do CPC. Conquanto se trate de ato que deriva de manifestação da vontade assinalada pela unilateralidade, a desistência da execução, a nosso ver, só produzirá os efeitos jurídicos pretendidos se homologada por sentença (CPC, art. 200, parágrafo único), ainda que concisa, e desde que fundamentada (CF, art. 93, IX).

O parágrafo único do art. 775 do CPC estabelece que na desistência da execução deverá ser observado o seguinte:

a) serão extintos a impugnação e os embargos que versarem apenas sobre questões processuais, pagando o exequente as custas processuais e os honorários advocatícios (I);

b) nos demais casos, a extinção dependerá da concordância do impugnante ou do embargante (II).

O que esses dispositivos, em seu conjunto, por forma inversa, estão a declarar é que se houver nos embargos à execução *matéria de mérito*, a desistência do exequente dependerá de concordância do executado. Assim é porque este poderá ter interesse em obter um provimento jurisdicional declaratório, por exemplo, de quitação eficaz, de prescrição extintiva e de outras matérias alegadas; essa expectativa ficaria frustrada se se reconhecesse à desistência da execução, manifestada pelo exequente, a qualidade de direito potestativo, cujo exercício não ficaria subordinado à anuência do executado. Cabe lembrar que a desistência da ação, no processo de conhecimento, só será eficaz se — exaurido o prazo para a resposta — o réu com ela concordar (CPC, art. 485, § 4.º); assim sendo, parece-nos razoável concluir que essa mesma regra deve incidir no processo de execução, porquanto, para esse efeito, os embargos do devedor equivalem, *mutatis mutandis*, à resposta do réu. Cabe observar que os referidos embargos não constituem contestação ou recurso, e sim, *ação* incidental na execução.

Diversa, contudo, é a situação no plano dos recursos, em que, por expressa autorização legal (CPC, art. 998), o recorrente pode, a qualquer tempo, desistir do apelo sem o assentimento do adversário (ou dos adversários, no caso de regime litisconsorcial). Nada obstante, entendemos que essa desistência só terá validade se homologada pelo juiz, pois também aqui deve ser observado o disposto no art. 200, parágrafo único, do CPC.

O art. 999 do CPC não trata de *desistência* do recurso, e sim, de *renúncia* ao direito de recorrer, que é algo diverso.

A execução apresenta, ainda, determinadas notas singulares, que a despeito de não poderem ser alteadas à categoria de princípios, segundo a acepção deste vocábulo na ordem jurídica, constituem inegáveis e expressivas particularidades. Dentre elas, destacamos as seguintes: a) os riscos da execução provisória devem ser suportados pelo exequente (CPC, art. 520, I); b) o veto à modificação da sentença exequenda (CLT, art. 879, § 1.º); c) a necessidade de o exequente especificar a espécie de execução pretendida, sempre que ela puder processar-se por mais de um modo (CPC, art. 798, II, "*a*"); d) a execução só pode recair em bens penhoráveis ou alienáveis (CPC, art. 833); e) a possibilidade de expropriação antecipada dos bens (CPC, art. 852); f) a execução se processa, em regra, perante o juízo de primeiro grau.

Capítulo V

Princípios Específicos do Processo do Trabalho

1. Introdução

Até esta quadra, dedicamo-nos ao estudo dos princípios informativos do processo em geral, classificando-os em dois grupos básicos: a) constitucionais e b) infraconstitucionais, conforme tenham sede na Suprema Carta Política do país ou em leis ordinárias. Desprezamos a adoção de outros critérios de classificação por reputarmos destituídos de relevância prática.

Em termos largos, podemos dizer que atuam no processo do trabalho todos esses princípios, embora seja necessário chamar a atenção ao fato de que este processo especializado lhes imprime, algumas vezes, intensidade maior ou menor do que aquela de que se fazem providos no processo civil. Por outras palavras, o processo do trabalho ora exalta alguns desses princípios, para deles extrair o máximo de eficiência, ora os atenua, para harmonizá-los com o substrato ideológico que vivifica este processo. Em resumo, o processo do trabalho, uma vez ou outra, faz uso do seu sinete particular ao aplicar aos caso concretos esses princípio gerais.

A doutrina estrangeira tem-se preocupado, de longa data, em classificar os princípios regentes do processo do trabalho.

1) Para Menéndez-Pidal, por exemplo, estes consistem: a) no tecnicismo; b) na maior intensidade do princípio inquisitivo; c) no impulso judicial (Derecho Procesal Social. *Revista de Derecho Privado*, Madrid, 1947, p. 6).

2) Em Porrás López temos: a) o dispositivo; b) o do impulso processual; c) o da formalidade; d) o da concentração; e) o da imediação; f) o da publicidade; g) o da apreciação das provas em consciência. (*Derecho Procesal del Trabajo.* Puebla, México: José Cajica. p. 255).

3) Eduardo Couture aponta os seguintes: a) correção da desigualdade; b) especialização do juízo; c) poder normativo; d) não imutabilidade da coisa julgada; e) ampla margem de equidade; f) intensificação da conciliação (*Algunas Nociones Fundamentales de Derecho Procesal del Trabajo,* Instituto de Derecho del Trabajo de la universidad Nacional del Litoral. Santa Fé, Argentina: 1941. p. 111).

4) Mariano Tissembaum menciona: a) a ultrapetição; b) o início *ex officio* da ação; c) a intensificação da conciliação; d) a possibilidade de revisão da coisa julgada. (*Las Controversias del Trabajo*, Buenos Aires: 1952. p. 165).

5) Nelson Nicoliello também alude à ultrapetição, incluindo, ainda, a escolha do foro, pelo trabalhador, para ajuizar a ação (*Nuevos Apuntes Jurídicos.* Montevideo: Amalio M. Fernandez, 1970. p. 117).

Em nosso meio, colhemos as seguintes classificações:

1) Russomano menciona os princípios: a) da finalidade social; b) da oralidade; c) do impulso pelas partes; d) da economia (*Anteprojeto de Código de Processo de Trabalho*, de 1964).

2) Wagner Giglio, de sua parte, fala-nos dos princípios: a) protecionista; b) da jurisdição normativa; c) da despersonalização do empregador; d) da simplificação do procedimento (*Direito processual do trabalho.* 6.ª ed. São Paulo, LTr, 1996. p. 75/78).

3) Cesarino Júnior indica os: a) da oralidade; b) da unidade do juízo; c) da concentração; d) do julgamento imediato; e) da irrecorribilidade das decisões interlocutórias; f) da revogabilidade das decisões definitivas (*Direito social brasileiro*. São Paulo: Saraiva, 1970. vol. I, p. 216). Não se deu conta, porém, este último jurista, que a concentração e a irrecorribilidade das interlocutórias fazem parte da oralidade, como demonstramos em páginas precedentes.

4) Coqueijo Costa entendia serem princípios do processo do trabalho: a) o dispositivo; b) o formalista; c) a oralidade; d) a celeridade; e) o contraditório; f) o impulso oficial; g) a livre convicção do juiz; h) a lealdade processual; i) a conciliação; j) a irrenunciabilidade (*Direito processual do trabalho.* 3.ª ed. Rio de Janeiro: Forense, 1986. p. 21-22).

O processo do trabalho, visto sob o ângulo ontológico, não constitui uma entidade à parte, que tenha surgido do nada para ocupar um lugar no universo jurídico. Dá-se que o conceito de processo, como método estatal de solução heterônoma de conflitos intersubjetivos de interesses juridicamente tuteláveis, é substancialmente uno e incindível. Quando falamos em processo civil, penal, do trabalho etc., não estamos ignorando essa unidade e incindibilidade ontológicas do processo, senão que apenas realçando a natureza da lide, do conflito de interesses que ele se destina a compor.

A observação é importante para demonstrar que o processo do trabalho, como espécie, participa do gênero processo, e, em razão disso, nutre-se dos princípios nos quais este se assenta, com vistas ao atingimento de suas finalidades político-institucionais. Desse modo, é evidente que ao processo do trabalho, assim como ao civil (para não cogitarmos do penal), são aplicáveis os princípios previstos na Constituição da República, dentre os quais, os da inafastabilidade da jurisdição, do juiz natural, do contraditório e da ampla defesa, do devido processo legal, do juízo competente, da publicidade, da fundamentação das decisões, da liceidade dos meios de prova, da igualdade de tratamento (pelo juiz), da não prisão civil por dívida, dentre outros. Pelo mesmo motivo, atuam no processo do trabalho os princípios a que denominamos de infraconstitucionais, vale dizer, os da demanda, do impulso processual *ex officio*, da oralidade, da economia, da conciliação, da lealdade, da livre investigação das provas, do ônus da prova, do duplo grau de jurisdição, da eventualidade e do dispositivo, somente para referir alguns.

O que varia, entre um processo e outro, como dissemos antes, é a intensidade com que tais princípios são aplicados. Essa variação deriva, fundamentalmente, do escopo ideológico de cada processo, que é determinado pela influência direta e irresistível sobre eles exercida pela contextura político-ideológica do direito material a que correspondem. Nem poderia ser de maneira diversa, sob pena de o processo não atender eficazmente aos fins para o qual foi instituído. Trazido o tema para o campo da patologia, podemos dizer que a disfunção do processo é um mal que o acomete toda vez que se afasta dessa área de influência do direito material. Em tais casos, ele realiza um perigoso saque contra a sua identidade.

Postas essas considerações, examinemos, a seguir, quais os princípios que podem ser indicados como verdadeiramente característicos do processo do trabalho. Essa empreitada, no entanto, para alcançar, sem falhas consideráveis, o objetivo traçado, deve ser precedida de uma reflexão, embora breve, acerca da condição social do trabalhador e as consequências que ela acarreta em suas relações jurídicas com o empregador, nos planos material e processual.

É copiosa a literatura estrangeira, e do mesmo modo a brasileira, atinente à demonstração convincente de inexistir igualdade social ou econômica entre trabalhador e empregador; o que há, isto sim, de maneira invariável e esmagadora, é uma superioridade deste, como detentor dos meios de produção e de provas. Daí, a necessidade de essa histórica inferioridade do trabalhador ser compensada pelo Estado, mediante a edição de normas legais que o coloquem em superioridade jurídica diante do empregador (Gallart-Folch). A realidade tem demonstrado, contudo, de forma dramática, que esse artifício da superioridade jurídica não tem sido suficiente para permitir ao trabalhador estabelecer um efetivo equilíbrio de forças em suas relações com o empregador, conquanto seja inevitável reconhecer que, sem essa fórmula artificiosa, a situação do trabalhador estaria grandemente empiorada.

Essa proteção legal seria, entretanto, insatisfatória se ficasse restrita às relações materiais, intersubjetivas, pois de nada valeria ao trabalhador ostentar a superioridade já mencionada, mas ver-se dela desprovido quando ingressasse em juízo. Afinal, o simples fato de haver invocado a prestação da tutela jurisdicional, visando a conseguir a reparação de um direito lesado, ou evitar que a lesão se consume, não faz com que o trabalhador se veja livre dessa fatalidade histórica representada pelo ferrete iníquo da inferioridade econômica. Ainda que a contragosto, devemos reconhecer que, não sendo o trabalhador e o empregador iguais na vida social, seria ilusório imaginar que passariam a sê-lo no âmbito conflituoso do processo. Muda o cenário, mas não a história. Daí decorre a necessidade imperiosa de o Estado ministrar uma adequada proteção jurídica ao trabalhador, quando este tem o seu dia na corte. Quando este assume o *status* formal de parte, de autor da demanda, isso não faz desaparecer a dura sina que as convenções humanas lhe reservaram. No momento, portanto, em que ele exerce o seu direito constitucional de ação, a tutela que lhe dispensa o direito material deve irradiar os seus efeitos, sem perda de intensidade, no terreno processual. O processo do trabalho, nunca é demais insistir, sem prejuízo de poder ser objeto de exames e de discussões tendentes a aprimorá-lo do ponto de vista científico e de efetividade, jamais poderá esquecer que a sua finalidade reside, sem maiores rebuços, em servir ao direito material correspondente.

Com *efetividade* estamos a significar o atingimento dos objetivos do processo, que consistem não somente na eliminação dos conflitos de interesses, mediante sentença de mérito reconhecedora de qual parte possui o direito disputado, mas, acima de tudo, na obtenção ou preservação da paz social.

Mais uma vez, preocupamo-nos em esclarecer que não se instila nessas nossas palavras o desejo sub-reptício de fazer uma concessão à teoria civilista, outrora vogante, segundo a qual a ação nada mais seria do que o próprio direito material em estado de reação a uma violência sofrida (Windscheid). Nas palavras de Celso: *"la acción no era nada más es que el derecho de alguien para perseguir em juicio lo que es debido"*. Com isso, negava-se a autonomia ontológica da ação, reduzindo-a a mero elemento apendicular do direito material. Por esse mesmo motivo, a doutrina do período aludia ao processo como *direito adjetivo*, em contraposição ao *direito substantivo*, que era o material. Sabemos que a ação, hoje, tem reconhecida a sua autonomia ontológica; tanto isso é verdadeiro, que pode haver ação sem direito material, bastando citar a *declaratória negativa*, cujo objetivo radica, exatamente, na obtenção de um provimento jurisdicional que diga (declare) da inexistência de relação jurídica material entre autor e réu. Essa particularidade, a propósito, já fora percebida pela argúcia do notável Adolfo Wach, quase no final do século passado. Para o jurista alemão, a ação era dirigida, a um só tempo, contra o Estado e contra o adversário: no primeiro caso, em virtude do direito de exigir a proteção jurisdicional; no segundo, para submeter o adversário às pretensões do autor. A falha de Wach consistiu, no entanto, na conclusão de que o direito de ação somente existiria quando a sentença fosse favorável.

A ação, a nosso ver, é um direito *autônomo*, porque, embora tenha, na maioria dos casos, como elemento subjacente o direito material, o fato de esse direito não vir a ser reconhecido pelo magistrado não significa que a ação não tenha sido exercida. Há situações em que, até mesmo, a existência da ação independe da presença de direito material, como se dá, tipicamente, conforme asseveramos há pouco, na *ação declaratória negativa*, em que a pretensão do autor consiste na obtenção de um provimento jurisdicional que diga da inexistência de relação jurídica material com o réu.

O que pretendemos, com aquelas palavras, foi formular uma advertência, a quantos se julguem dela destinatários, de que o processo do trabalho, no compreensível entusiasmo pela busca de sua evolução científica, não deve esquecer que o verdadeiro motivo de sua existência é fazer atuar, sem perda de conteúdo, o direito material. Aquele, sem este, é nada. Equipara-se à faca sem lâmina. A sino sem badalo. Nossa inquietação, quanto aos riscos dessa alienação ideológica do processo do trabalho, é antiga e tanto mais a mantemos quanto percebemos que, nos diversos textos elaborados com vistas à reformulação desse processo (seja para codificá-lo, ou não), os seus autores não se têm dado conta de que este deve ser presidido pelo mesmo escopo tuitivo do trabalhador, que caracteriza e justifica a razão de ser do direito material.

Sem ainda procurarmos identificar os princípios característicos do processo do trabalho, passemos a ocupar-nos, mesmo que fugazmente, com a análise de algumas particularidades dos conflitos trabalhistas, pois isso nos conduzirá com maior segurança ao encontro daqueles princípios.

Quando o trabalhador ingressa em juízo, não ficam em jogo apenas os seus direitos individuais, ou seja, os direitos daquele determinado trabalhador; ao impetrar a tutela jurisdicional do Estado, ele, natural e inevitavelmente, leva consigo, subjacente, os interesses da classe (não somente da categoria, que tem um significado estrito) a que pertence. Em que pese ao fato de não haver aí, tecnicamente, uma lide coletiva, na razão em que só é parte aquele trabalhador, não se pode negar que ele, embora subjetivamente individualizado, representa, sob certo aspecto, os interesses e as aspirações de toda a classe a que pertence, levando-se em conta as relações históricas que esta mantém com a dos empregadores. Não será insensato afirmar, por esse motivo, que, na ação individual ajuizada pelo trabalhador, está, microscopicamente reproduzido, um conflito de classes, circunstância suficiente para demonstrar a imprudência daqueles que procuram dar às lides trabalhistas a mesma conformação que soem atribuir às lides próprias do processo civil. Dizendo-se por outra forma, embora haja na ação individual trabalhista, do ponto de vista subjetivo, uma individualização do trabalhador, como autor, e uma especificação das pretensões por ele deduzidas, essa individualização e essa especificação se encontram ligadas não somente ao microcosmos de sua individualidade, mas também, e máxime, ao universo dos interesses da classe da qual é um atuante elemento fragmentário. Visto o fenômeno por este ângulo óptico, pode-se asseverar que o conflito intersubjetivo de interesses, ocorrente no processo do trabalho, se caracteriza, sob a perspectiva ideológica, pela despersonalização do trabalhador, como indivíduo, para convertê-lo em representante da classe de que participa.

Segue-se, que mesmo em uma ação individual está sempre presente, em sua raiz, aquele conflito mais amplo, que decorre dos interesses antagônicos que assinalam as relações entre o detentor dos meios de produção e o possuidor da força de trabalho. Nesse concerto de ideias, o trabalhador possui não apenas interesses concretos, traduzidos no acolhimento dos pedidos formulados, como (ainda que não o saiba) a função ideológica de desempenhar, como partícula, o papel que sua classe representa nas relações com a socialmente oposta.

É algo comparável, *mutatis mutandis*, com o que se passa com o consumidor, cujos interesses manifestados em juízo soem corresponder aos interesses da generalidade dos consumidores.

Se admitidas como verdadeiras estas nossas considerações, parece-nos livre o caminho para concluir que a mais significativa das *características* dos conflitos trabalhistas repousa em seu caráter *classista*.

Como havíamos dito, antes disso, que o fato de o trabalhador ingressar em juízo não deita por terra a sua posição de inferioridade econômica em face do empregador — de tal sorte que o legislador deve dispensar-lhe o mesmo tratamento protetivo ministrado no plano do direito material —, sentimo-nos à vontade para indicar a sua *desigualdade* (econômica) como a segunda característica das lides trabalhistas.

Se prosseguíssemos na investigação haveríamos, por certo, de encontrar outras notas peculiares dos conflitos dessa natureza; fundamentalmente, porém, os traços particulares mais relevantes são o caráter classista do litígio e a desigualdade do trabalhador; desigualdade que gera inferioridade técnica, conforme procuraremos demonstrar mais adiante.

Esgotados esses comentários propedêuticos, chega o momento de buscarmos saber quais são os *princípios* específicos do processo do trabalho, objetivo central de nosso estudo tópico.

Pondo de parte determinadas questiúnculas doutrinais que o assunto via de regra provoca, devemos dizer, em nome da objetividade, que, em essência, não vão além de dois esses princípios — isso se não perdermos de vista o fato de estarmos à procura dos princípios verdadeiramente *característicos* do processo do trabalho. São eles os da: a) correção da desigualdade e b) jurisdição normativa.

2. Correção da desigualdade

Tal-qualmente se dá no plano do direito material, a lei deve subministrar ao trabalhador, quando em juízo, meios técnicos que lhe permitam demandar em igualdade de condições com o adversário. Dessa maneira, também no campo processual é indispensável a intervenção do Estado, a fim de propiciar ao trabalhador meios de promover a efetiva defesa dos seus direitos e interesses manifestados na causa.

Não basta, portanto, que a ação constitua, entre nós, um direito público subjetivo assegurado constitucionalmente (art. 5.º, XXXV); de nada adiantaria ao trabalhador invocar a prestação da tutela jurisdicional se não possuísse um mínimo de condições indispensáveis para contender, em situação de igualdade técnica, com o empregador. Temos, por isso, advertido que o simples facilitamento do acesso à justiça (como dever estatal), embora tenha o mérito de ensejar aos indivíduos em geral e ao trabalhador em particular a oportunidade de ingressar em juízo, não assegura a este, em especial, as necessárias *condições* para superar a sua desigualdade econômica, e, por esse modo, alcançar a igualdade processual com o réu.

Sem essa proteção estatal, destinada a corrigir a inferioridade ontológica do trabalhador, este seria presa fácil para o adversário que teria no processo, um conveniente aparato legal à sua disposição, para conseguir eximir-se da obrigação de reparar as lesões cometidas nos direitos daquele. Vamos além: também não basta o Estado atribuir ao trabalhador, em sede processual, a mesma superioridade jurídica que lhe concede no terreno do direito material, se o trabalhador não souber manejar, com eficiência, esses instrumentos técnicos que a lei põe à sua frente — mas fora do seu alcance. Eis a razão por que reputamos falacioso esse *ius postulandi*, ao qual a doutrina, desatenta, não vacilou em dedicar discursos encomiásticos em profusão, sem se dar conta de que a atuação pessoal e direta do trabalhador em juízo, sem a presença de advogado, constituiu, em grande parte dos casos, a causa principal de seu embaraçamento na complexa teia processual e na consequente insatisfação dos direitos materiais invocados. Sempre entendemos, por isso, que a presença do advogado em juízo representa um fator, ainda que teórico, de igualdade processual, capaz de evitar que o trabalhador se perca nesse labirinto que é, para ele, o processo. Essa presença do advogado, contudo, ainda que imprescindível para o fim mencionado, teria a sua eficiência consideravelmente reduzida se as normas processuais, que pudessem ser por ele utilizadas, não fossem dotadas de um sentido de proteção do trabalhador.

Em suma, é no binômio advogado/normas processuais tuitivas do trabalhador que o legislador deve assentar as bases do sistema de superação da inferioridade deste, ou, como se entender melhor, de correção da desigualdade do trabalhador perante o empregador.

Temos, até esta parte, aludido, com insistência, à inferioridade do trabalhador para justificar o princípio da *correção da desigualdade*, que julgamos ser um dos poucos efetivamente distintivos do processo do trabalho. Cumpre-nos, pois, demonstrar em que consiste essa inferioridade.

Em rigor, não há somente uma espécie de inferioridade, mas várias; ou, segundo se preferir, uma inferioridade que se reflete, de maneira caleidoscópica, em diversos aspectos ou setores de sua vida cotidiana ou de sua atividade no processo.

A primeira delas é a *econômica*, da qual, de certa forma, as demais promanam. Até esta quadra de nossa exposição, pudemos esmiuçar essa inferioridade sob a lente de sua irradiação no terreno das relações materiais que se estabelecem entre trabalhador e empregador. A partir de agora, fixaremos o foco de nossas observações na repercussão que dita inferioridade acarreta no terreno processual.

Antes, porém, façamos vir à lembrança a correta advertência formulada por Giovani Tesorieri de que: "Quando o empregador e o trabalhador assumem no processo as vestes formais de partes não cessam por isso de ser o que sempre terão sido; a história de suas relações não se transforma numa outra história: é a mesma, que continua" (*Lineamenti di Diritto Processuale dei Lavoro.* Padova: Cedam, 1975. p. 4).

Temos sempre afirmado que, no processo, o tempo conspira contra os interesses do trabalhador. Ao empregador, ao contrário, convém que a solução do conflito demore o máximo possível, pois a sentença, via de regra, impõe-lhe determinadas obrigações, que geram prestações a serem por ele realizadas, dentre as quais, a de pagar quantia certa ao trabalhador. Dessa maneira, o tempo — uma das dimensões humanas — é encarado pelas partes sob ópticas distintas, que dizem respeito aos interesses em jogo no processo. Enquanto o empregador aspira a uma lenta solução do litígio (ou à própria extinção do processo sem exame do mérito), o empregado anseia que a solução de mérito aconteça o mais rápido possível.

Nesse entrechoque de interesses quanto à duração do processo, é elementar que a frustração do empregador acarretar-lhe-á consequências prejudiciais muito menores do que acarretariam se a frustração fosse do trabalhador, designadamente, em virtude da sua debilidade econômica, que fornece a medida da sua inferioridade nesse plano. Daí, a propriedade da difundida advertência feita por José Arlas de que "justiça tardia é (para o trabalhador, sem dúvida) sinônimo de denegação de justiça". Essa necessidade de pronta resolução das lides trabalhistas foi a fonte inesgotável com que a realidade comovente alimentou os doutrinadores e os legisladores sequiosos de encontrar mecanismos que permitissem uma breve composição dos conflitos trabalhistas. Dessa mesma fonte jorraram princípios fundamentais, como os da oralidade, da celeridade e da concentração dos atos do procedimento, dentre outros.

As consequências processuais, para o trabalhador, oriundas de sua situação de inferioridade econômica, não seriam, contudo, adequadamente neutralizadas caso o legislador houvesse se preocupado apenas com o fator cronológico, significa dizer, com a duração do processo; assim sendo, procurou dispensar o trabalhador do pagamento de certas despesas normalmente exigidas pelo processo comum, como taxa de distribuição, depósito em prol de associações de serventuários ou de magistrados, diligências dos oficiais de justiça etc. Quando não, diferiu para o final da causa o pagamento de outras, como as custas (embora dessa deferência possa valer-se também o empregador), ou mesmo dispensou-o desse encargo, em casos como o da assistência judiciária.

Justamente por essa razão é que nos mantínhamos infensos à ideia de introduzir-se no processo do trabalho a cláusula da sucumbência, de que trata o art. 85 do CPC, porquanto a alteração traria o grave inconveniente de sujeitar o trabalhador a pagar honorários de advogado a favor do empregador. A adoção dessa cláusula seria desaconselhável mesmo com relação àqueles trabalhadores que, em decorrência do padrão salarial, não estivessem recebendo o benefício da assistência judiciária gratuita, pois mais eloquentes do que essa exceção seriam os malefícios que a ruptura do princípio acarretaria para a classe trabalhadora, por serem tais malefícios desestimulantes ou até mesmo inibitivos do ingresso em juízo, na defesa de seus direitos e interesses, porquanto seriam os trabalhadores tomados de assalto pelo justo receio de serem condenados a pagar tais honorários ao adversário. Em todo o caso, como dissemos, a Instrução Normativa n. 27/2005 do TST admitiu essa sucumbência nos litígios provenientes das relações de trabalho (art. 5.º); não, porém, nos oriundos da relação de emprego.

O golpe final veio com a Lei n. 13.467/2017, que inseriu na CLT o art. 791-A, consagrando o princípio civilista da sucumbência. Pudemos perceber, já nos primeiros meses de vigência da lei, que as nossas previsões estavam, infelizmente, a verificar-se: uma profunda redução do número de ações ajuizadas, cuja causa preponderante foi — e ainda é — o receio de o trabalhador vir a ser condenado a pagar honorários de sucumbência, em benefício do advogado da parte contrária.

Se o escopo do legislador, ao inserir o malsinado art. 791-A na CLT, fora o de "inibir a propositura de demandas baseadas em direitos ou fatos inexistentes", conforme consta na *Justificação* contida no Projeto de Lei n. 6.787/2006, devemos redarguir que essa preocupação poderia ser afastada pelo art. 793-A, por ele também introduzido na CLT, que incorporou o ilícito processual da litigância de má-fé, consagrado no processo civil. Uma das situações configuradoras dessa espécie de litigância consiste no fato de a parte "alterar a verdade dos fatos" (inciso II), caso em que lhe será imposta multa de 1% a 10% do valor corrigido da causa, sem prejuízo de indenizar a parte contrária pelos danos a esta acarretados e de pagar-lhe honorários advocatícios. Se considerarmos os demais incisos do art. 793-A, veremos que são suficientes para socorrer a preocupação do legislador, sem necessidade de inserção do art. 791-A, no sistema do processo do trabalho.

Sem que haja má-fé, a condenação do trabalhador ao pagamento de honorários advocatícios, no processo do trabalho, só se justifica como estratégia legislativa para afugentá-lo do foro da Justiça do Trabalho. A quem isso interessa?

Permitam-me, a propósito, recordar a antiga lenda do imperador despótico, que concentrava em si todos os poderes do Estado. Em seus domínios não havia, em razão disso, um Poder Judiciário. Com o passar do tempo, entretanto, os seus assessores e ministros puseram-se a aconselhá-lo a instituir esse Poder. Afinal de contas, o Estado do imperador mantinha relações diplomáticas e comerciais com outros Estados sob regime democrático, e estes manifestavam inquietação pelo fato de não haver, no país do imperador, um órgão estatal incumbido de solucionar os conflitos de interesses ocorrentes entre as pessoas. Tantas foram as argumentações e as ponderações de assessores e ministros, que o imperador cedeu. Reunindo-os, disse-lhes: – Preparem um projeto para a criação do Poder Judiciário, mas, acrescentou: imponham o pagamento de pesada quantia para quem quiser fazer uso dele; também para que o réu possa contestar; para que seja proferida a sentença; para que a parte possa recorrer, e o mais. E concluiu: – Enfim, imponham tantas e tão pesadas taxas, que o povo tenha, verdadeiramente, receio de ingressar com ação nesse Poder.

Algo nos diz que o art. 791-A da CLT constitui revivescência moderna daquele imperador.

Entenda-se como entender-se, somos favoráveis a que, *de lege ferenda*, seja revogado o art. 791-A da CLT, retornando-se ao *status quo ante*, em que cada parte respondia pelos honorários do advogado contratado, e o trabalhador não tinha receio de invocar a tutela jurisdicional para impetrar a reparação de dano sofrido ou afastar o risco de lesão.

De modo geral, são também inconciliáveis com o princípio em exame (correção da desigualdade econômica do trabalhador) os arts. 82 e 95 do estatuto processual civil, que impõem às partes o dever de prover as despesas dos atos que realizarem ou requererem, antecipando-lhes o pagamento. No sistema do processo do trabalho, como vimos, as despesas, em princípio, somente são pagas no final da causa. Logo, feria direito líquido e certo do trabalhador (para cogitarmos apenas dele) a exigência, feita amiúde por alguns juízes, para que antecipasse (ainda que parcialmente) os honorários periciais, sempre que houvesse formulado pedidos concernentes aos adicionais de insalubridade ou de periculosidade. O máximo que seria lícito ao juiz fazer, nesse tema, seria *solicitar* a antecipação parcial desses honorários, ou melhor, a antecipação das despesas que o experto teria em virtude das diligências que deveria realizar. *Solicitar*, contudo, não é *exigir*. Só a exigência desafia a impetração de mandado de segurança. Elogiávamos — e seguimos a elogiar —, por isso, a OJ n. 98, da SDI-II, do TST.

Felizmente, o § 4.º do art. 790-B da CLT, inserto pela Lei n. 13.467/2017, nos deu razão, ao proibir que o juiz exija "adiantamento de valores para a realização de perícias".

A segunda manifestação da inferioridade do trabalhador é de natureza *técnica*, pois respeita, nomeadamente, à produção das provas.

A atribuição legal do ônus da prova ao trabalhador, no que toca ao fato constitutivo do seu direito, soa para este como um pesadelo, pois as suas dificuldades em produzir provas lhe são incomensuravelmente maiores do que as que possa ter o empregador. A sua angústia é tanto mais compreensível quanto se sabe ser ele, em regra, quem formula o maior número de alegações, contidas estas, basicamente, na narração dos fatos dos quais extrai os pedidos deduzidos na causa. Enquanto o empregador possui, em seus arquivos, todos os documentos pertinentes ao contrato de trabalho (recibos, atestados, controles de frequência, fichas de registros diversos e o mais) e pode levar a juízo as testemunhas de que necessitar, pois estas, quase sempre, ainda mantêm vínculo de emprego com ele, o trabalhador tem de obter, desse ambiente adverso que é o estabelecimento do empregador, os meios de prova indispensáveis à demonstração da veracidade dos fatos alegados em juízo.

Não raro, os documentos têm que ser arrancados do estabelecimento, mediante o procedimento específico da exibição, de que cuidam os arts. 396 a 404 do CPC; quando não, por meio de busca e apreensão (CPC, art. 301), a colocar a nu, assim, as enormes dificuldades que o trabalhador se vê compelido a enfrentar para obtê-los. Não são menores os obstáculos que ele se vê levado a transpor quando pretende produzir prova testemunhal, mormente, quando as testemunhas ainda se encontram prestando serviços ao réu, por força de um contrato de trabalho. Neste caso, o estado de subordinação em que se acham as testemunhas, somado ao receio de perderem o emprego, faz com que se tornem suscetíveis de falsear a verdade, em favor daquele que as assalaria.

Em outros livros, argumentamos que a fórmula pela qual o legislador deveria anular essa inferioridade do trabalhador seria deslocando, cada vez mais, o ônus da prova para o empregador, pelas razões já exaradas, ao mesmo tempo em que deveria semear considerável quantidade de presunções em benefício daquele, como, *v.g.*, as de que, provada a prestação pessoal de serviços, entender-se que tenha sido em razão de um contrato de trabalho tacitamente estabelecido e, rompido o contrato de trabalho, que tenha sido por ato injusto do empregador. Um critério adminicular poderia ser o do *in dubio pro misero*, a ser utilizado no exame e na valoração da prova (o que, atualmente, não é legalmente admissível).

Um outro critério poderia consistir na adoção supletiva da regra contida no inciso VIII, do art. 6.º, da Lei n. 8.078/90 (Código de Defesa do Consumidor), conforme o qual um dos direitos básicos do consumidor é "a facilitação da defesa de seus direitos, inclusive com a inversão do ônus da prova, a seu favor, no processo civil, quando, a critério do juiz, for verossímil a alegação ou quando for ele hipossuficiente, segundo as regras ordinárias de experiências".

Criticamos o fato de a Lei n. 13.467/2017 haver reformulado a redação do art. 818 da CLT, para adotar o critério perfilhado pelo art. 373 do CPC. Felizmente, contudo, essa norma legal dispôs no § 1.º do sobredito artigo: "§ 1.º Nos casos previstos em lei ou diante de peculiaridades da causa relacionadas à impossibilidade ou à excessiva dificuldade de cumprir o encargo nos termos deste artigo ou à maior facilidade de obtenção da prova do fato contrário, poderá o juízo atribuir o ônus da prova de modo diverso, desde que o faça por decisão fundamentada, caso em que deverá dar à parte a oportunidade de se desincumbir do ônus que lhe foi atribuído".

A decisão mencionada no § 1.º do art. 818: a) deverá ser proferida antes da abertura da instrução e, mediante requerimento da parte, implicará o adiamento da audiência e possibilitará provar os fatos por qualquer meio em direito admitido (*ibidem*, § 2.º); b) não pode gerar situação em que a desincumbência do encargo pela parte seja impossível ou excessivamente difícil (*ibidem*, § 3.º).

Poder-se-ia pensar em outras inferioridades do trabalhador, como a *volitiva*, segundo a qual ele não tem condições de manifestar a sua vontade com a mesma liberdade de que dispõe o empregador, máxime, quando o contrato de trabalho ainda está a viger, porquanto o temor de perder o emprego, ou de sofrer outras modalidades de retaliações, também aqui, é concreto e real. Cremos, no entanto, que a *econômica* (ou social) e a *técnica* (ou probatória) são as mais acentuadas manifestações da inferioridade do trabalhador, sendo, essencialmente, as responsáveis pela preocupação de doutrinadores e legisladores no sentido de eliminá-la.

3. Jurisdição normativa

A função clássica que os sistemas constitucionais reservam para o Poder Judiciário consiste na aplicação da lei aos casos concretos (para não falarmos da pronúncia de antagonismo entre a lei e a Constituição) que são submetidos à sua cognição. Em síntese, e em termos gerais, compete ao Legislativo elaborar a norma e ao Judiciário aplicá-la.

A Constituição brasileira, todavia, atribui à Justiça do Trabalho competência para estabelecer, em sede de *dissídio coletivo*, normas e condições de trabalho destinadas a reger as relações entre trabalhadores e empregadores (art. 114, § 2.º). Trata-se do denominado *poder normativo*, em virtude do qual essa Justiça especializada exerce inusual atividade legislativa, na razão em que cria normas jurídicas que irão influir, durante certo tempo, no círculo jurídico dos integrantes das categorias em conflito, regendo as suas relações.

Já se disse, com acerto, que o acórdão normativo é "confusionista" de poderes (Gallart-Folch), dada a sua natureza híbrida, compósita; que é, enfim, algo que possui corpo de sentença e alma de lei (sem ser teratológico), pois sob o aspecto formal é, efetivamente, uma sentença (melhor: acórdão), embora o seu conteúdo seja típico de norma legal, uma vez que é aplicável, de maneira geral, abstrata e compulsória ao universo das categorias litigantes.

Nota singular do acórdão normativo é a possibilidade de ser revisto, sempre que se modificarem, de maneira considerável, as circunstâncias que ditaram as condições de trabalho estabelecidas, de tal modo que estas se tenham tornado injustas ou insuportáveis. Essa possibilidade de revisão tem levado alguns estudiosos a laborar no erro de supor que o acórdão normativo não se submete ao fenômeno jurídico da coisa julgada material, por forma a gerar a imutabilidade do que foi decidido. *Data venia*, não podemos concordar com essa opinião. Parece-nos evidente que esse tipo de pronunciamento decorrente do poder normativo da Justiça do Trabalho passa em julgado; se assim não fosse, seria difícil obter uma explicação para o fato de poder-se exigir o seu cumprimento *definitivo*, inclusive por meio de ação específica (CLT, art. 872, *caput*). A norma legal referida faz, aliás, expressa referência ao trânsito em julgado dessa decisão. Cumpre elucidar, portanto, que o acórdão normativo passa em julgado, embora o faça com a cláusula *rebus sic stantibus*, que lhe é inerente. É precisamente essa cláusula que permitirá a oportuna revisão do que fora decidido, sem ofensa à *res iudicata*.

Doutrinariamente, a propósito, não andou no melhor caminho a Lei n. 5.478, de 25 de julho de 1968, ao declarar que a decisão judicial sobre alimentos não transita em julgado, podendo, por isso, ser revista a qualquer tempo, contanto que haja modificação da situação financeira dos interessados (art. 15). Há, na verdade, coisa julgada material contendo a cláusula *rebus sic stantibus*, forma abreviada da expressão *conventio omnis intelligitur rebus sic stantibus*, que significa, em tradução livre, que todo tratado deve ser entendido enquanto o estado de coisas permanecer nas mesmas condições existentes na época em que foi firmado.

A ressaltar, ainda, o disposto no art. 1.699 do Código Civil: "Se, fixados os alimentos, sobrevier mudança na situação financeira de quem os supre, ou na de quem os recebe, poderá o interessado reclamar ao juiz, conforme as circunstâncias, exoneração, redução ou majoração do encargo".

A Súmula n. 246 do TST, por sua vez, declara ser "dispensável o trânsito em julgado da sentença normativa para a propositura da ação de cumprimento".

Outro sinal particular do acórdão normativo está situado na possibilidade de as condições de trabalho por ele estabelecidas serem estendidas aos trabalhadores da mesma empresa, que haviam ficado fora do campo de sua incidência (CLT, art. 868), ou a todos os integrantes da categoria (CLT, art. 869).

A jurisdição normativa representa, portanto, um marcante princípio característico do processo do trabalho, que não encontra símile no processo civil. No exercício de sua competência normativa, todavia, não podem os juízes, empolgados com o poder extraordinário de criar normas, converter em tábua rasa o ordenamento constitucional, no qual está inscrita a exigência de que todas as decisões judiciais sejam fundamentadas (art. 93, IX). O acórdão normativo, ainda que possua alma de lei, é, formalmente, uma decisão, e, como tal, deve ser motivado, ainda que de modo lacônico, sob pena de nulidade, conforme adverte a sobredita regra constitucional.

Dissemos, há pouco, que o art. 114, § 2.º, da Constituição Federal, atribui à Justiça do Trabalho competência para instituir, no plano dos dissídios coletivos, normas e condições de trabalho destinadas a reger as relações entre trabalhadores e empregadores. Essa nossa afirmação pode soar estranha a alguns pelo fato de a precitada regra constitucional, com a redação imposta pela Emenda n. 45/2004, não conter essa expressão. O que nela consta é a afirmação de que a Justiça do Trabalho poderá "decidir o conflito". Ocorre, porém, que a despeito de a redação atual do aludido preceito constitucional não fazer referência à instituição de normas e condições de trabalho tendentes a reger as relações entre as categorias econômica e profissional, essa faculdade dos Tribunais do Trabalho está implícita na expressão "decidir o conflito": decidi-lo, mediante o estabelecimento de tais normas e condições. Logo, é inerente aos pronunciamentos jurisdicionais em sede de dissídios coletivos o caráter *normativo*.

Poderíamos referir, ainda — com alguma reserva —, como princípios característicos do processo do trabalho: c) a simplicidade do procedimento e d) o *ius postulandi*.

O art. 114, § 2.º, da Constituição Federal declara que, mediante *comum acordo*, as partes podem promover dissídio coletivo. Três nótulas elucidativas são necessárias: a) a expressão *comum acordo* é pleonástica, pois não pode existir acordo que não seja *comum*, significa dizer, que não constitua produto da manifestação volitiva, convergente, de ambas as partes;

afinal, não pode haver acordo *contra* a vontade de uma das partes, assim como seria teratológico imaginar acordo de uma só pessoa; b) o dissídio coletivo, por outro lado, traduz, no plano dos conceitos jurídicos, um conflito coletivo de interesses; sendo assim, esse conflito *antecede* ao ingresso das partes em juízo; ninguém, portanto, promove em juízo um dissídio coletivo: ingressa, sim, com *ação* em decorrência de um conflito de interesses *preexistente*; c) a exigência constitucional de *comum acordo* para o ajuizamento dessa espécie de ação ("dissídio coletivo"), se encontra em manifesto antagonismo com art. 5.º, XXXV, da própria Constituição Federal, que inclui a ação no elenco dos direitos e garantias *fundamentais* dos indivíduos e das coletividades; não se pode admitir, por isso, que a parte, para exercer o seu direito constitucional de ação, deva obter a anuência do adversário, ou seja, para que se configure o tautológico *comum acordo*.

4. Simplicidade do procedimento

Nos dias atuais, essa simplicidade é apenas um romantismo do passado. O processo do trabalho vem se tornando, cada vez mais, complexo, notadamente, pela influência sobre ele exercida pelo processo civil. Essa complexidade passou a constituir-se a partir do momento em que se admitiram no processo do trabalho figuras transportadas do processo civil, como: reconvenção, ação de consignação em pagamento; ação de prestação de contas; ação monitória; ação anulatória; interditos proibitórios; recurso adesivo; embargos de terceiro; embargos à expropriação; ação rescisória etc. Exigências como a da impugnação especificada dos fatos (CPC, art. 341), do *prequestionamento*, e outras, vieram a agravar este quadro. O que não se falar, então, em sede de recursos interponíveis ao TST (revista, embargos, agravo interno), assinalados por formalismos — muitos deles impostos pela própria jurisprudência — incompatíveis com a simpleza que deveria ser, efetivamente, uma das características do processo do trabalho. Não queremos ser fatalistas, no entanto, parece-nos que a simplicidade, como princípio do processo do trabalho, configura-se, cada vez mais, como nostálgica lembrança de um tempo irreversível. As próprias "reclamações a termo" (CLT, art. 840, § 2.º) escasseiam a cada momento. Some-se a isso a exigência de que os pedidos formulados na inicial devem ser líquidos (CLT, art. 840, 1.º). E, em rigor, os recursos já não são interpostos por "simples petição" (CLT, art. 899, *caput*).

Nem se ponha à margem de nossas considerações o processo eletrônico, porquanto nem todos os trabalhadores possuem condições financeiras para adquirir as ferramentas necessárias ao acesso a ele, ou não têm conhecimento técnico para a utilização dessas ferramentas.

5. *Ius postulandi*

A capacidade postulatória que o art. 791, *caput*, da CLT, atribui às partes sempre esteve intimamente ligada ao princípio da simplicidade. Na verdade, havia uma relação lógica entre ambos: como o sistema legal outorgou aos próprios litigantes a faculdade de defender, em juízo, os seus direitos e interesses pessoalmente, ou seja, sem a constituição de advogado, o processo e o procedimento trabalhistas deveriam ser simples, para permitir o exercício desses *ius postulandi*. Essa simpleza, existente nas primeiras décadas de vigência da CLT, deixou de existir na atualidade, pondo-se à frente a crescente "complexização" do processo do trabalho para quem não está habilitado a dele fazer uso. A Súmula n. 425 do TST, por exemplo, restringe o exercício do *ius postulandi* aos órgãos de primeiro grau, vedando-o nas ações rescisória, popular e cautelar, assim como no mandado de segurança e nos recursos de competência daquele Tribunal. Em que pese ao fato de essa Súmula estar a abrir exceções quando a lei não o faz (CLT, art. 791), tais exceções servem para demonstrar a atual complexidade do processo do trabalho, por forma a exigir a presença de advogado.

Se bem investigarmos, veremos que o *ius postulandi* trabalhista, já ao nascer, tinha diante de si um cenário legal algo dificultoso do seu amplo exercício, como revelam, entre outros, os arts. 799 a 801, e 829 da CLT. No primeiro caso, sempre foi muito difícil à parte — geralmente, pessoa humílima, destituída de conhecimentos jurídicos — entender por que motivo a ação deveria ter sido ajuizada em Vara diversa da que foi; ademais, não raro, deixava de responder à exceção de incompetência, como excepto (no exíguo prazo de 24 horas, posteriormente elevado para cinco dias: CLT, art. 800, § 2.º), fazendo com que se visse compelido a litigar em juízo diverso daquele em que exercera a ação; no segundo, não era menos difícil à parte compreender a razão pela qual não poderiam testemunhar, a seu favor, um amigo íntimo (em quem, à evidência, confiava) ou um parente por laços de consanguinidade até o terceiro grau civil. A consequência, neste último caso, é que por não se desincumbir do ônus da prova os seus pedidos acabavam sendo rejeitados. O *ius postulandi*, muitas vezes, funcionou como uma espécie de esparrela, de arapuca com que o sistema surpreendia o litigante. Quando não, de um labirinto.

Alguns autores têm indicado, ainda, como princípios do processo de trabalho os da: a) especialidade (Helios Sarthou); b) proteção (Helios Sarthou); c) intensificação da conciliação (Eduardo Couture, Mariano Tissembaum); d) ultrapetição (Nelson Nicoliello); e) despersonalização do empregador (Wagner Giglio); f) revisão da sentença (Mariano Tissembaum); g) busca da verdade real; h) indisponibilidade do direito material.

Em passos ligeiros, porém, desejamos ponderar que:

a) ressoa com grande carga tautológica o princípio da *especialidade*, pois este, mais do que um princípio, é a própria razão de ser desse processo. Há, mesmo, um certo circunlóquio, uma perífrase, nessa construção terminológica, pois se está, em rigor, tentando definir algo com sua própria denominação;

b) a *proteção*, que Sarthou faz desaguar na fórmula *in dubio pro operario*, não constitui um princípio, mas um critério adminicular do princípio da correção da desigualdade;

c) a *conciliação* (e sua intensificação) também não é um princípio, e sim, uma técnica, um método de solução negociada do conflito (autocomposição). Ademais, embora a conciliação possa ter sido, no passado, uma característica do processo do trabalho, hoje não se traduz num princípio particular dele. Basta lembrar que dessa modalidade de solução consensual do litígio tratam, dentre outros artigos do CPC, o 139, V (compete ao juiz "promover, a qualquer tempo, a autocomposição"); 334 ("o juiz designará audiência de conciliação"); 359 ("Instalada a audiência, o juiz tentará conciliar as partes"). A Constituição Imperial brasileira, de 1824, aliás, ao tratar do *Poder Judicial*, já declarava:

"Sem se fazer constar, que se tem intentado o meio da *reconciliação*, não se começará Processo algum" (destacamos);

d) a *ultrapetição* (na verdade, *extrapetição*) tem um campo de irradiação muito restrito para poder ser alcandorada à classe de princípio; falta-lhe, por assim dizer, o atributo da generalidade, pois não é sempre que o juiz pode decidir fora (não além) do que foi pedido, mas, como se sabe, unicamente, nos casos permitidos por lei, como, *v.g.*, dos arts. 467 e 496 da CLT;

e) a *despersonalização* do empregador, conquanto possa ser reconhecida como princípio, tem sua sede no direito *material* (CLT, art. 448); o que dela se vê nos domínios do processo nada mais é do que uma reverberação;

f) a *revisão* dos acórdãos normativos também não é um princípio, senão que uma particularidade da jurisdição normativa, esta sim, possuidora do *status* de princípio;

g) o princípio da *apreciação das provas em consciência*, sugerido por Porrás López, não encontra, de *lege lata*, a mínima possibilidade de obter consagração em nosso meio, no qual vigora princípio oposto, qual seja, o da persuasão racional, a que preferimos chamar de livre convencimento motivado, cuja morada é o art. 371 do digesto de processo civil, congeminada com o art. 765 da CLT; por ele, exige-se que o juiz forme o seu convencimento jurídico a respeito dos fatos narrados na causa com fundamento na prova dos autos, ainda que lhe seja facultado selecionar, para esse efeito, aquela que, segundo seu prudente arbítrio, seja a de melhor qualidade tecno-persuasiva (valoração). Valendo-nos de metáfora utilizada por Eduardo Couture, podemos afirmar que a liberdade do juiz, na formação do convencimento jurídico acerca dos fatos da causa, é comparável à do prisioneiro em uma cela: ele pode movimentar-se, livremente, desde que o faça dentro do cubículo. A cela, neste caso, é a prova produzida nos autos;

h) *busca da verdade real*. A *busca da verdade real* não pode ser considerada algo particular à Justiça do Trabalho, como se os demais ramos do Poder Judiciário estivessem, institucionalmente, desobrigados de dedicar-se a essa persecução. O fato de o juiz do trabalho possuir ampla liberdade na direção do processo não pode ser estadeado como argumento de sustentação do ponto de vista de que estamos a divergir. O art. 370 do CPC, por exemplo, mais do que aconselhar, impõe ao juiz determinar, inclusive por sua iniciativa, "as provas necessárias ao julgamento do mérito". A propósito, a ampla liberdade que o art. 765 da CLT concede aos juízes do trabalho na condução do processo tem sido causa, na prática, de algumas arbitrariedades judiciais. Ocorre que a CLT é produto de um tempo em que se vivia sob um regime ditatorial (1943), motivo por que, na altura, a estratégia política era a concentração de poderes nas autoridades constituídas. Os tempos, felizmente, são outros. No momento em que escrevemos este livro, estamos a respirar ares democráticos. Vivemos em um Estado Democrático de Direito — a julgar que a declaração inscrita no art. 1.º, *caput*, da Constituição Federal, seja algo mais do que um simples rasgo de retórica. Logo, é absolutamente necessário que, em nome dos ideais democráticos e das próprias garantias que a Constituição da República concede aos indivíduos e às coletividades, se interprete a disposição do art. 765 da CLT, sob a perspectiva constitucional, e não de período politicamente obscuro, em que a norma foi concebida. Convém lembrar que a lei é um organismo vivo, cuja interpretação se submete à dinâmica dos fatos da vida em sociedade. O que não se pode é negar vigência ao art. 765;

i) *indisponibilidade do direito material*. A *indisponibilidade do direito material*, como suposto princípio peculiar do processo do trabalho, traz, na própria expressão, a causa de sua impropriedade técnica. Se a indisponibilidade é do direito *material*, fica evidente que não faz sentido indicá-la como princípio do direito *processual*. Há, pois, uma espécie de intransponível contradição interna, a comprometer a expressão em foco.

6. Iniciativa do juiz na execução

O juiz do trabalho detinha plenos poderes para dar início à execução fundada em título judicial. Esse era um dos mais expressivos traços do processo do trabalho.

Dispunha, com efeito, o art. 878 da CLT, em sua redação primitiva: "A execução pode ser promovida por qualquer interessado, *ou ex officio, pelo próprio juiz* (...)". (Destacamos)

Lamentavelmente, entretanto, a Lei n. 13.467/2017 deu nova redação a esse preceptivo da CLT, para limitar a iniciativa do juiz do trabalho, no processo de execução, aos casos em que as partes não estejam representadas por advogados. Foi uma injustificável regressão legislativa — que, entre outras coisas, conspirou contra o próprio princípio constitucional da celeridade na tramitação dos processos (art. 5.º, LXXVIII). Assim dizemos, porque anteriormente à Lei n. 13.467/2017, por exemplo, nos casos em que a liquidação deveria processar-se mediante cálculos, transitada em julgado a sentença, o juiz determinava, de imediato, *por sua iniciativa*, a remessa dos autos ao contador ou perito para a confecção dos cálculos. Não havia, nisso, parcialidade, pois o sistema a tanto o autorizava em nome da celeridade processual. Agora, possuindo a parte advogado constituído nos autos, o sistema veda ao magistrado a possibilidade de dar início à execução, fato que tem retardado, sobremaneira, o ativar do processo executivo em virtude de isso depender de incoação da parte.

Nenhuma razão — ética ou institucional — havia para que se retirasse do juiz a mencionada faculdade, antiga de décadas, que bons serviços prestou à efetividade do processo e à celeridade da execução.

Sob esse aspecto, o processo do trabalho aproximou-se do processo civil, cujo art. 523, integrante do capítulo pertinente ao cumprimento definitivo da sentença que reconhece a exigibilidade de obrigação de pagar quantia certa, estabelece que esse cumprimento "far-se-á a requerimento do exequente".

Nada a celebrar, todavia, nos sítios do processo do trabalho.

7. Irrecorribilidade das decisões interlocutórias

Sobre o tema já nos pronunciamos no Capítulo III, item 4, alínea "*e*". Naquela altura, examinamos o princípio da irrecorribilidade das decisões interlocutórias sob a perspectiva do processo em geral (civil e trabalhista). Agora, o submeteremos à óptica específica do processo do trabalho.

Nossa observação deixa claro que a irrecorribilidade das referidas decisões não constitui, em rigor, característica exclusiva do processo do trabalho, porquanto também possui sede no processo civil. Há, entretanto, certa especificidade dessa característica nos domínios do processo do trabalho, a começar pelo fato de, aqui, o veto à interposição de recurso de decisão interlocutória ser mais amplo.

Demonstremos.

A CLT versa sobre o assunto em alguns artigos, a saber:

a) art. 893: "§ 1.º Os incidentes do processo são resolvidos pelo próprio Juízo ou Tribunal, admitindo-se a apreciação do merecimento das decisões interlocutórias somente em recursos da decisão definitiva";

b) art. 884: "§ 3.º Somente nos embargos à penhora poderá o executado impugnar a sentença de liquidação, cabendo ao exequente igual direito e no mesmo prazo".

c) art. 799: "§ 2.º Das decisões sobre exceções de suspeição e incompetência, salvo, quanto a estas, se terminativas do feito, não caberá recurso, podendo, no entanto, as partes alegá-las novamente no recurso que couber da decisão final".

Esses preceptivos legais não estão a significar que as decisões interlocutórias são irrecorríveis, se não que podem ser impugnadas em fase processual ulterior. Cuida-se, pois, de recurso diferido, adiado.

O processo civil, por sua vez, restringe a interposição de recurso (agravo de instrumento) aos casos, expressamente, indicados nos incisos I a XIII, do art. 1.015, *caput*. O parágrafo único desse dispositivo declara serem também passíveis de agravo de instrumento as decisões interlocutórias proferidas na fase de liquidação de sentença ou de cumprimento de sentença, no processo de execução e no de inventário.

Há, todavia, no processo do trabalho, algumas exceções à regra da irrecorribilidade (imediata) das decisões interlocutórias. Uma delas está no art. 897 da CLT, que admite a interposição de agravo de instrumento "dos despachos que denegarem a interposição de recursos". A dicção dessa norma legal se encontra eivada de imperfeições técnicas. Em primeiro lugar, não se trata, aí, de *despacho*, e sim, de inequívoca *decisão*, cabendo lembrar que os despachos autênticos são irrecorríveis (CPC, art. 1.001). O máximo que poderíamos admitir é tratar-se de despacho-decisório; em segundo, não se cuida de denegação de *interposição* de recurso, mas, de *inadmissibilidade* de recurso. O recurso, uma vez protocolado no órgão competente, está *interposto*; o exame de sua *admissibilidade*, ou não, será realizado posteriormente. A propósito, utiliza-se — na legislação, na doutrina e na jurisprudência — o substantivo *interposição*, em tema de recurso, porque este é posto em juízo após a decisão que se está a impugnar, mas antes do trânsito em julgado desta. Mete-se de permeio, portanto, entre um fato processual e outro, o recurso. Não menos equivocada é a usual expressão: "conheço do recurso", "não conheço do recurso"; ora, se o juízo (*a quo* ou *ad quem*) é de *admissibilidade*, o que se deve dizer, por um preceito de coerência vocabular, é: *admito o recurso*, *não admitido o recurso*.

8. A questão do *in dubio pro misero*

Certos estudiosos, como vimos, incluem a máxima *in dúbio pro misero* no elenco dos princípios que informam o processo do trabalho. Elevam, desse modo, à categoria de princípio a regra segundo a qual o juiz, em caso de dúvida, deverá decidir a favor do empregado — ou do trabalhador.

Essa opinião doutrinária, entretanto, é produto de uma aplicação equivocada dessa máxima.

Um juiz que, diante de uma prova dividida — assim considerada aquela caracterizada pelo fato de cada parte haver provado os fatos alegados em juízo —, venha a decidir em prol do trabalhador com fundamento exclusivo na regra *in dúbio pro misero*, estará a emitir sentença passível de ser anulada em grau de recurso, não porque a mencionada regra inexista, mas porque não se admite a sua incidência no terreno processual, em que há preceitos próprios para superar o problema da prova dividida. O sítio de atuação exclusiva do *in dubio* é o direito material.

Efetivamente, se o direito material é protecionista do trabalhador, nada mais lógico e justo do que, diante de dúvida razoável acerca do exato sentido de determinada norma legal de natureza material, o juiz opte pela interpretação mais favorável ao trabalhador, pois essa interpretação deve estar sempre em harmonia com o espírito, com a essência, com o escopo da norma examinada. No caso de prova dividida, vale dizer, no campo processual, o juiz deverá, mediante critérios objetivos, valorar qual seja a prova de *melhor qualidade técnica* e de *maior eficácia susasória*, e decidir a favor de quem a produziu. Essa atitude emana do princípio da persuasão racional (melhor: *livre convencimento motivado*) materializado no art. 371 do CPC, combinado com o art. 765 da CLT, que não significa, apenas, que o juiz poderá formar com liberdade a sua convicção jurídica sobre os fatos da causa — desde que o faça com base na prova dos autos —, mas, também, que ele poderá optar pela prova que lhe pareça de *melhor qualidade*. Trata-se, portanto, de um ato de *valoraçao* da prova, que desafiará, a um só tempo, o conhecimento, a experiência e a sensibilidade do magistrado.

Essa valoração não deve ser nutrida por mero subjetivismo, e sim, valer-se de critério, tanto quanto possível, objetivo. Sob o pano de fundo da prova de melhor qualidade, o juiz verificará, por exemplo, se a testemunha teve conhecimento pessoal dos fatos, ou deles tomou ciência por intermédio de terceiros; se as respostas às perguntas formuladas (pelo juiz ou pelos advogados) foram dadas de maneira segura ou hesitante; se houve utilização de evasivas ou de tergiversação etc. Todas essas particularidades deverão ser destacadas pelo magistrado na sentença, quando terá de justificar as razões pelas quais formou o convencimento jurídico que o levou a decidir em favor desta ou daquela parte.

Ironia ao largo, poderíamos incluir no elenco dos princípios do processo do trabalho os mais recentes deles e os únicos perversos: a) o *afugentamento judicial do trabalhador*, expresso no art. 791-A da CLT, que trouxe para o sistema do processo do trabalho o princípio civilista da sucumbência em tema de honorários advocatícios; b) art. 840, § 1.º, também da CLT, contendo a exigência da indicação do valor de cada pedido formulado na inicial, sob pena de indeferimento dessa peça.

Não sei se o legislador sorriu ao elaborar esses dispositivos; se o fez, cumpre-nos rememorar *Hamlet,* o indignado príncipe da Dinamarca: "Meu caderno de notas! Preciso escrever que um homem pode sorrir e ser infame!".

Capítulo VI

Pressupostos Processuais

A doutrina brasileira, desde muitos lustros, apropriou-se do substantivo *pressuposto* para designar os requisitos necessários à existência ou à validade do processo. Não se pode dizer que essa escolha vocabular tenha sido adequada, porquanto, em rigor, o referido substantivo, lexicamente, traduz a ideia de conjectura, pretexto, desígnio, propósito, projeto, plano, tenção. Trata-se, portanto, de um fenômeno semântico, pois se passou a atribuir a esse vocábulo o sentido de *requisito*, de *condição*. Curvemo-nos à força da tradição e passemos a falar, igualmente, em *pressupostos processuais*.

Esses *pressupostos*, entretanto, não se confundem com as *condições da ação*. Enquanto aqueles dizem respeito aos requisitos necessários para a constituição (existência) e desenvolvimento (validade) regulares da relação jurídica processual, estas expressam as exigências para que o direito público subjetivo de invocar a tutela jurisdicional do Estado, colimando a obter um pronunciamento de mérito acerca de um bem ou de uma utilidade da vida, seja corretamente exercido. Das condições da ação, em particular, iremos ocupar-nos no próximo Capítulo (VII).

Sob o cariz prático, a distinção entre pressupostos processuais e condições da ação não é de muita relevância, na razão em que tanto a inexistência daqueles, quanto destas, conduz ao mesmo resultado: a extinção do processo sem resolução do mérito (CPC, art. 485, incisos IV e VI, respectivamente).

Afirmamos, há pouco, que os pressupostos em estudo se ligam à relação jurídica processual; torna-se recomendável, em decorrência disso, lançar alguns escólios acerca da mencionada relação.

Büllow foi um dos primeiros juristas a reconhecer que a relação de direito material é distinta da relação jurídica processual. Segundo ele, existem no processo duas relações inconfundíveis, a serem apreciadas pelo juiz, que, desse modo, deverá decidir não apenas sobre a existência do direito controvertido, "mas também para conhecê-lo, examinar se concorrem os requisitos de existência do próprio processo; deve verificar, assim, além da questão pertinente à relação jurídica litigiosa (*res in iudicio deducta*), também a concernente à relação jurídica processual (*iudicium*). Esse dualismo da matéria processual desde sempre existiu, determinado pela estrutura do procedimento judicial. Ele conduz a uma divisão do processo em duas fases, do qual uma delas é dedicada ao exame da *relação jurídica material e outra à verificação dos pressupostos processuais*" (*apud* Ernane Fidélis dos Santos. *Introdução ao Direito Processual Civil*. Rio de Janeiro: Forense, 1978. p. 49).

Em termos gerais, Büllow sustenta que a relação jurídica processual se desassemelha da relação material sob três aspectos: a) pelos sujeitos; b) pelo objeto; c) pelos pressupostos.

Vejamos.

a) Sujeitos

Fortemente inspirada no jurista alemão Oskar Robert Arthur Büllow, a doutrina moderna aponta o juiz, o autor e o réu como os três principais *sujeitos* do processo. A observar-se que, nos sítios processuais, toda parte é sujeito, embora nem todo sujeito seja parte (Ministério Público, agindo como *custos legis*, distribuidores, oficiais de justiça, escrivães, intérpretes, tradutores, peritos, depositários e o mais). Bulgaro já afirmava, apropositadamente, que *iudicium est actum trium personarum: judicis, actoris et rei.* Impõe-se um pequeno reparo à opinião dos notáveis juristas citados: é que, na verdade, o juiz não é considerado, em si mesmo, sujeito da relação processual, mas, sim, o Estado do qual ele é representante. O juiz não atua no processo como pessoa natural, senão que como órgão jurisdicional, em que pese à circunstância de a sua individualidade subjetiva poder ensejar as objeções de impedimento ou de suspeição. Já a incompetência é algo de foro objetivo, que, por isso, toca ao juízo e não ao juiz. O magistrado, aliás, não se coloca, no processo, em plano de igualdade com os litigantes; ao contrário, situa-se entre eles e acima deles, com a preeminência que deriva de seu ontológico dever de neutralidade e de seu indelegável poder-dever de solucionar, como órgão estatal desinteressado, os conflitos de interesses ocorrentes entre os indivíduos ou as coletividades. Ressalte-se, entretanto, a declaração contida no art. 6.º da Lei n. 8.906, de 04-07-1994 (Estatuto da Advocacia), de que: "Não há hierarquia nem subordinação entre advogados, magistrados e membros do Ministério Público, devendo todos tratar-se com consideração e respeito recíprocos".

Assunto que ainda não foi inteiramente pacificado pela manifestação doutrinária atine ao estabelecimento da relação jurídica processual e seus pontos de interseção. Em Kohler, ela apresenta um sentido simplesmente linear, pois dela participam, apenas, autor e réu. Hellwig, dando um passo à frente, sustentou a angularidade dessa relação, entendendo que ela interliga, de um lado, autor e Estado; de outro, Estado e réu. Outros, como Adolfo Wach e o próprio Büllow, defendem a ideia de que existe aí uma triangularidade, formada pela presença de posições jurídicas que uniriam autor e Estado; Estado e réu; réu e autor.

A teoria linear, de Kohler, é insatisfatória, pecando pelo fato de restringir, gravemente, essa relação ao autor e ao réu, ou seja, unicamente aos litigantes, como se o processo fosse propriedade destes, um seu particular instrumento de resolução de controvérsias, de tal maneira que dele pudessem dispor ao seu exclusivo alvedrio. Nunca é demasiado lembrar que o direito processual pertence ao ramo do Direito Público e que o processo constitui método estatal de solução de conflitos de interesses.

A teoria angular, ideada por Hellwig, conquanto se coloque mais próxima da realidade científica do que a linear, ao atribuir à relação processual um sentido mais amplo, também se revela deficiente ao não reconhecer um vínculo entre autor e réu; para ela, como foi visto, a relação jurídica se dá entre autor e Estado e entre Estado e réu. Essa doutrina, entretanto, fica a dever-nos uma explicação satisfatória diante do fato de alguns sistemas processuais, como o brasileiro, permitirem que autor e réu, mediante concerto de vontades, requeiram, por exemplo, a suspensão do processo, mediante concerto de vontades (CPC, art. 313, II), como quando se encontram em conversação, visando à solução negociada do conflito (conciliação). Além disso, se inexiste relação processual a interligar autor e réu, como justificar a regra legal que lhes impõe o dever de lealdade e de boa-fé, punindo-os se o descumprirem (CLT, art. 793-B; CPC, art. 81)?

A despeito de pequenas imperfeições que a acompanham, pensamos que a teoria da triangularidade (Adolfo Wach, Büllow) seja a que, dentre as ideadas, melhor se harmoniza com o atual estádio de desenvolvimento científico do processo e com as disposições normativas dos modernos sistemas processuais, neles incluído o de nosso País. Cabe aqui uma advertência oportuna: quando admitimos a existência de uma tríplice angularidade da relação jurídica processual não estamos afirmando que essa triangularidade deverá estar invariavelmente configurada nos casos concretos. Imaginemos, *v.g.*, que o juiz indefira a petição inicial por um dos motivos previstos em lei (CPC, art. 330); nesta hipótese, é evidente que, em virtude desse fato acidental, a relação processual se estabeleceu, apenas, entre o autor e o juiz, pois o réu nem chegou a ser citado. O caráter linear que a relação apresentou no exemplo indicado não pode ser interpretado como algo normal e comum, mas, ao contrário, como autêntico acidente que impediu a constituição da triangularidade, esta sim, regular e característica. Se — para ficarmos ainda no exemplo sugerido — o autor interpuser recurso ordinário do ato jurisdicional que, indeferindo a peça vestibular por inepta, determinou a extinção do processo sem pronunciamento quanto ao mérito, e o órgão *ad quo* admitir o recurso (CPC, art. 331, § 1.º), aberta ficará a possibilidade para que a relação processual alcance os seus três ângulos regulares, a saber: a) autor/Estado; b) Estado/réu; c) réu/autor, segundo a sequência cronológica de sua constituição. Assim dizemos, porque o réu será citado para responder ao recurso.

A relação (a) linear ocorre em todos os casos, ainda que o autor venha a desistir da ação antes mesmo do despacho determinativo da citação do réu (embora esse despacho não seja exigido no processo do trabalho, como demonstra o art. 841, *caput*, da CLT). A linearidade, a nosso ver, surge no momento em que o autor invoca a prestação da tutela jurisdicional, mediante o protocolo da petição inicial em juízo. O indeferimento dessa petição ou a desistência da ação não podem ser alegados como causas impeditivas do estabelecimento da relação processual entre o autor e o juiz; fosse exato o argumento, que fato — a não ser, precisamente, o da existência dessa relação — teria autorizado o juiz a indeferir a inicial ou a homologar a desistência da ação?

A angularidade (b) se estabelece com a citação do réu (autor/Estado + Estado/réu) e não com o *comparecimento* deste ao órgão jurisdicional. O processo moderno não exige a presença do réu em juízo, como requisito para que passe a integrar a relação processual, e sim, que a ele seja concebida a *oportunidade* para apresentar a resposta (exceção, contestação, reconvenção, reconhecimento da "procedência" do pedido) que pretender. Impor a presença do réu em juízo, para esse efeito, seria, a um só tempo, colocar os seus interesses acima dos da Justiça, fazer perigosa concessão a um obscuro passado do processo e conspirar contra a celeridade processual.

Torna-se triangular (c) a relação jurídica processual — adquirindo, assim, a plenitude de sua dimensão — quando se dá o contato direto das partes entre si, em decorrência das posições jurídicas antagônicas que ostentam na lide. Na revelia — que se caracteriza pela ausência injustificada de contestação do réu —, porém, não se estabelece essa tríplice angularidade, no plano dos fatos, mas apenas no plano legal, o que não corresponde a afirmar, é óbvio, que o processo estaria contaminado por nulidade insanável. Como asseveramos antes, o que se deve dar ao réu é *oportunidade* para defender-se, vindo ele, entrementes, a sofrer as consequências jurídicas de seu eventual desaproveitamento dessa oportunidade. Permite-lhe a norma legal, contudo, intervir no processo, em qualquer fase, recebendo-o no estado em que se encontrar (CPC, art. 346, parágrafo único), caso em que a relação jurídica adquirirá, ainda que a destempo, a sua triangularidade, do ponto de vista dos fatos (participação efetiva do réu no processo), conquanto a tríplice angularidade já existisse na esfera jurídica, nascida que havia por força da citação deste. É evidente que a intervenção do réu no processo, autorizada pela referida norma do CPC, não lhe dá o direito de restabelecer fases já preclusas (CPC, art. 223); não fosse assim, em vez de *processo,* teríamos o seu oposto: *retrocesso.*

b) Objeto

Como sabemos, o Estado, em determinado momento de extrema importância histórica para o direito dos povos e para a sua própria sobrevivência institucional, tornou proibida a autotutela e avocou, em caráter monopolístico, o encargo de dirimir os conflitos de interesses ocorrentes entre os indivíduos e as coletividades. Traduz-se, pois, a jurisdição nesse *poder-dever* estatal de compor lides. Por outras palavras, o objeto de relação jurídica processual é a prestação jurisdicional que ao Estado incumbe realizar, por iniciativa do interessado (princípio), ou, em situações raras, *ex officio* (exceção).

Desse modo, enquanto a relação jurídica de natureza material tem como objeto um bem ou uma utilidade da vida, o da relação processual se concentra na obtenção da tutela jurisdicional. Parece-nos dissociada do melhor entendimento doutrinal em voga na atualidade a afirmação feita por alguns autores de que a relação processual é secundária, pois constituiria mero instrumento a serviço do direito material alegado em juízo. Sucede que, nos tempos modernos, é remansada a doutrina que vê na ação um direito público subjetivo, cujo exercício independe do reconhecimento da existência do direito material invocado. Coube a Wach, Dagenkolg e Plosz lançar as bases científicas da ideia da ação como um direito abstrato de agir: Wach, em particular, pulverizou a equivocada teoria civilista da ação, concebida por Savigny, com o irrefutável argumento da ação declaratória negativa, pela qual se busca obter um provimento jurisdicional que diga, exatamente, da inexistência de relação jurídica material entre autor e réu. Reconhecida a inexistência dessa relação material, que fato haveria de justificar o exercício da ação, a não ser, justamente, o de ela corresponder a um direito autônomo (abstrato), que embora esteja, na prática, quase sempre ligado a um direito material, que visa a proteger, dele não depende para existir?

Em circunstâncias normais, a relação jurídica, que sói estabelecer-se no processo, tende a provocar um pronunciamento jurisdicional respeitante ao mérito, vale dizer, à *res in iudicio deducta*, com que o conflito intersubjetivo de interesses estará efetivamente solucionado, em sua íntima essência, porquanto terão sido examinadas as causas que o originaram. Em decorrência de certos fatos acidentais, no entanto, como os mencionados pelo art. 485 do CPC, o processo é extinto sem que o conflito seja resolvido. A extinção do processo sem resolução do mérito, entretanto, não afeta a relação jurídica processual nele estabelecida, exceto se o motivo da extinção tenha sido a irregularidade dessa própria relação.

c) Pressupostos

Conforme demonstramos na abertura deste Capítulo, o vocábulo *pressuposto* é costumeiramente utilizado pela doutrina para designar os requisitos necessários à constituição e ao desenvolvimento regulares da relação jurídica a que o processo dá origem.

Sempre foi preocupação dos autores classificar os pressupostos processuais. Como produto dessa operosa atividade científica da doutrina, inúmeras classificações acabaram sendo apresentadas, cuja variedade proveio da natural falta de uniformidade dos critérios adotados para esse fim. Pondo-se de parte, no entanto, algumas variações irrelevantes, podemos dizer que, fundamentalmente, esses pressupostos foram distribuídos em duas classes: a) os de existência e b) os de desenvolvimento válido. Essa divisão dicotômica, a propósito, foi adotada pelo legislador, como se infere do art. 485, IV, do digesto de processo civil de nosso país.

Conquanto devamos admitir que, do ponto de vista prático, essa classificação é desapercebida de utilidade, bastando ver que, tanto num caso como noutro, a inexistência desses pressupostos acarreta a extinção do processo sem prospecção do mérito; não podemos deixar de reconhecer que a separação dos pressupostos, segundo respeitem à constituição ou ao desenvolvimento regular da relação jurídica processual, é de indiscutível interesse didático.

O esquema, que a seguir exibiremos, permitirá uma ampla visualização dessas duas classes básicas de pressupostos, assim como dos desdobramentos a que elas conduzem. Queremos, antes, esclarecer que o caráter minucioso dessa classificação foi inspirado, também aqui, em motivos essencialmente didáticos — o que, a nosso ver, é o suficiente para justificar a sua existência, embora talvez não o seja para escusar as eventuais falhas que ela possa conter. Devemos acrescentar que essa classificação não inclui os pressupostos processuais concernentes às ações ("dissídios") coletivas, porquanto, no tocante a estas, iremos dedicar especial atenção mais adiante.

Pressupostos processuais		
a) De constituição	1. subjetivos	— partes
		— juiz
	2. objetivo	— ação
b) De desenvolvimento	1. quanto às partes	— capacidade de ser parte
		— capacidade de estar em juízo
		— partes, capacidade postulatória
	2. quanto ao juiz	— jurisdição
		— competência
		— imparcialidade
	3. quanto ao procedimento	— inicial apta
		— citação válida
		— inexistência de perempção
		— inexistência de litispendência
		— inexistência de coisa julgada
		— inexistência de conexão

Analisemos, de maneira sucinta, os diversos elementos integrantes da classificação apresentada.

1. Os pressupostos de constituição

1.1. Subjetivos

a) Partes

Derivado do latim *pars, partis*, o vocábulo *parte* sugere a ideia de porção, de elemento fragmentário de um todo. No campo específico da terminologia jurídica, significa "os sujeitos do contraditório instituído perante o juiz", segundo Liebman (*Manualle di Diritto Processuale Civile*. Milano: Giuffrè, 1973. I, n. 41, p. 75). Apesar de o juiz ser também sujeito do processo, a qualidade de parte está restrita às pessoas que possuem *interesses* manifestados na causa. O magistrado, como órgão estatal, não tem a sua atuação no processo propulsionada por algum interesse (que se ligue a bens ou utilidades da vida), mas, sim, pelo indeclinável poder-dever de ministrar a tutela jurisdicional necessária para promover a defesa de direito ou interesse dos litigantes. Sob esse aspecto, podemos dizer que o juiz é um sujeito *desinteressado* do processo.

Aludimos ao *poder-dever* estatal porque, embora as construções doutrinárias do passado soíam apresentar a jurisdição como um *pode*r do Estado, as correntes modernas passaram a fazer inflexão também no vocábulo *dever*, pondo à frente a circunstância de o Estado vedar a autotutela, a justiça pelas próprias mãos, ou seja, o "exercício arbitrário das próprias razões", tipificado pelo Código Penal como crime contra a administração da Justiça (art. 345). De tal arte, como contrapartida a esse veto, o Estado assumiu o *dever* de prestar a tutela jurisdicional nos casos e formas legais, em nome não apenas da realização da justiça, mas para evitar a instabilidade ou o agravamento das tensões sociais.

O predicamento de parte deriva da titularidade das situações jurídicas, ativas e passivas, que integram a relação processual (faculdades, poderes, deveres, ônus, sujeições); "ser parte significa, então, ser titular dessa situação global perante o juiz, o qual, sendo a encarnação do Estado no processo, também é titular de poderes e deveres, além da autoridade que ali exerce e que tem como correspectivo a já referida sujeição das partes" (DINAMARCO, Cândido Rangel. *Litisconsórcio*. São Paulo: Revista dos Tribunais, 1984. p. 7).

O indivíduo ou as coletividades adquirem o *status* de parte no momento em que passam a deter a titularidade das situações jurídicas precitadas, mesmo que não tenham exercido nenhum dos poderes ou faculdades que a norma legal lhes comete. Em regra, por quatro vias adquire-se a qualidade de parte: 1) pela demanda, pois quem toma a iniciativa de impetração à prestação da tutela jurisdicional assume a posição de demandante (como autor, exequente e o mais); 2) pela citação, porquanto a pessoa diante da qual o autor formula pretensões se converte em réu, ou seja, em parte legítima para responder à ação, podendo resistir juridicamente a essas pretensões, ou subordinar-se a elas; 3) pela intervenção, voluntária ou compulsória, em processo de terceiros; 4) pela sucessão, espontânea ou coacta, da parte originária.

Não obstante, no geral, a parte seja titular do direito material alegado em juízo, há casos, legalmente previstos, em que, por exceção, se atribui legitimidade para alguém postular, em nome próprio, direito alheio: é o fenômeno a que se convencionou denominar de *substituição processual* e que consiste, na verdade, em muitos casos, numa procuração legal *ad litem*. Aqui, não há coincidência entre as qualidades de parte e de titular do direito material, pois, conforme afirmamos, esse direito é defendido por aquele que não lhe detém a titularidade. Consta no art. 18 do CPC: "Ninguém poderá pleitear direito alheio em nome próprio, salvo quando autorizado pelo ordenamento jurídico"; o parágrafo único desse dispositivo legal permite que, havendo substituição processual, o substituído intervenha como assistente litisconsorcial. Essa modalidade de assistência se caracteriza pelo fato de a sentença poder influir na relação jurídica estabelecida entre o assistente e o adversário do assistido (CPC, art. 124).

Eis a razão por que, em outra obra, enunciamos o seguinte conceito de parte: "É a pessoa que deduz em juízo, em nome próprio, pretensões de direito material, próprio ou de outrem, ou puramente processuais, e, também, aquela em face da qual essas pretensões são formuladas" (*Litisconsórcio, assistência e intervenção de terceiros no processo do trabalho.* São Paulo: LTr Editora, 1992, p. 20).

Dentre os diversos princípios atinentes às partes, três estão a merecer realce neste momento:

a) *da dualidade*, que pressupõe a existência de, quando menos, duas partes (autor e réu), ou dois grupos de interesses contrapostos, como preferir-se. Veja-se que não estamos cogitando da *presença* das partes em juízo, como suposta imposição legal para a validade do desenvolvimento da relação jurídica entre elas; se assim fizéssemos, estaríamos a realizar censurável concessão a superadas concepções romanísticas do passado remoto. A dualidade nada mais expressa do que a exigência de que a relação processual seja integrada por, no mínimo, duas partes; havendo, apenas, uma (autor), seguramente, estaremos diante não de uma parte, e, sim, de um interessado;

b) *da igualdade*, de acordo com o qual o juiz deve subministrar um tratamento igualitário aos litigantes, cuja imposição legal (CPC, art. 125, I) emana de seu ontológico dever de neutralidade, como órgão incumbido de solucionar, heteronomamente, o conflito. Esse princípio, como vimos, está inscrito no próprio texto constitucional (art. 5.º, *caput*) e representa, sem dúvida, uma das pilastras de sustentação de nosso Estado Democrático de Direito (CF, art. 1.º, *caput*);

c) *do contraditório*, pelo qual se assegura ao réu o direito de defender-se, e, de modo amplo, às partes o direito de serem informadas dos atos praticados no processo, a fim de reagirem diante deles ou de aceitá-los, mesmo que de maneira implícita, e, desse modo, poderem influir na formação do convencimento jurídico do magistrado. O princípio em exame também possui sede constitucional (art. 5.º, LV).

b) Juiz

Processo sem a participação do juiz é inexistente; é o não processo, um simulacro, um arremedo grosseiro, enfim. A contar do momento em que a jurisdição foi convertida — mercê de razões historicamente justificáveis — em monopólio estatal, a presença do juiz no processo tornou-se indispensável. O processo moderno, ao contrário do praticado em eras passadas, não é "coisa das partes", não se situa nos domínios de seus interesses privados, sendo, isto sim, um instrumento institucional de solução de conflitos, razão pela qual vigora o princípio da inafastabilidade (ou irrecusabilidade) da jurisdição, ainda que essa recusa provenha da vontade convergente das pessoas envolvidas em um conflito de interesses. O que tais pessoas podem fazer é optar pela arbitragem, cujo ato implica *renúncia* (e não, recusa) ao direito à jurisdição.

Já não há lugar, felizmente, no mundo contemporâneo, para as "lides privadas", nas quais se buscava a realização da justiça por mãos próprias, que outrora tanto mal causaram ao Direito.

Quando falamos do juiz, como um dos pressupostos subjetivos de constituição do processo, estamos, à evidência, a referir-nos ao magistrado regularmente investido no cargo e no pleno exercício das inerentes funções. Desta forma, se o juiz foi nomeado para o cargo, mas ainda não recebeu a indispensável investidura, é elementar que se encontra desprovido de poder jurisdicional; o mesmo se pode dizer do que, a despeito de estar regularmente investido no cargo, foi afastado do exercício das funções, em decorrência de punição disciplinar sofrida, ou de outro motivo relevante. Em tais situações, eventual atuação do magistrado na causa fará gerar uma relação processual sem validade jurídica, pois, sob este aspecto, ela será, de rigor, mais do que nula, inexistente, ou seja, o *nihil*, o não ato. Para clarificar: materialmente, o ato existe; juridicamente, não.

Por outro lado, para que a relação processual seja normalmente constituída é necessário que haja juiz natural (que preferimos denominar de juiz preexistente), ou seja, que não tenha sido instituído, nomeado ou designado *ex post factum* para julgar determinada pessoa ou determinado grupo de pessoas. A Constituição Federal em vigor, mantendo a tradição iniciada com a de 1946, proíbe a criação de tribunais ou juízos de exceção (art. 5.º, XXXII).

Não menos óbvio é que o juiz deve ser imparcial. Certos juristas chegam, mesmo, a incluir a imparcialidade como pressuposto processual subjetivo referente ao magistrado. Do ponto de vista técnico (e, acima de tudo, institucional), todavia, soa pleonástica a expressão "juiz imparcial", como se fosse naturalmente possível a existência de juízes parciais. De qualquer modo, pensamos que o fato de determinado juiz haver atuado no processo de modo parcial (= injusto), vindo, inclusive, a decidir contra a parte a quem prejudicou, não nos obriga a reconhecer que a relação processual teria sido juridicamente inválida. Se a imparcialidade proveio de motivo capaz de determinar o *impedimento* do magistrado, a nulidade do processo deverá ser declarada não em virtude de suposta imparcialidade, mas do fato objetivo de a lei proibir a atuação de juiz impedido (CPC, art. 144). Tanto isso é certo, que a sentença aí proferida — e desde que tenha se pronunciado sobre o mérito — poderá ser atacada pela via rescisória (CPC, art. 966, II), no momento oportuno (*ibidem*, art. 975). Já no caso de mera *suspeição* (CPC, art. 145), a existência e o desenvolvimento da relação jurídica processual não serão contaminados por essa eiva subjetiva do juiz na hipótese de a parte interessada deixar de arguir, mediante exceção, no momento adequado, a suspeição, ou praticar ato que possa significar o consentimento tácito à atuação do juiz (CLT, art. 801, parágrafo único). Sentença proferida por juiz suspeito não é rescindível. Está claro, portanto, que no impedimento o veto legal à atuação do magistrado é absoluto; na suspeição, apenas relativo.

Para resumir o quanto dissemos até este ponto: ao indicarmos o juiz como um dos pressupostos subjetivos para a constituição regular da relação jurídica processual, estamos considerando aquele juiz: a) nomeado para o cargo e nele investido; b) no pleno exercício das suas funções; c) natural (ou preexistente) e d) imparcial.

A arbitragem representa um caso isolado, em que a solução do conflito de interesses não é feita por órgão jurisdicional, mas por árbitros. A arbitragem, de que trata a Lei n. 9.307/1996, era inadmissível na Justiça do Trabalho quanto aos conflitos individuais; sua admissibilidade estava restrita às ações coletivas, pois, quanto a estas, existia — e ainda existe — expressa previsão constitucional (art. 114, § 1.º). Ulteriormente, a Lei n. 13.467, de 13-07-2017, inseriu na CLT o art. 507-A, para admitir a arbitragem também nos conflitos individuais, desde que obedecido o requisito estabelecido nessa norma legal.

Opostamente a alguns autores, não vemos na greve uma forma de autocomposição do conflito, porquanto à autotutela é estranha a participação jurisdicional, sabendo-se que a greve, cedo ou tarde, acaba sendo submetida à apreciação dos tribunais, a fim de declarar-lhe a licitude ou a ilicitude.

1.2. Objetivo

c) Ação (ou demanda)

A jurisdição, em princípio, mantém-se em estado de inércia, pois não é lícito ao juiz prestá-la *ex officio*, ainda que tenha conhecimento da lesão de direito praticada contra outrem, ou da iminência de essa ofensa ser perpetrada. Estamos cuidando, por certo, da jurisdição civil — cuja regra de inatividade se aplica, com raras exceções, à trabalhista.

Eventual faculdade legal que possuísse o magistrado, no que tange a tomar a iniciativa da ação, traria o inconveniente de fomentar lides, instaurando turbulência nas relações sociais intersubjetivas, e, talvez com maior gravidade, o de apresentar-se parcial aos olhos do réu ou da comunidade. Assim sendo, é imprescindível que o indivíduo, na medida do seu interesse em obter a reparação do dano sofrido ou em afastar o risco de lesão, provoque o exercício da função jurisdicional do Estado, ativando-o, retirando-o do ontológico estado inercial a que nos referimos há pouco. O princípio em questão está contido no art. 2.º do diploma processual civil, *verbis*: "O processo começa por iniciativa da parte e se desenvolve por impulso oficial, salvo as exceções previstas em lei".

O processo do trabalho, como ressalvamos acima, espelha umas poucas exceções a essa regra. Uma delas consiste na possibilidade de a ação coletiva ser intentada por iniciativa do próprio tribunal competente para julgá-la (CLT, art. 856) — conquanto nos pareça que esta norma da CLT tenha sido derrogada pelo art. 8.º da Lei n. 7.783/1989, que já não faz referência ao Presidente do Tribunal.

O instrumento pelo qual a parte ou interessado ativa a função jurisdicional do Estado é a petição — denominada, por isso mesmo, de *inicial* — que, para isso, deve atender a determinados requisitos legais (CLT, art. 840, § 1.º), sob pena de ser indeferida, *in limine*, por inepta (CLT, art. 840, § 3.º; CPC, art. 330, § 1.º). Sobre essa peça de ativação jurisdicional e de deflagração do processo, e a necessidade de ser apta para isso, sob pena de merecer indeferimento liminar, discorreremos no momento em que formos examinar os pressupostos de desenvolvimento regular da relação nascida no processo.

Há autores que apontam a lide, e não a ação, como pressuposto subjetivo de existência da relação processual. Divergimos desse entendimento. Ora, se lide, no conceito carneluttiano, corresponde à pretensão resistida e insatisfeita, seríamos forçados a incidir no erro de supor que em certos casos, *v.g.*, como o de revelia, a relação jurídica processual não teria existido, pois o réu, ao não responder à ação, não resistiu às pretensões *in iudicio deducta*. Mesmo sob a óptica legal, essa opinião, de que estamos a dissentir, é insustentável, porquanto sabendo-se que no estatuto de processo civil de 1973 o vocábulo lide foi utilizado como sinônimo de mérito (v. Exposição de Motivos, Cap. II, 6), ter-se-ia de admitir, contra os princípios e contra o bom senso, que a extinção do processo sem exame do mérito faria inexistente a relação jurídica processual!

2. Os pressupostos de desenvolvimento

2.1. Quanto às partes

a) Capacidade de ser parte

Tem-na todo aquele que é sujeito de direitos. "Toda pessoa é capaz de direitos e deveres na ordem civil", declara o art. 1.º do Código Civil. Parte, sob esse ângulo, é, portanto, todo aquele que se encontra no gozo de seus direitos.

Os incapazes, por exemplo, têm capacidade de ser parte (podendo, pois, integrar a relação jurídica processual), embora não a possuam para estar em juízo, vale dizer, para praticar atos processuais com efeitos jurídicos. Falta-lhes, em síntese, a necessária legitimidade para o processo (*ad processum*).

O processo civil (assim também o do trabalho) atribui a capacidade de ser parte não só às pessoas físicas, como às jurídicas, e, ainda, a determinadas massas patrimoniais, como a falida, e às heranças jacente ou vacante, e, até mesmo, ao espólio, o condomínio de apartamento - que nem sequer possuem personalidade jurídica (CPC, art. 75).

b) Capacidade de estar em juízo

É regulada pelos arts. 70 a 75 do CPC. Dispõe o primeiro que: "Toda pessoa que se encontre no exercício de seus direitos tem capacidade para estar em juízo".

Conforme vimos na letra anterior, no âmbito do direito comum, certas pessoas, conquanto se encontrem no gozo dos seus direitos, não possuem *capacidade* para exercê-los. É, mais ou menos, o que se passa na órbita processual, em que a capacidade de ser parte não se confunde com a de estar em juízo. De modo geral, esta última só é cometida às pessoas que estejam no exercício dos seus direitos, razão por que não possuem *legitimatio ad processum*, dentre outros, os menores e os portadores de debilidade mental.

No processo do trabalho, a legitimidade a*d processum* é adquirida aos 18 anos de idade. A despeito de o art. 792 da CLT haver sido expressamente revogado pela Lei n. 13.467/2017 (art. 5.º), esse requisito etário está implícito no art. 793. Se o trabalhador possuir 14 anos de idade, ou mais, mas menos de 18, deverá ser representado em juízo pelo pai, mãe, tutor, curador, ou, na falta destes, pela Procuradoria da Justiça do Trabalho (CLT, art. 793). Inexistindo, na localidade, órgão da Procuradoria, ao juiz incumbirá nomear curador à lide (*ibidem*).

Duas breves notas: se o trabalhador, menor de 18 anos, estiver sob tutela (em virtude de falecimento dos pais; de terem estes sido declarados ausentes ou decaído do poder familiar), há necessidade de autorização do juiz competente (em matéria civil) para que a ação seja ajuizada, por força da regra contida no art. 1.748, V, do Código Civil. A doutrina tem entendido que, na situação referida, a legitimidade para o processo somente é obtida mediante o concurso dessas duas providências legais: a representação do menor e a autorização judicial. Por outro lado, se o trabalhador for curatelado (decorrente de interdição originada por demência, surdo-mudez que o impeça de manifestar a sua vontade etc.), será necessária não apenas a mencionada autorização do magistrado para o ingresso em juízo como a fixação, também por ato do juiz civil, dos limites da interdição.

Tanto a capacidade de ser parte quanto a de estar em juízo, por traduzirem pressupostos indispensáveis para a constituição e o desenvolvimento regulares da relação jurídica processual, devem ser examinados *ex officio*, em qualquer tempo e grau de jurisdição, enquanto não proferida a sentença de mérito (CPC, art. 485, IV e § 3.º). A referência legal ao proferimento da sentença de mérito como limite final para que o juiz possa se pronunciar, por sua iniciativa, acerca dos aludidos pressupostos, deve ser adequadamente interpretada, sob pena de conduzir a graves distorções de seu verdadeiro escopo. É lógico que o juiz de primeiro grau, ao emitir a sentença de mérito, não mais poderá alterá-la, seja para qual finalidade for, salvo em decorrência de embargos declaratórios ou para corrigir meras inexatidões materiais, como erros de cálculo e de escrita (CLT, arts. 833 e 897-A, § 1.º; CPC, art. 494, I). Assim o é, porque o juiz, ao pronunciar-se sobre as questões de fundo da lide, cumpre e acaba o seu ofício jurisdicional. Pode o tribunal, no entanto, em grau de recurso, declarar a falta de capacidade de ser parte ou de estar em juízo, pois a menção legal à sentença de mérito constitui proibição dirigida, apenas, ao juiz que a prolatou. Caberá ao tribunal, portanto, manifestar-se sobre tais capacidades, tenham, ou não, sido estas objeto de exame pelo juízo *a quo*.

Estatui o art. 76 do CPC que, se for verificada a incapacidade processual ou a irregularidade de representação, o juiz, suspendendo o processo, marcará prazo razoável para ser sanada a falha. Alguns esclarecimentos devem ser feitos sobre essa dicção legal. Em primeiro lugar, a incapacidade processual, no caso, é a que diz respeito à legitimidade *ad processum* (estar em juízo) pois a incapacidade de ser parte não pode ser sanada; em segundo, que incapacidade processual e irregularidade de representação são coisas distintas. Aquela, como vimos, respeita à *legitimatio ad processum*, à aptidão para praticar atos processuais com efeitos jurídicos; esta diz daquelas pessoas (jurídicas, em regra), cuja representação judicial a lei define (CPC, art. 75), tendo em vista o fato de constituírem uma abstração jurídica ou de não possuírem personalidade jurídica.

Não sendo cumprido o despacho judicial que ordenou a correção da incapacidade processual ou da irregularidade de representação, "caso o processo esteja na instância originária: I – o processo será extinto, se a providência couber ao autor; II – o réu será considerado revel, se a providência lhe couber; III – o terceiro será considerado revel ou excluído do processo, dependendo do polo em que se encontre. § 2.º Descumprida a determinação em fase recursal perante tribunal de justiça, tribunal regional federal ou tribunal superior, o relator: I – não conhecerá do recurso, se a providência couber ao recorrente; II – determinará o desentranhamento das contrarrazões, se a providência couber ao recorrido".

Embora o réu seja revel, nem sempre ocorrerá o efeito da revelia, consistente na presunção de veracidade dos fatos alegados na petição inicial (CPC, art. 344). Esse efeito não se verificará se: 1) havendo pluralidade de réus, algum deles contestar a ação; 2) o litígio versar sobre direitos indisponíveis; 3) a petição inicial não estiver instruída com instrumento que a lei considere indispensável à prova do gato (CPC, art. 345, I a III).

De ordinário, as pessoas que participam da relação jurídica processual (partes) são os mesmos sujeitos da relação jurídica material controvertida (*res in iudicio deducta*). Queremos com isso dizer que, em regra, as pessoas ingressam em juízo para defender, em seu nome, direito próprio. Há situações especiais, contudo, em que, no processo, se defende, em nome próprio, direito alheio. A esse fenômeno, caracterizado pela desconformidade entre as pessoas da lide e os sujeitos da relação material controversa, deu-se o nome de *substituição processual*. Essa denominação, na verdade, foi dada por Chiovenda, embora caiba a Kohler o mérito de haver dedicado estudos pioneiros acerca desse fenômeno. Já deixamos exarado, em linhas anteriores, que, em rigor, no Brasil, não temos a substituição processual nos moldes da existente no Direito Romano, em que o *cognitor* assumia as consequências da coisa julgada; em nosso meio, o que há é simples mandato legal *ad litem*.

Por tratar-se de legitimação extraordinária, a substituição processual só pode ser admitida nos casos expressamente previstos em lei, quando, então, esta atribui legitimidade a determinadas pessoas, físicas ou jurídicas, com vistas ao exercício da ação, para postular, em nome próprio, direito de outrem. Advertência, nesse sentido, está no art. 18 do CPC.

Os pontos que fazem a substituição processual diferençar-se da representação consistem em que, naquela: a) o substituto não precisa do consentimento do substituído para ingressar em juízo, no qual: b) pleiteará, em seu nome, direito deste, ao passo que, na representação: a) o representante não é parte, mas representante desta, além de b) agir em nome do representado.

A figura da substituição processual vem sendo maltratada pelo legislador, pela doutrina e pela jurisprudência brasileiras, que, no geral, desconhecem as suas origens históricas e sua finalidade no sistema processual. Mais preocupante tem sido o problema nos domínios do processo do trabalho, em que, até o momento em que escrevíamos este livro, diversas arremetidas legislativas foram realizadas, tendo como núcleo essa legitimidade *sui generis*, sem que nenhuma delas houvesse contribuído, ainda que com um cêntimo, para o necessário acertamento científico da matéria e para a sua adequada regulação prática; ao contrário, só fizeram aumentar a polêmica sobre o tema.

Ditos equívocos doutrinais e legislativos começam pela própria denominação dessa figura. Reiteremos nossa opinião de que, no Brasil, jamais conhecemos a substituição processual típica, genuína, se considerarmos as fontes romanas desta. Assim dizemos porque, no período antigo daquele Direito, especialmente no formulário (clássico), tanto o autor quanto o réu poderiam nomear, na presença do magistrado, determinada pessoa para que os substituísse na lide. Eram as chamadas (pelos estudiosos modernos) ações com transposição de pessoas, nas quais, para cogitarmos da fórmula que era aí adotada, na *intentio* (pretensão) figurava o nome do titular do direito material, mas, na *condemnatio* (condenação), o do substituto, que, exatamente por isso, sofria as consequências do que hoje chamamos de coisa julgada material.

Havia, basicamente, no Direito Romano, dois tipos de substituto: a) o *cognitor* e b) o *procurator*, cuja diferença fundamental, entre ambos, residia em que, deste último, poder-se-ia exigir, em certos casos, a prova do mandato. Demais, a sua participação no processo fazia com que a demanda não fosse consumativa, permitindo, assim, que o titular do direito voltasse a ingressar em juízo com a mesma postulação. Já o *cognitor* tornava a ação consumativa, inibindo, dessa forma, a repetição da demanda, pelo titular do direito; e a ele não se impunha a prova do mandato.

Importa ressaltar que o traço característico das ações com transposição de pessoas, existentes nessa fase do Direito Romano, repousava no fato de que o substituto assumia as consequências do julgamento eventualmente desfavorável ao substituído. Ora, em nosso meio, o sindicato, ao atuar na qualidade de "substituto processual", não assume, jurídica ou economicamente, o resultado do julgamento, seja este favorável ou desfavorável ao substituído. Logo, o que, no Brasil, supomos tratar-se de substituição processual não passa de simples mandato que a norma legal, por motivos de ordem política, jurídica e prática, atribui às entidades sindicais. É, pois, um mandato *ad litem*, no exercício do qual, como dissemos, o sindicato (ou qualquer outro substituto processual) não tem o seu círculo jurídico afetado, direta ou indiretamente, em decorrência do julgamento do mérito (salvo, no que toca às despesas processuais, aí incluídas as custas e os honorários, do advogado ou do perito).

O máximo que podemos admitir, nesse tema, é que possuímos, entre nós, uma "substituição processual à brasileira".

A primeira referência histórica à figura do *cognitor* (verdadeiro substituto processual), de que se tem notícia, está na "*Rethorica ad Herennium*", do século II a.C.

Convém repisar: verificada a incapacidade processual (assim como a irregularidade de representação), no âmbito do primeiro grau de jurisdição, cumprirá ao juiz suspender o processo e assinar prazo razoável para que o vício seja sanado (CPC, art. 76, *caput*). Não sendo cumprido o despacho, e se providência incumbir: a) ao autor, o processo será extinto sem resolução do mérito; antes disso, deverão ser declarados nulos os atos até então praticados pelo autor; b) ao réu, será declarado revel, embora possam não ocorrer os efeitos da revelia (CPC, arts. 344 e 345); c) ao terceiro, será considerado revel ou excluído do processo conforme seja o polo da relação processual que esteja a ocupar (CPC, art. 76, § 1.º, incisos I a III). Pode parecer estranho o fato de cogitar-se de revelia de terceiro; entretanto, são os casos, entre outros, do denunciado da lide (CPC, art. 127) e do chamado ao processo (CPC, art. 131). Se o incumprimento for a despacho de relator, em tribunal, e a providência couber: a) ao recorrente, não se admitirá o recurso; b) ao recorrido, serão desentranhadas as contrarrazões (CPC, art. 76, § 2.º, incisos I e II), certificando-se nos autos (CPC, art. 208).

c) Capacidade postulatória

Na esfera do processo civil, a capacidade postulatória pode ser reconhecida como a aptidão ou o direito de a pessoa dotada de legitimidade *ad processum* participar da demanda por meio de quem se encontre legalmente habilitado para postular em juízo; significa dizer, por intermédio de advogado. Leia-se, a propósito, o art. 103 do CPC: "A parte será representada em juízo por advogado regularmente inscrito na Ordem dos Advogados do Brasil". À parte é lícito postular em causa própria, quando estiver legalmente habilitada a isso (*ibidem*, parágrafo único). Sem instrumento de mandato, o advogado somente poderá postular em juízo nas situações excepcionais previstas no art. 104 do CPC: para evitar preclusão, decadência ou prescrição ou praticar ato reputado urgente. O advogado deverá juntar a procuração em quinze dias (prorrogável por igual período mediante despacho do juiz) e ratificar os atos praticados; não juntada a procuração ou não ratificados os atos, estes serão considerados ineficazes (*ibidem*, § 2.º).

Para Calamandrei, a capacidade postulatória é o poder que alguém tem de tratar diretamente com o juiz, de expor-lhe pessoalmente as pretensões das partes. Perceba-se que esse *ius postulandi* não é exercido pela parte, mas por seu procurador judicial (que não deixa de ser uma espécie de representante desta, embora não se deva confundir essa representação com a mencionada no art. 75 do CPC). Agindo na qualidade de procurador judicial, o advogado, contanto que possua o correspondente mandato, poderá praticar, em nome do mandante, todos os atos processualmente admitidos e necessários à defesa deste, salvo aqueles para os quais a lei exija poderes especiais (CPC, art. 105, *caput*, parte final). O art. 105 do CPC estabelece quais são os poderes do advogado, contidos na cláusula *ad iudicia*, e quais os que devem constar, de maneira expressa, em cláusula específica.

Podemos asseverar que, no processo civil, os advogados são, por excelência, os titulares do direito de postular em juízo, nada obstante a lei também atribua essa prerrogativa aos estagiários (Lei n. 8.906/1994, art. 3.º, § 2.º); estes, entretanto, não podem praticar atos privativos de advogado. Isso quer dizer, de outro modo, que no mencionado processo somente se reconhece o *ius postulandi* àqueles que se encontram regularmente inscritos nos quadros da Ordem dos Advogados do Brasil.

O processo do trabalho, no entanto, atribui a capacidade postulatória às próprias partes, como demonstra o art. 791, *caput*, da CLT, sem que isso exclua, à evidência, a possibilidade de ser outorgado mandato a advogado, para postular em nome delas. Resta saber, porém, se esse dispositivo legal ainda está em vigor. Pelo que nos cabe opinar, devemos dizer que não. Essa revogação, segundo pensamos, aconteceu já com o advento da Lei n. 4.215/1963, que instituiu o chamado Estatuto da Ordem dos Advogados do Brasil, cujo art. 67 declarava que o exercício da advocacia (entenda-se: capacidade postulatória) era privativo dos inscritos no quadro da Ordem dos Advogados do Brasil. A Lei n. 4.215/63: a) é posterior à CLT, que entrou em vigor em 1943; b) tem preeminência hierárquica com relação a esta, que é produto de Decreto-lei; c) tem maior autoridade técnica, porquanto se trata de norma legal específica, no que respeita ao exercício da advocacia. A doutrina e a jurisprudência trabalhistas, entrementes, munidas de argumentos mais piedosos e emotivos do que jurídicos, concluíram, sem convicção, que o art. 791, *caput*, da CLT, não teria sido revogado pelo art. 67 da Lei n. 4.215/63.

Vão-se os anos e vem a lume a atual Constituição Federal, trazendo em seu art. 133 a afirmação de que "o advogado é indispensável à administração da justiça". Reacende-se a polêmica em torno da sobrevivência do art. 791, *caput*, da CLT. Sustentam alguns que essa norma ordinária segue vigorando, pois a declaração constitucional de que o advogado é indispensável à administração da justiça não constitui nenhuma novidade normativa, uma vez que já constava do art. 68, da Lei n. 4.215/1963. Ademais, a considerar-se revogado aquele dispositivo da CLT, revogadas também estariam outras normas legais que permitiam ao indivíduo promover, pessoalmente, a sua defesa em juízo, como, *v.g.*, requerer *habeas corpus*. Coloquemos as coisas em seus corretos lugares. O enunciado do art. 133 da Constituição da República está a significar, exatamente, o que sua expressão literal exprime: para a administração da justiça, é imprescindível a presença de advogado. Se a frase não é nova, pouco importa. O fato é que foi alcandorada ao plano constitucional, e o art. 133, que a materializa, não por acaso está inserido no Capítulo (IV), que versa sobre as funções essenciais à justiça.

Nem se objete que, de qualquer forma, esse preceito constitucional não é autoaplicável, porquanto há, no final de sua redação, a ressalva "nos limites da lei", sendo certo que essa norma legal regulamentadora ainda não foi editada. *Data venia*, em primeiro lugar, essa reserva, ou melhor, esse aposto, está gramaticalmente ligado à frase "sendo (o advogado) inviolável por seus atos e manifestações no exercício da profissão" e não à declaração de que é indispensável à administração da justiça; em segundo, estando o art. 133 e o precitado Capítulo IV contidos no Título V do texto constitucional, que dispõe sobre a "Defesa do Estado e das Instituições Democráticas", fica fora de qualquer dúvida razoável que o art. 133 é alcançado pela regra do art. 5.º, § 2.º, da mesma Constituição, no sentido de que as normas definidoras dos direitos e garantias fundamentais têm aplicação imediata.

Tempos depois, advém a Lei n. 8.906, de 04-07-1994, cujo art. 2.º reproduz, literalmente, a declaração estampada no art. 133 da Constituição Federal.

Se nenhuma dessas normas legais existissem, ainda assim deveríamos, em nome da sensatez e do sentimento de justiça, pugnar pelo banimento do malsinado art. 791, *caput*, da CLT, que, até onde pudemos ver, causou muito mais danos do que benefícios ao trabalhador. Com efeito, sustentado, durante vários lustros, pelo discurso retórico e enganoso de estar a serviço do trabalhador e de atender ao princípio da simplicidade (?) do procedimento, o *ius postulandi* outorgado por aquela norma representou, na prática, um engodo, uma sutil, mas fatal, esparrela para o trabalhador e, de certa maneira, também para o empregador humilde. As razões desse embuste são palmares: convidadas a atuar em juízo sem o acompanhamento de advogado, as partes, quase sempre, viam-se envolvidas no inextricável cipoal do processo, no qual pululam os prazos e as preclusões. A consequência dramática é que, em função disso, muitas vezes viram os seus direitos e pretensões ser fulminados, inexoravelmente, pelas regras inflexíveis do procedimento, desse *due process of law* de que talvez tivessem ouvido da boca de algum juiz pedante, mas que para elas, em sua insciência, era grego, era uma frase de sentido apenas misterioso, esotérico.

Quantas vezes presenciamos, em audiência, na qual o trabalhador se encontrava sem advogado, o réu, por seu competente procurador judicial, arguir, mediante exceção, a incompetência *ratione loci* do juízo, obrigando-nos a dizer àquele miserável trabalhador que agora ele se tornara excepto e dispunha de 24 horas (esse era o prazo) para manifestar-se a respeito da exceção. Nunca, em nenhum caso, ocorreu essa manifestação; pelo menos, no prazo. Sem culpa do juiz, violências como a descrita foram cometidas contra o trabalhador e — como ressaltamos — contra o próprio empregador humílimo que comparecia a juízo sem advogado. A particularidade de ter ocorrido alteração da redação do art. 800 da CLT, por forma a determinar que a exceção seja apresentada dentro de cinco dias a contar da "notificação" (*rectius*: citação), em nada compromete os nossos argumentos, porquanto o trabalhador excepto deverá manifestar-se a respeito no prazo de cinco dias (*ibidem*, § 2.º). Se não o fizer, os autos serão remetidos a outro juízo. O trabalhador, sem advogado em juízo, se torna vulnerável às sutilezas e às esparrelas do processo. Comenta-se, a propósito, que determinado juiz do trabalho despachou para que o trabalhador a litigar pessoalmente se manifestasse sobre petição apresentada pelo adversário; como trabalhador nada disse no prazo assinado, o juiz não se deu por satisfeito e voltou a despachar: "Diga por que nada disse!". Ironia ao largo, esse episódio serve como ilustração aos argumentos que expendemos em prol da revogação, de *lege ferenda*, do art. 791 da CLT, sede do caviloso *ius postulandi*.

A presença do advogado no processo representa, pois, quando menos, o equilíbrio, a igualdade técnica entre as partes, ainda que em tese. Quando apenas uma delas comparece com advogado, o que se vê, não raro, não é uma disputa justa, mas um massacre daquela que está promovendo, pessoalmente, a defesa dos seus direitos e interesses. E a causa desse desequilíbrio — permitam-nos reiterar — reside no ardiloso *ius postulandi* com que o art. 791, *caput*, da CLT, acena, sedutor, qual sereia aos navegantes, aos incautos.

O fato de estarmos aqui a sustentar a revogação desse artigo não corresponde a dizer que, em nenhum caso, a parte poderá postular em juízo sem advogado. Ora, estamos falando em termos de *princípio* (necessidade de advogado, como fator de efetiva distribuição de justiça); sendo assim, se, em determinada situação, inexistir, na localidade, advogado, ou ocorrer recusa ou impedimento dos que houver, poderá a parte, por exceção, ingressar em juízo pessoalmente — hipótese em que ficará sujeita aos riscos que mencionamos.

Em algumas regiões do País, aliás, é tão intensa a participação de advogados no processo do trabalho, quanto é, em outras, a atuação pessoal das partes. O ideal seria que, em futuro, todo o território nacional ficasse homogeneizado pela primeira situação. O art. 791 da CLT, na realidade, só tem em seu favor o argumento de que facilita a condução do processo pelo juiz e cria ambiente mais propício à conciliação. Isso é muito pouco para justificar a permanência do *ius postulandi.* Tal argumento, denuncie-se, é produto de mera conveniência do magistrado e nada tem de relevante para os reais objetivos da justiça, como instituição, além de colocar os interesses das partes em posição subalterna. É hora, portanto, de entoarmos, ainda que tardiamente, um réquiem em memória do art. 791, *caput,* da CLT.

Infelizmente, contudo, o STF, na ADi n. 1.127-8, ajuizada pela Associação dos Magistrados Brasileiros, declarou inconstitucional o vocábulo "qualquer", constante do inciso I, do art. 1.º, da Lei n. 8.906/1994. O *caput* desta norma legal afirma constituir atividade privativa da advocacia: "I – a postulação a *qualquer* órgão do Poder Judiciário e aos juizados especiais" (destacamos). Com isto, o STF reconheceu, ainda que de maneira implícita, estar em vigência o art. 791, *caput*, da CLT.

Isso está a significar que, nos sítios da Justiça do Trabalho, continuaremos a realizar a contagem das vítimas que se deixarem seduzir pelo cântico de sereias, que vem dessa norma da CLT.

O processo eletrônico, longe de apresentar-se como ferramenta de facilitação para que o trabalhador possa, no uso de seu *ius postulandi* pessoal, invocar a prestação da tutela dessa Justiça Especializada, soa-lhe a grego por não possuir condições técnicas, culturais e financeiras para ter acesso a essa sofisticada tecnologia. Não é bastante, para atender aos postulados de um Estado Democrático de Direito, que a Constituição declare não se poder excluir da apreciação do Poder Judiciário qualquer lesão ou ameaça de lesão a direito: é, sobremaneira, fundamental que não se criem obstáculos — nomeadamente, de natureza tecnológica — ao exercício do direito de ação. Se assim não for, o que está na Constituição nada mais é do que mero rasgo de retórica hipocrisia institucional. Conforme acabamos de ver, ainda está em vigor o art. 791-A da CLT. É, justamente, a manutenção desse preceptivo no sistema do processo do trabalho que nos faz colocar em dúvida razoabilíssima a possibilidade de conciliar o referido dispositivo legal com o processo eletrônico. Não pretendemos negar os benefícios que, de modo geral, a tecnologia e seus avanços trazem às pessoas; mas não podemos aceitar que ela constitua empecilho ao exercício de determinados direitos constitucionais, como o de ação. Sejamos senhores da tecnologia; não, reféns dela. A tecnologia pode ser boa serviçal, mas, com certeza, é má patroa.

2.2. Quanto ao juiz

a) Jurisdição

A figura do *juiz natural* (entenda-se: juízo preexistente), ontologicamente considerada, pertence ao campo dos pressupostos subjetivos de constituição (existência) da relação jurídica processual; visto o magistrado, todavia, sob o prisma do poder-dever jurisdicional de que é dotado, a sua pessoa se desloca para o terreno dos pressupostos de desenvolvimento dessa relação. A não esquecer que a cláusula do juiz natural constitui princípio-garantia constitucional (CF, art. 5.º, XXXVII).

Embora o conceito de jurisdição seja, fundamentalmente, uno e incindível, por ser esta o mencionado poder-dever estatal de solucionar os conflitos de interesses ocorrentes entre indivíduos ou coletividades, expressões como: jurisdição trabalhista, civil, penal etc., longe de pretenderem negar essa unidade e essa incindibilidade (se nos consentem o neologismo), justificam-se pelo sentido didático de colocar em evidência a natureza do conflito ou da causa submetida à cognição do Estado-Juiz.

Para que a relação processual tenha validade (quanto ao seu desenvolvimento) é necessário, portanto, que dela participe não apenas o juiz, mas, sobretudo, juiz munido de jurisdição, que é, etimológica e classicamente, o poder de dizer com quem está o direito disputado (*iuris + dictio*). Deixamos dito, linhas atrás, que processo sem juiz não é processo, é falseamento, é simulação, é processo inexistente. Apesar de correta a assertiva, o adequado entendimento de seu enunciado deve considerar, aí, o juiz provido de jurisdição.

No Capítulo II deste livro, discorremos sobre os princípios constitucionais do processo, dentre os quais se destaca o da *jurisdição* e sua inafastabilidade (item 2).

b) Competência

Já se afirmou, com certa propriedade, que a competência é a medida da jurisdição, é a quantidade de jurisdição que cada juiz recebe da lei.

Além de ser esse elemento delimitador da porção jurisdicional, a competência é um princípio constitucional do processo, pois a atual Constituição da República inscreveu, no Capítulo dos Direitos e Garantias Individuais e Coletivos, a solene declaração de que ninguém será processado nem sentenciado "senão pela autoridade competente" (art. 5.º, LIII).

A competência (assim como a jurisdição) não é de quem a quer, mas de quem a lei expressamente a atribui, mediante distribuição. Este possuir vem sempre da norma legal, uma vez que não fica ao talante dos juízes definir a sua competência, seja quanto à matéria, ao valor, à pessoa, ao local, à hierarquia etc. No caso específico da Justiça do Trabalho, a sua competência *ratione materiae* está fixada no art. 114 da Constituição Federal, cuja redação, a despeito de longa, é imprecisa, nomeadamente, no tocante à referência a "outras controvérsias decorrentes da relação de trabalho". Foi com fundamento nessa expressão que se editou a Lei n. 8.112, de 11 de dezembro de 1990, instituidora do novo regime jurídico dos Servidores Públicos Civis da União, das autarquias e das fundações públicas federais (conhecida como "Lei do Regime Único"), cujo art. 240 atribuía competência à Justiça do Trabalho para apreciar ações, individuais ou coletivas, ajuizadas por esses servidores (letra "*e*"). Como é notório, as letras "*d*" e "*e*" do citado art. 240 foram declaradas inconstitucionais pelo Supremo Tribunal Federal, em ação direta posta pelo Procurador-Geral da República, tendo sido relator o Ministro Carlos Velloso.

Em rigor, a competência não está vinculada ao juiz, mas ao juízo. No primeiro grau da jurisdição trabalhista, no passado, a competência para solucionar os conflitos de interesses entre trabalhadores e empregadores não era, apenas, do juiz togado, monocraticamente considerado, mas da Junta de Conciliação e Julgamento, como órgão colegiado. Tomada, aliás, à risca a regra legal (CLT, art. 850, parágrafo único), quem deveria decidir (= julgar) eram os juízes classistas — representantes das classes sociais da produção —, cabendo ao magistrado, como versado em leis, redigir a sentença, que nada mais é do que a expressão do resultado do julgamento. Na prática, de modo geral, era o juiz quem julgava e emitia a sentença, limitando-se os classistas a assiná-la.

Atualmente, por força da Emenda Constitucional n. 24/1999, que extinguiu a representação classista, o órgão de primeiro grau (Vara) da Justiça do Trabalho é monocrático.

No Capítulo II, deste livro, discorremos sobre os princípios constitucionais do processo, dentre os quais se destaca o da *competência* (item 4.)

Naquela oportunidade, escrevemos:

> "Tão relevante é a distribuição das competências que a Constituição Federal vigente declara (logo, assegura) que ninguém poderá ser processado 'senão pela autoridade competente' (art. 5.º, inciso LIII). Essa norma está a patentear não apenas que o julgamento por juízo competente constitui uma garantia constitucional do indivíduo, assim como a impossibilidade de o legislador ordinário interferir nesse terreno das competências, modificando-as. É elementar, contudo, que a garantia estampada no precitado dispositivo constitucional leva em conta as competências ditas *absolutas*, como se dá com as relativas à pessoa, à matéria, à hierarquia. Segue-se, que esse mandamento constitucional não será contravindo pelo fato de, eventualmente, a ação vir a ser exercida em juízo incompetente em razão do *território*, pois a incompetência, no caso, é *relativa.*"

c) Imparcialidade

Como o Estado detém o monopólio da administração da justiça (sendo, portanto, defeso ao indivíduo promover a autotutela de direitos e interesses), o mínimo que se pode esperar é que os juízes, como órgãos estatais, sejam neutros, imparciais, na condução do processo. O dever de neutralidade da magistratura está expresso em lei (CPC, art. 139, I), que dele não pode se afastar, sob pena de gerar suspeição (art. 145). Esse tratamento isonômico que a lei impõe ao magistrado constitui manifestação característica de nosso Estado Democrático de Direito, que consagrou o princípio da igualdade de todos perante a lei (CF, art. 5.º, *caput).*

Ao tempo em que a Justiça do Trabalho era integrada, em todos os seus graus, por juízes classistas, temporários, escrevemos: "No âmbito da Justiça do Trabalho, o dever de neutralidade deve ser rigorosamente observado, tanto por juízes togados quanto por classistas, em tema de condução do processo. Esclareça-se que embora os classistas não se encontrem dotados de poderes de direção do processo, em primeiro grau de jurisdição, possuem-no largamente em segundo e terceiro graus, em que atuam, em igualdade de condições, com os juízes togados, como relatores dos feitos que lhes tenham sido distribuídos (máxime de ação rescisória, mandado de segurança e ações cautelares). No que respeita ao julgamento, entretanto, o dever de imparcialidade só subjuga o juiz togado, na medida que os classistas, pelo ontológico compromisso com as classes sociais da produção (trabalhadores e empregadores), cujos interesses representam em juízo, tendem naturalmente a ser parciais — ainda que dentro dos limites do razoável, pois seria inconcebível a adoção sistemática de uma atitude que os levasse a decidir sempre em benefício da categoria social que representam, ainda que, para tanto, tivessem de pisotear a lei ou ignorar a prova produzida aos autos, que aponta para caminho oposto" (*A sentença no processo do trabalho.* 6.ª ed. São Paulo: LTr Editora, 2022. p. 166).

No Capítulo II, deste livro, escrevemos sobre os princípios constitucionais do processo, dentre os quais se destaca o da *igualdade de tratamento* (item 5), quando deixamos assentado o seguinte:

> "No curso do processo de conhecimento, em que ainda não há uma definição quanto a quem possui o direito disputado, a cláusula constitucional do tratamento igualitário deve ser observada em sua plenitude, sob pena de nulidade. No processo de execução, entretanto, já houve pronunciamento jurisdicional (transitado em julgado) reconhecendo o direito do exequente. Por esse motivo, a ampla defesa deve ser considerada segundo a posição que as partes ocupam na relação processual. A Exposição de Motivos do CPC de 1973 declarava que, na execução, o exequente possuía *preeminênci*a jurídica, enquanto o executado ficava em *estado de sujeição* - não à vontade do exequente, mas, ao comando que se irradiava do título executivo judicial. O art. 797 do CPC de 2015 (reproduzindo o teor do art. 612 do CPC de 1973) proclama que a execução se processa *no interesse do exequente.* Essa norma legal não está a preconizar um tratamento anti-igualitário, em benefício do exequente e em detrimento do executado, senão que a revelar que os atos executivos estão a serviço dos interesses daquele a quem a sentença reconheceu o direito alegado. Sendo assim, é justificável a exigência legal de que o executado, para defender-se, na execução por quantia certa, deva oferecer bens à penhora (CLT, art. 884)."

2.3. Quanto ao procedimento

a) Inicial apta

Conforme asseveramos, reiteradas vezes, em páginas pretéritas deste livro — especialmente no estudo do princípio da demanda ou da ação —, a jurisdição se mantém em um característico estado inercial, cabendo à pessoa interessada provocá-la, ativá-la, porquanto a correspondente tutela não pode ser prestada por iniciativa do juízo. A petição inicial representa, exatamente, esse instrumento pelo qual a atividade do poder-dever jurisdicional é provocada, esse instrumento de ativação da jurisdição e deflagração do processo, por assim dizer. É nela que se contêm as pretensões formuladas pelo autor.

Dada a sua extrema importância como ato de provocação do juízo, a referida petição constitui ato formal, sujeito à observância de determinados requisitos previstos em lei, para que tenha validade jurídica. Além disso, ela delimita, qualitativa e quantitativamente, a entrega da prestação jurisdicional, porquanto esta não pode ser realizada nem acima (*ultra*), nem abaixo (infra), nem fora (*extra*) do que foi pedido. Dispõem sobre o assunto os arts. 141 ("O juiz decidirá o mérito nos limites propostos pelas partes, sendo-lhe vedado conhecer que questões não suscitadas a cujo respeito a lei exige iniciativa da parte") e 492 ("É vedado ao juiz proferir decisão de natureza diversa da pedida, bem como condenar a parte em quantidade superior ou em objeto diverso do que lhe foi demandado"), ambos do CPC.

Os requisitos para a validade da inicial são, no processo do trabalho, os mencionados no art. 840, § 1.º, da CLT; no processo civil, os indicados no art. 319 do CPC. Cumpre destacar que o processo do trabalho, ao contrário do civil, não exige que a inicial mencione as provas com que o autor pretende demonstrar a verdade dos fatos alegados. Ambos os textos processuais, contudo, impõem ao autor a narração razoável dos fatos (causa de pedir) e a formulação dos correspondentes pedidos.

A Lei n. 13.467/2017 alterou a redação do art. 840, § 1.º, da CLT, para exigir que a inicial indique pedido *líquido*. Fizemos pesadas críticas a essa inclusão em nosso livro: *O processo do trabalho e a reforma trabalhista* (3.ª ed. São Paulo: LTr Editora, 2020. p. 238/252), ao qual remetemos o leitor que possuir interesse em ter acesso mais aprofundado ao tema.

Apenas à guisa de ilustração, concluímos que, como medida tendente a abrandar o excessivo e iníquo rigor dessa norma legal, sejam aceitos pedidos *por estimativa*.

Na ação rescisória, deverá o autor, ainda, cumular ao pedido de rescisão da sentença (*iudicium rescindens*) o de novo julgamento da causa (*iudicium rescissorium*), se este for o caso (CPC, art. 968, I).

Vista sob a perspectiva lógica, a petição inicial se assemelha a um silogismo, definido por Aristóteles como "*uma série de palavras em que, sendo admitidas certas coisas, delas resultará necessariamente alguma outra, pela simples razão de se terem admitido aquelas*".

A premissa maior, no caso, é representada pela demonstração de que os fatos alegados, que figuram como a premissa menor, produzem efeitos na ordem jurídica. Os pedidos derivantes desses fatos e fundamentos jurídicos correspondem à conclusão (dispositivo, *decisum*). Essa concepção silogística da petição inicial justifica, de certa forma, o seu indeferimento em algumas situações de inépcia, como quando, *e.g.*, lhe faltar o pedido ou a causa de pedir; da narração dos fatos não decorrer, de maneira lógica, a conclusão, ou contiver pedidos entre si inconciliáveis (CPC, art. 330, § 1.º, incisos I, III e IV).

Muito mais do que um simples silogismo, a petição inicial, conforme pudemos demonstrar no Capítulo anterior, é o instrumento formal, instituído pelos sistemas processuais, de que se valem os indivíduos ou as coletividades para ativar a função jurisdicional (ação) e pedir um provimento de mérito (demanda), que poderá ser declaratório, constitutivo, condenatório, mandamental ou executivo, destinado a satisfazer ou a assegurar um bem ou uma utilidade da vida.

Essa petição é, também, o estalão pelo qual se poderá verificar se o juiz concedeu mais do que se pedia, ou menos do que era devido, ou fora do que havido sido postulado, sabendo-se que, em princípio, o juiz está obrigado a compor a lide nos limites em que foi estabelecida pelos litigantes (CPC, art. 492). Incumbe, assim, às partes traçar o perímetro do conflito de interesses, ou seja, delimitar o objeto litigioso, e, ao juiz, respeitar esses lindes — particularidade a que se submetem, por igual, os juízes do trabalho, exceto quando no exercício do denominado *poder normativo* (CF, art. 114, § 2.º; CLT, arts. 856 a 875), quando, necessariamente, não precisam ficar adstritos aos mencionados limites. Diz-se, por isso, em doutrina, com certa dose de razão, que o poder normativo da Justiça do Trabalho é *confusionista de Poderes*, porquanto mescla o Judiciário com o Legislativo.

A CLT indica, com justificável singeleza — porquanto não poderia ignorar a capacidade postulatória que o seu art. 791, *caput,* atribui às partes — no art. 840, § 1.º, os requisitos de validade da petição inicial; o CPC, mais preciso, os minudencia no art. 319. De modo geral, o processo do trabalho tem aplicado, em caráter supletivo, essa norma do processo civil, salvo quanto à fixação do valor da causa e à indicação das provas que o autor pretende produzir, segundo veremos adiante.

Podemos separar os requisitos de validade da petição inicial em duas classes: a) subjetivos e b) objetivos. O art. 840, § 1.º, da CLT e o art. 319 do CPC cuidam, apenas, dos objetivos. Os subjetivos fazem parte do senso comum.

Esquematicamente, os *subjetivos* compreendem: 1) a precisão; 2) a clareza e 3) a concisão; os *objetivos* dizem respeito: 1) ao juízo a que a petição é dirigida; 2) aos nomes, prenomes, estado civil, à existência de união estável, à profissão, ao número de inscrição no CPC ou no CNPJ, ao endereço eletrônico, ao domicílio e à residência das partes; 3) ao fato e aos fundamentos jurídicos do pedido; 4) ao pedido, com as suas especificações; 5) ao valor da causa; 6) às provas com que o autor pretende demonstrar a verdade dos fatos alegados; 7) à opção do autor pela realização ou não de audiência de conciliação ou de mediação (CPC, art. 319, I a VII, respectivamente).

Em rigor, o processo do trabalho *legislado* (CLT, art. 840, § 1.º) não exige que a inicial contenha o valor da *causa*, conquanto imponha a indicação do valor do *pedido.* Na prática, os advogados costumam mencionar, além do valor do pedido, o da causa.

Sempre defendemos, em caráter heterodoxo, a possibilidade de o juiz do trabalho, estribando-se no art. 765, da CLT, alterar, por sua iniciativa, o valor da causa, sempre que dispusesse de elementos objetivos para isso, como quando o valor dos pedidos correspondesse a cinquenta salários mínimos, e o da causa, a cinco salários mínimos. Nada justificava, sob as perspectivas ética e jurídica, esse manifesto descompasso entre um valor e outro. Felizmente, o art. 292, § 2.º, do CPC de 2015 atribuiu ao juiz, não a faculdade, mas o *dever* de alterar o valor atribuído à causa. O caráter impositivo da prática desse ato pode ser verificado pela expressão legal: "O juiz *corrigirá*, de ofício" (Destacamos).

Se a inicial deixar de atender a um ou mais requisitos legais de validade, competirá ao juiz ordenar, por despacho, que o autor a emende ou a complete, no prazo de quinze dias (CPC, art. 321, *caput*); se a diligência deixar de ser realizada, sem justo motivo, essa peça será indeferida (*ibidem*, parágrafo único), com a consequente extinção do processo sem pronunciamento sobre o mérito (CPC, art. 485, I).

O art. 321, do diploma processual civil, esclarece que os defeitos e irregularidades da petição inicial, que devam ser eliminados pelo autor, são aqueles capazes de "dificultar o *julgamento* do mérito". Não nos parece, todavia, que o *juiz* deva determinar a emenda ou a complementação da inicial apenas nas hipóteses em que tais falhas impeçam ou dificultem um pronunciamento a respeito do *meritum causae.* Admitamos, por exemplo, que a inicial não indique o estado civil ou a profissão de uma das partes (CPC, art. 319, II). Não se pode sustentar que essa omissão *esteja* a dificultar o *julgamento* da lide, a investigação das questões de fundo da causa. Apesar disso, a inicial deverá ser completada. Pensamos que o juiz deverá exigir a emenda ou a complementação da inicial sempre que essa providência for imprescindível, não apenas para efeito de exame do mérito, mas, antes disso, com vistas ao atendimento dos pressupostos concernentes à *constituição* e ao *desenvolvimento* regulares do processo.

b) Citação válida

Estabelece o art. 334 do CPC que, se a petição inicial atender a todos os requisitos essenciais — e não for o caso de rejeição liminar do pedido —, o juiz a despachará, designando audiência de conciliação e mediação, e determinando a citação do réu para responder. No sistema peculiar do processo do trabalho, contudo, o juiz, em princípio, não despacha na inicial, para esse fim, pois a citação é ato que deve ser realizado, de maneira automática, pela secretaria do órgão jurisdicional (CLT, art. 841, *caput*).

A citação constitui um ato processual de vital importância para o réu, porquanto é por essa espécie de comunicação judicial que ele toma conhecimento da existência da ação. A citação é, sem dúvida, a mais elevada manifestação do princípio do contraditório (ou da bilateralidade) e se encontra umbilicalmente ligada à cláusula constitucional do devido processo legal (CF, art. 5.º, LIV). Sem ela, o réu seria condenado sem oportunidade para apresentar a sua defesa, a sua versão dos fatos. Tomada sob esse prisma, a citação espelha um enunciado característico dos regimes democráticos.

O escritor checo, Franz Kafka, por exemplo, nos fala no romance *O processo* (*Der Prozess*) do cidadão Josef K. que foi preso e torturado quando completava 30 anos, sendo processado sem conhecer o motivo, e para cujo processo não foi citado, nem lhe foi permitido ter acesso aos autos. Kafka descreve assim a morte de Josek K.: "as mãos de um dos senhores seguraram a garganta de K, enquanto o outro lhe enterrava profundamente no coração a faca e depois a revolvia ali duas vezes" (edição de 204, p. 254).

Segundo o art. 238 do CPC, a citação "é o ato pelo qual são convocados o réu, o executado ou o interessado para integrar a relação processual".

Tivemos oportunidade de afirmar que esse conceito legal não é perfeito. Na verdade, o objetivo da citação, como dissemos acima, é dar *ciência* ao réu quanto à ação, para que se defenda, se assim o desejar, e não, propriamente, *convocá-lo* a juízo, para integrar a relação processual. O processo moderno dispensa a presença do réu em juízo, requerendo, apenas, que se lhe comunique a existência da ação. Por outro lado, a citação faz com que se "angularize" a relação jurídica processual, que, antes daquele ato, era meramente linear, pois compreendia, unicamente, o autor e o juízo.

Citação *válida* é a que se realiza com observância dos requisitos legais. A propósito, a importância da citação para a validade do processo pode ser mensurada pelo fato de o CPC haver dedicado a esse ato do juízo 22 artigos (238 a 259).

Dispõe o art. 239 do CPC:

> "Para a validade do processo é indispensável a citação do réu ou do executado, ressalvadas as hipóteses de indeferimento da petição inicial ou de improcedência liminar do pedido.
>
> § 1.º O comparecimento espontâneo do réu ou do executado supre a falta ou a nulidade da citação, fluindo a partir desta data o prazo para apresentação de contestação ou de embargos à execução.
>
> § 2.º Rejeitada a alegação de nulidade, tratando-se de processo de:
>
> I - conhecimento, o réu será considerado revel;
>
> II - execução, o feito terá seguimento."

Nos termos do art. 240, *caput*, do mesmo Código, a citação válida, mesmo quando ordenada por juízo incompetente: a) induz litispendência; b) torna litigiosa a coisa; e c) constitui em mora o devedor, ressalvado o disposto nos arts. 397 e 398 do Código Civil.

A interrupção da prescrição ocorrerá não com a citação, mas com o despacho que ordenar a citação (*ibidem*, § 1.º). Como, no processo do trabalho, raramente o juiz despacha, determinando a citação (pois, conforme salientamos, esse ato é praticado, de maneira automática, pela secretaria do órgão jurisdicional), há que se considerar interrompida a prescrição extintiva com o protocolo, em juízo, da petição inicial. Interpretação do art. 11, § 3.º, da CLT.

Adverte o art. 280 do digesto de processo civil que será nula a citação (bem como a intimação) realizada sem observância das prescrições legais. O cumprimento dessas prescrições figura como providência indispensável para assegurar ao réu a sua garantia constitucional de ampla defesa. A despeito dessa redação imperativa da norma legal, não podemos ignorar que o processo não é um fim em si mesmo, mas, quase sempre, um instrumento de tutela do direito material. Por esse motivo, a jurisprudência trabalhista, vencido um período inicial de compreensível hesitação, acabou por placitar o procedimento adotado em alguns juízos de primeiro grau, consistente em proceder à citação do réu residente ou estabelecido em outra jurisdição não por meio do instrumento formal da carta precatória (CPC, art. 236, § 1.º), mas pelo correio, com aviso de recebimento. Esse ocasional desvio da norma legal se justifica pelos bons serviços que presta ao princípio da celeridade (e, por igual, ao da simplicidade) do procedimento trabalhista e somente poderá ser declarado nulo se acarretar manifesto prejuízo ao réu (CLT, art. 794) — fato que, na prática, dificilmente tem ocorrido.

Praxes como a narrada fazem assinalar no processo do trabalho a sua natural vocação transformadora de uma realidade, muitas vezes, comprometida com certas irreflexões da dogmática tradicional, que, a pretexto de agir em nome da salvaguarda dos direitos dos litigantes, só contribui para o emperramento processual e a tardança na solução do conflito de interesses. Essa ruptura epistemológica deve ser o grande traço do processo do trabalho, de hoje e do futuro. A Lei n. 8.710, de 24-09-1993, felizmente, imbuindo-se desse espírito transformador, tão acentuado no processo do trabalho, deu nova redação ao art. 222 do CPC de 1973, para determinar, como regra, a citação postal, mesmo que o réu resida em outra comarca, ressalvando umas poucas situações em que essa forma não deverá ser observada. É razoável imaginar que a inspiração tenha vindo do processo do trabalho.

O CPC de 2015 não ousou deitar por terra essa regra simplificadora do procedimento (art. 246).

c) Inexistência de perempção

Oriundo do latim *peremptio*, de *perimere* (aniquilar, extinguir, destroçar), o vocábulo perempção significa, na linguagem jurídica, a perda — em regra momentânea — de um direito ao exercício de um ato processual. Trata-se de matéria de defesa (CPC, art. 337, V), conquanto possa ser conhecida de ofício (CPC, art. 485, § 3.º).

Casos típicos de perempção, no processo do trabalho, são os mencionados nos arts. 731 e 732 da CLT. Este último, em particular, dispõe que se o autor der causa a duas extinções consecutivas do processo (sem exame do mérito, por certo), em virtude de deixar de comparecer, injustificadamente, à audiência (dita inicial), "incorrerá na pena de perda, pelo prazo de seis meses, do direito de reclamar perante a Justiça do Trabalho". O processo civil contém norma semelhante, mas com efeito mais contundente, como atesta o seu art. 486, § 3.º, por força do qual a extinção do processo, por três vezes, por abandono da causa, proibirá o autor de intentar, novamente, a ação em face do réu, ficando-lhe assegurada, porém, a faculdade de alegar o seu direito (material) em defesa.

Estamos convencidos, no entanto, de que ambas as disposições estão em antagonismo com o art. 5.º, XXXVI, da Constituição Federal, que veda a exclusão da atividade jurisdicional destinada a reparar lesão de direito ou afastar a ameaça de lesão. O fato de, no processo do trabalho, a parte ficar seis meses sem poder exercer o seu direito de ação não afasta, nesse ínterim, o contraste dessas normas infraconstitucionais com a Constituição da República. Eventual alegação de que o exercício desse direito fica apenas diferido, não nos convencerá. O texto constitucional, após inserir o direito de ação no elenco dos direitos e garantias *fundamentais*, não abre nenhuma exceção, não formula qualquer restrição quanto ao exercício desse direito.

O legislador poderia ter se valido de outras sanções para a parte que incidisse nas disposições dos arts. 731 e 732 da CLT.

Esses dispositivos legais, aliás, foram, a nosso ver, tacitamente revogados pelo art. 141, § 4.º, da Constituição Federal de 1946, assim redigido: "A lei não poderá excluir da apreciação do Poder Judiciário qualquer lesão de direito individual".

d) Inexistência de litispendência

Há litispendência quando se repete ação em curso (CPC, art. 337, § 3.º, primeira parte). Uma ação é idêntica à anterior quando coincidem três elementos: 1) partes (sujeitos); 2) causa de pedir (título); 3) pedido (objeto), como consta do § 2.º da norma processual supracitada.

Considera-se ajuizada a ação, para fim de litispendência, tanto que tenha ocorrido citação válida. Sendo assim, havendo duas ações em juízo, com identidade de pessoas, causa de pedir e pedido, cumprirá ao juiz verificar em qual delas a citação foi realizada em primeiro lugar, pronunciando a litispendência quanto àquela em que a citação ocorreu posteriormente (ou nem sequer ocorreu), com a consequente extinção do processo sem julgamento do mérito (CPC, art. 485, V).

A litispendência deve ser objeto de preliminar da contestação (CPC, art. 337, VI), embora possa, como a perempção, ser conhecida *ex officio* (CPC, art. 485, § 3.º).

Situação que vem suscitando acirrada polêmica na prática respeita à possibilidade de a ação ajuizada pelo trabalhador configurar litispendência, na hipótese de outra ação, tendo a mesma causa de pedir e os mesmos pedidos, haver sido, anteriormente, levada a juízo pelo sindicato representativo da sua categoria profissional, na qualidade de substituto processual, e encontrar-se ainda em curso. Intérpretes afoitos têm concluído pela inexistência de litispendência, sob o argumento, nada convincente, de que não haveria, aí, a tríplice identidade de que falamos há instantes, ou melhor, de que a identidade seria, unicamente, de causa de pedir e de pedidos, porquanto as partes não seriam as mesmas, porquanto na primeira ação figura como autor o sindicato, e, na segunda, o trabalhador.

Data venia, o requisito da tríplice identidade não é absoluto, como, na verdade, quase nada o é no mundo jurídico. Ora, a litispendência pode configurar-se, perfeitamente, na espécie, na medida em que, embora não haja identidade (*eadem*) entre as partes, não se pode ignorar que, tanto numa ação como noutra, o titular do direito material controvertido (*res in iudicio deducta*) é o mesmo, vale dizer, o trabalhador! Por outros termos, conquanto inexista identidade de partes, do ponto de vista formal (processual), é inegável essa identidade sob o aspecto da relação jurídica material; e isso é o que, verdadeiramente, importa.

A entender-se de maneira diversa, estar-se-á permitindo, em tese, um injustificável *bis in idem* jurisdicional, a acarretar um dúplice pronunciamento sobre o mérito, cuja consequência anômala poderá residir: a) na dupla condenação do réu, se as sentenças forem convergentes, ou b) na contradição entre ambas, se uma acolher as pretensões deduzidas pelo autor e outra rejeitá-las (ao examinar o mérito).

A litispendência só deixará de existir, na situação em exame, se um dos autores (sindicato ou trabalhador) desistir da ação, pois, com isso, restará apenas uma delas, ficando extirpado o excesso. Para que a desistência da ação tenha eficácia jurídica, é indispensável que o réu com ela concorde, caso já tenha decorrido o prazo para a resposta (CPC, art. 485, § 4.º).

Em sede de mandado de segurança coletivo, entretanto, o art. 22, § 1.º, da Lei n. 12.016/2009, estabelece que: "O mandado de segurança coletivo não induz litispendência para as ações individuais, mas os efeitos da coisa julgada não beneficiarão o impetrante a título individual se não requerer a desistência de seu mandado de segurança no prazo de 30 (trinta) dias a contar da ciência comprovada da impetração da segurança coletiva".

e) Inexistência de coisa julgada

Não se vai aqui revolver os motivos políticos e jurídicos que motivaram a instituição da coisa julgada, embora, em outra sede, essa investigação seja absolutamente indispensável para a exata compreensão do sentido e da finalidade desse fenômeno.

A coisa julgada material, segundo a lei, é a eficácia, que torna imutável e indiscutível a decisão de mérito, não mais sujeita a recurso (CPC, art. 502). A *res iudicata* não é, portanto, efeito, mas qualidade da sentença (ou do acórdão). A coisa julgada formal é a que se constitui nos autos, não se irradiando para além deles. Em rigor, essa expressão contém manifesta impropriedade técnica, pois nos casos em que se diz haver coisa julgada formal a *res* (= pretensão formulada na causa), na verdade, não foi julgada!

No plano prático, configura-se a presença de coisa julgada material quando se repete ação já decidida por pronunciamento jurisdicional de que já não caiba recurso (CPC, art. 337, § 4.º). Dessa forma, incumbirá ao réu, em sua resposta (CPC, art. 337, VII), denunciar o fato ao juiz, a fim de que este extinga o processo sem resolução do mérito (CPC, art. 485, V). Conquanto o interesse, nesse sentido, seja do réu, a lei permite que o juiz, por sua iniciativa, conheça da coisa julgada, em qualquer tempo e grau de jurisdição, desde que não proferida, ainda, a sentença de mérito (CPC, art. 485, § 3.º), no processo que ele conduz.

O respeito à coisa julgada constitui, em nosso meio, mandamento constitucional de larga e saudável tradição; dela se ocupa o art. 5.º, XXXVI, do texto em vigor. Somente nos casos expressamente previstos em lei é que se admite a desconstituição da *res iudicata* por meio de ação rescisória (CPC, art. 966).

Trazido o tema para o plano infraconstitucional, devemos dizer que a *res iudicata* constitui pressuposto negativo para o regular desenvolvimento da relação jurídica processual, pois não é concebível que as partes retornem a juízo para deduzir pretensões já tornadas imutáveis pela autoridade da coisa julgada, que se irradia da sentença ou do acórdão proferido em causa anterior. Sob este aspecto, percebe-se, com nitidez, a finalidade de pacificação das relações sociais, que é, acertadamente, atribuída a esse fenômeno processual. Considerando, todavia, a possibilidade de a coisa julgada poder encerrar eventuais vícios ou falhas, de natureza grave, como a ofensa à lei ou à Constituição, ou à própria coisa julgada, o nosso sistema processual permite sejam os seus efeitos desconstituídos mediante ação rescisória (CPC, art. 966, IV). É que, em muitos desses casos, a *res iudicata*, longe de servir ao propósito essencial de pacificação das relações sociais, representa um incômodo elemento convulsionante dessas relações.

Assim como a litispendência (que é, por assim dizer, o seu elemento embrionário), a coisa julgada requer, em princípio, para a sua configuração, a presença de uma tríplice identidade, a saber: a) de pessoas (*eadem personae*); b) de causa de pedir (*eadem causa petendi*) e c) de pedidos (*eadem res, petitum*). Essa tríplice identidade, contudo — conforme ressaltamos em linhas anteriores —, não é absoluta, como se tem suposto, porquanto, em determinadas situações particulares, poderá caracterizar-se a coisa julgada (e, do mesmo modo, a litispendência) sem que haja a coincidência de pessoas, como se dá, *v.g.*, nos casos em que o empregado postula, pessoalmente, certo direito que foi (ou que ainda está sendo) pleiteado pelo sindicato representativo de sua categoria profissional, na qualidade de substituto processual. Nesta hipótese, ainda que, em rigor, as partes situadas no polo ativo de ambas as relações processuais não sejam as mesmas, não se pode deixar de reconhecer que, tanto numa quanto noutra ação, o titular do direito material pretendido é o mesmo: o trabalhador; e isso, como afirmamos antes, é o quanto basta para conformar a coisa julgada (ou a litispendência, segundo seja o caso) aos moldes legais.

É oportuno observar que, para efeito do assunto que estamos a examinar, o que distingue a coisa julgada da litispendência é, apenas, o elemento cronológico, representado pelo momento em que a segunda ação (idêntica à anterior) é posta em juízo: se a primitiva ainda está em curso, temos a litispendência; se já decidida, e marcada com o sinete da irrecorribilidade, a *res iudicata*.

f) Inexistência de conexão

Dispõe o art. 337, VIII, do diploma processual civil que o réu deverá alegar, na contestação, a conexão. Há, aí, todavia, um manifesto *minus dixit quam voluit* (dizer menos do que se pretendia) pois, sendo o caso, deverá alegar, também, a continência, cujo conceito processual, como sabemos, é mais amplo do que o de conexão.

Deveras, enquanto a conexão se caracteriza pela identidade de causa de pedir ou de pedido (CPC, art. 55), a continência se estabelece pela mesmeidade entre as partes e as causas de pedir e desde que o objeto (pedido) de uma, por ser mais amplo, abranja o da outra (CPC, art. 56).

Sendo assim, não há razão para limitar-se a arguição do réu à conexão, como parece exigir a imprecisa redação do art. 337, VIII, do CPC.

O objetivo, tanto da conexão quanto da continência, é fazer com que as causas, por traduzirem a mesma lide, ou aspectos semelhantes das mesmas lides, tenham os correspondentes autos reunidos, a fim de realizar-se uma só instrução processual e de proferir-se uma única sentença. Nesse sentido, uma e outra têm como finalidade evitar a ocorrência de pronunciamentos jurisdicionais eventualmente contraditórios sobre o mesmo assunto, seja de fato ou de direito. Não se pode negar que essa reunião atende, por igual, à política de economia processual, em face da concentração, num só processo, de duas ou mais lides idênticas.

Se as ações houverem sido exercidas no mesmo juízo, este pode ordenar, por sua iniciativa ou a requerimento de qualquer das partes, a reunião dos autos (CPC, art. 57). Duas notas devem ser feitas acerca do tema. Em primeiro lugar, a reunião, no caso, é dos autos, e não das ações, como está na lei, ou dos processos, como está no gosto pouco apurado, cientificamente, de alguns autores. Ora, sendo a ação um direito público subjetivo, de invocar-se a prestação da tutela jurisdicional do Estado, e o processo um método estatal de solução de conflitos de interesses, é elementar que têm existência imaterial, motivo por que jamais poderão ser reunidos. Em segundo, na vigência do CPC de 1973, essa reunião constituía faculdade do juiz, como se inferia do verbo *poder*, utilizado pelo legislador, ao redigir o art. 105 daquele digesto de processo civil. Entrava, portanto, no poder discricionário do juiz decidir pela reunião, ou não, dos autos. A redação do art. 54, § 1.º, do CPC de 2015 é imperativa: "Os processos de ações conexas *serão reunidos* para decisão conjunta (...)". (Destacamos)

É de extrema importância, por isso, para a adequada compreensão da matéria, que deixemos clarificado o seguinte: o mero fato de haver conexão ou continência não significa, só por isso, que exista um obstáculo ao desenvolvimento regular da relação jurídica estabelecida no segundo processo — circunstância que nos leva a asseverar que uma e outra, opostamente ao que sustenta a corrente doutrinal predominante, não representam elementos impeditivos da validade e da regular desenvolução do processo, mesmo que o juiz determine a reunião dos autos correspondentes. A existência de conexão ou de continência deve ser alegada pela parte, ou conhecida *ex officio* pelo juiz, somente para efeito de junção dos autos, em nome da necessidade de evitar decisões contrastantes entre si e da própria economia de atos processuais, não se relacionando, assim, de modo algum, com os pressupostos legais de validade ou de desenvolvimento do (segundo) processo.

A situação factual e jurídica é, portanto, completamente diversa da que justificou a inclusão da litispendência e da coisa julgada como pressupostos (negativos) para a validade da referida relação, porquanto, aqui, há repetição de ações, cuja anomalia não se verifica na conexão e na continência, como procuramos demonstrar.

Caso as ações conexas ou ligadas pela continência estejam em curso perante juízos distintos, que tenham a mesma competência territorial, considera-se prevento (CPC, art. 58) aquele em que se deu, em primeiro lugar, o registro ou a distribuição da petição inicial. Essa regra está em harmonia com a do art. 312, conforme a qual se considera "proposta" a ação quando a petição inicial for protocolada, embora esclareça que a propositura da ação somente produzirá, quanto ao réu, os efeitos mencionados no art. 240 depois de ser validamente citado.

Características da relação processual

a) Complexidade

Quando, no poliédrico universo do processo, os litigantes assumem uma única posição jurídica, dizemos que a relação processual é *simples*; quando, ao contrário, essa relação se caracteriza por um conjunto, por uma multiplicidade de posições jurídicas ativas e passivas, estamos diante de relações processuais ditas *complexas*.

Em regra, são complexas as relações que se estabelecem na ordem processual, dada a diversidade de posições jurídicas assumidas pelas partes. Essa é a razão pela qual a complexidade figura como um dos traços particulares dessa relação.

b) Dinamismo

Pondo de parte o senso filosófico que o vocábulo possa sugerir, por meio dele se procura expressar o moto-contínuo com que a relação processual se desenvolve, em decorrência de sua complexidade. O vocábulo *processo* (do latim *processus*) significa, aliás, caminhar para diante, marchar para frente. O seu oposto é o *retrocessus* (caminhar para trás). Cabe-nos lembrar, a propósito, que no âmbito das relações processuais do tipo simples o advento de um único fato é suficiente para extingui-la, como acontece, *e.g.*, com o pagamento no contrato de mútuo. Na esfera das relações complexas, todavia, surgem e se aglutinam inúmeras posições jurídicas, ativas e passivas, que se submetem a constantes modificações evolutivas, em direção à sentença de fundo, que solucionará o conflito de interesses. Daí, o caráter dinâmico, que se tem atribuído à relação jurídica processual, notadamente a complexa.

c) Unidade

As posições jurídicas, que as partes soem adotar no processo, não representam um fim em si mesmas, porquanto, como afirmamos há pouco, tendem à sentença de mérito, que comporá a lide. Os atos praticados no processo não são, pois, centrífugos e dispersivos, mas aglutináveis e progressivos, vinculados, entre si, por uma unidade lógica e teleológica, que radica na preparação do provimento jurisdicional de fundo seu ponto de magnitude, de culminância, seu momento mais espetacular.

Nesse quadro, a petição inicial representa não apenas o instrumento de provocação do exercício do poder-dever jurisdicional do Estado, mas o primeiro ato da série preordenada (e, quase sempre, preclusiva) que se encerrará com a sentença com a correspondente execução. Fala-se, assim, com propriedade científica, da unidade como uma das características da relação jurídica que se forma no processo. O que existe, aqui, é unidade, e não unicidade.

d) Triangularidade

Como escrevemos em linhas pretéritas, a relação jurídica processual se constitui, do ponto de vista subjetivo, sob três ângulos distintos: 1) autor/Estado (petição inicial); 2) Estado/réu (citação); 3) réu/autor (resposta), nessa ordem lógico-cronológica. Essa tríplice angularidade constitui uma nota distintiva da relação processual, embora, em certos casos, a relação possa resumir-se a um sentido linear (autor/Estado), como se dá quando a inicial é indeferida, ou angular (autor/Estado/réu), como acontece quando o réu deixa de responder à ação, tornando-se revel.

e) Natureza pública

Ao longo das páginas transatas, dissemos, repisadas vezes, que o processo moderno, ao contrário do que ocorria no passado, não é propriedade das partes, mas método ou técnica de que se vale o Estado para solucionar os conflitos de interesses entre os indivíduos e as coletividades. O direito processual integra o ramo do direito público, razão bastante para inibir que: a) o particular legisle sobre normas processuais (por meio, *v.g.*, de acordo ou convenção coletiva de trabalho); b) as partes disponham do processo a seu talante exclusivo.

Não se deve confundir a relação jurídica material, que é posta em juízo (*in iudicio deducta*), com a relação jurídica processual. Conquanto aquela possa ser de direito privado (e, assim, disponível, em tese), esta é, invariavelmente, regulada pelo direito público (logo, indisponível, por princípio). Podemos sustentar, dessa maneira, que essas relações jurídicas (material e processual) não se comunicam, necessariamente, podendo, mesmo, esta existir sem aquela, como se passa, por exemplo, em sede de ação declaratória negativa, na qual o autor pede um provimento jurisdicional declarativo da inexistência de relação jurídica material com o réu.

Precisamente por ser de natureza pública, a relação processual é regulada por normas legais; não fosse assim, teríamos uma relação tumultuosa, desorganizada, em decorrência dessa anomia.

Pressupostos processuais específicos das ações coletivas

Até esta parte, viemos discorrendo acerca dos pressupostos processuais respeitantes às ações individuais. A eles se submetem, por igual, as ações coletivas, essa notável peculiaridade do processo do trabalho, a que a lei, a doutrina e a jurisprudência, unívocas, denominam, mais por apego à tradição do que ao rigor científico, de dissídios coletivos.

Se *dissídio* significa o conflito de interesses, parece-nos elementar que ele preexiste ao ingresso em juízo (sendo, aliás, a causa da invocação, pelo autor, da prestação da tutela jurisdicional), vale dizer, não nasce com o ajuizamento da petição inicial, senão que é antecedente a esse ato: vai-se a juízo porque há um antagonismo de interesses não eliminado espontaneamente pelas pessoas que neles se encontram envolvidas, e não para que o conflito (dissídio) se instaure. Em resumo, o conflito é o motivo do ingresso em juízo e não consequência deste. O dissídio, em resumo, é um fato pré-processual.

Logo, ação coletiva e não, *data ve*nia, dissídio coletivo, quando se quiser designar o exercício desse *sui generis* direito de impetrar-se a tutela da jurisdição ou referir-se aos pressupostos que lhe são específicos.

É, justamente, desses pressupostos que nos ocuparemos em seguida.

a) Negociação

Ocorrendo um conflito de interesses coletivos (expressão que nos parece mais apropriada do que conflito coletivo de interesses), exige a Constituição Federal (art. 114, § 2.º) que os interessados (no geral, as categorias profissional e econômica), antes de ingressar em juízo, negociem, ou seja, tentem uma solução consensual desse litígio.

A referência que o texto constitucional faz ao ajuizamento "do dissídio coletivo" é de ofuscante impropriedade técnica, uma vez que, conforme argumentamos há pouco, o que se ajuíza, em rigor, é a ação coletiva, da qual o dissídio coletivo é a íntima substância.

De qualquer modo, o que deve ser ressaltado é o fato de a Constituição Federal impor, por motivos de natureza social e política, a negociação como condição para o ingresso em juízo da ação coletiva. Isso significa, por outros termos, que a negociação figura como pressuposto objetivo específico para a validade e o desenvolvimento regulares da relação jurídica processual, em sede de demanda coletiva.

Notando, por isso, o tribunal que não houve a negociação exigida pela Constituição, não deverá converter o julgamento em diligência, para que a falta seja suprida, e sim declarar extinto o processo por ausência de um pressuposto absolutamente indispensável para a sua validade ou seu desenvolvimento regular (CPC, art. 485, IV).

A solução, que ora preconizamos, ainda que drástica, é a única possível, pois, como dissemos, trata-se de pressuposto fundamental para a validade do processo. Mais do que isso, uma exigência constitucional, que visa, exatamente, a evitar que a prestação da tutela jurisdicional seja invocada sem que as categorias envolvidas no conflito tenham tentado, antes disso, negociar, ou seja, realizar uma autocomposição. Essa negociação é indispensável, em face do caráter coletivo dos interesses em antagonismo.

Criticamos, todavia, a expressão "de comum acordo", utilizada na redação do art. 114, § 2.º, da Constituição Federal, pelo vício tautológico que nela se contém: afinal, não pode haver acordo sem que seja mútuo, assim como não pode haver acordo de um só ou contra a vontade de uma das partes. Bastaria, portanto, que o constituinte houvesse se referido, apenas, a *acordo*, para que dissesse tudo.

b) Inexistência de compromisso arbitral

Frustrada a negociação coletiva — declara o § 1.º do art. 114 da Constituição Federal —, as partes poderão eleger árbitros.

A arbitragem constitui, assim, uma das formas de solução dos conflitos de interesses coletivos trabalhistas. Ela não é obrigatória, mas facultativa, como permite concluir o verbo *poder*, empregado na redação da norma constitucional mencionada.

Provavelmente por esse motivo, a arbitragem, em nosso país, tem sido muito pouco utilizada. Falta, entre nós, o hábito, a tradição do uso desse meio. Some-se a isso, o fato de as partes preferirem ver os seus conflitos de interesses dirimidos pela Justiça do Trabalho — na qual confiam, a despeito de, vez e outra, dirigirem a ela certas críticas — e a velada desconfiança com relação às pessoas que seriam indicadas como árbitros, levando-se em conta a acentuada carga ideológica de que se faz provida, muitas vezes, essa espécie de conflito.

Uma vez adotada pelas partes, a arbitragem terá o seu procedimento regulado pela Lei n. 9.307/96, pois as leis trabalhistas nada dispõem acerca do assunto. Não vem ao caso examinar, neste livro, se esse procedimento deve ser observado em parte ou por inteiro, e se fielmente ou mediante adaptações. O art. 507-A da CLT limita-se a fazer menção à possibilidade de as partes fazerem uso da arbitragem, nos termos da Lei n. 9.307/1996.

O essencial, a ser deixado assente, é que, havendo sido adotado o método da arbitragem, as partes não poderão ingressar em juízo para tentar solucionar um conflito que é objeto dessa arbitragem. Esta, como a negociação, colima, precisamente, evitar que a prestação da tutela jurisdicional seja invocada; por outras palavras, a adoção da arbitragem implica renúncia à jurisdição. Outrora, o órgão da jurisdição (tribunal) era chamado para homologar o laudo emitido pelo árbitro. Atualmente, não há laudo, mas sentença arbitral (Lei n. 9.307/1996, art. 23). Proferida a sentença, tem-se como finda a arbitragem, cumprindo ao árbitro ou ao presidente do tribunal arbitral remeter cópia da decisão às partes, por via postal ou por qualquer outro meio de comunicação, mediante comprovação de recebimento, ou entregá-la diretamente a elas, mediante recibo (art. 29). Se uma das partes, nada obstante, ingressar com a ação coletiva, deverá a adversa, em sua resposta, opor a existência de convenção de arbitragem (CPC, art. 337, X), e requerer a extinção do processo sem julgamento do mérito (CPC, art. 485, VII).

O juiz não poderá, contudo, conhecer de ofício dessa matéria, segundo a regra estampada no § 3.º da sobredita norma do estatuto processual civil.

Fique claro, de qualquer forma, que o juízo arbitral representa um pressuposto negativo para a validade ou o desenvolvimento da relação jurídica processual.

c) Inexistência de instrumento normativo

Havendo instrumento normativo em vigor (acordo ou convenção coletiva ou acórdão normativo), não se admite, em princípio, o ajuizamento de ação coletiva, com o que se evita a proliferação de lides dessa natureza. Afinal, se as relações trabalhistas se encontram reguladas por instrumento normativo ainda em vigor, não se justifica o ingresso em juízo, com a finalidade de obter, em última análise, modificação dessas regras.

Tem-se aberto uma exceção a esse princípio nos casos em que haja ocorrido, comprovadamente, profundas alterações na situação de fato e de direito, com base na qual o instrumento normativo foi produzido. Essa atitude é, antes de mais nada, sensata, pois é sabido que as disposições típicas desses instrumentos se acham intimamente vinculadas à cláusula *rebus sic stantibus*, conforme a qual todo tratado, pacto ou acordo deve ser compreendido (e executado) enquanto perdurar o mesmo estado das coisas existentes ao tempo de sua celebração (*conventio omnis intelligitur rebus sic stantibus*). Essa possibilidade de revisão está prevista no art. 873 da CLT, embora, aqui, seja exigido o decurso de mais de um ano da vigência do pertinente instrumento normativo.

O momento é oportuno para deixarmos esclarecido que, ao contrário do que tem imaginado certo segmento da doutrina e da própria jurisprudência, os acórdãos normativos, derivantes do exercício de um poder *sui generis* que a Constituição da República comete aos Tribunais do Trabalho (art. 114, § 2.º), transitam em julgado. Não fosse assim, como se poderia exigir o cumprimento de suas cláusulas? O aludido segmento, de que divergimos, parece não se haver dado conta de que, peculiarmente, os acórdãos dessa natureza passam em julgado com a cláusula *rebus sic stantibus*, tal como acontece, por exemplo, com as sentenças proferidas nas ações de alimentos (Lei n. 5.478, de 25-07-1968), que poderão ser revistas a qualquer tempo, desde que haja modificação na situação financeira das partes. É bem verdade que a referida lei declara que a sentença não se submete ao fenômeno da coisa julgada material; submete-se, sim, conquanto o faça vinculado à cláusula *rebus sic stantibus*.

Deixando de lado essa questão, cumpre-nos reafirmar o fato de a existência de instrumento normativo em vigor traduzir um pressuposto negativo para a validade da relação jurídica atinente ao processo de ação coletiva, que vier a ser posta em juízo — salvo se autorizada pela substancial modificação da situação, factual ou de direito, em que se tenha calcado esse instrumento regulador das relações entre as categorias sociais da produção.

Características

Podemos referir como notas características do "dissídio coletivo", entre outras, as seguintes:

a) Prerrogativa das entidades sindicais

Nos termos do art. 857 da CLT, a "instauração da instância" em dissídio coletivo constitui prerrogativa das associações sindicais. Essa linguagem está desatualizada. Já não se faz uso da expressão *instaurar instância*, e sim, *provocar o exercício da função jurisdicional do órgão competente*.

O CPC de 1939, nos arts. 196 a 207, aludia à suspensão, à absolvição e à cessação da *instância*, cuja terminologia, como visto, influenciou a redação do Decreto-lei n. 5.452, de 1.º de maio de 1943, que instituiu a CLT. Nem se trata da *representação*, e sim, de *ação*, ainda que *sui generis*. Ademais, não se *ajuíza* dissídio coletivo, pois este, na verdade, preexiste à invocação da tutela estatal. Dissídio coletivo é sinônimo de conflito coletivo de interesses. É, precisamente, em decorrência desse conflito coletivo que se vai a juízo com a correspondente *ação* para obter um acórdão normativo que regule as relações entre trabalhadores e empregadores durante certo tempo.

A competência para a apreciação e o julgamento de dissídios dessa natureza é privativa (logo, originária) dos tribunais. O art. 856 da CLT veda, portanto, que a ação de dissídio coletivo seja ajuizada por trabalhador ou por grupo de trabalhadores, conquanto faculte a iniciativa da ação ao Presidente do Tribunal ou ao Ministério Público do Trabalho, no caso de greve (CLT, art. 856)

b) Forma escrita

No plano das ações individuais, é facultado ao trabalhador formular as suas pretensões de maneira oral, comparecendo à secretaria da Vara e reduzindo-as a termo, conforme prevê o art. 786 da CLT. É evidente que não se proíbe a elaboração de petição escrita (CLT, art. 787).

Nos sítios dos "dissídios coletivos", porém, a petição ("representação") deve ser escrita, como patenteia o art. 856, da CLT.

c) Não há revelia

No âmbito dos conflitos individuais, o não comparecimento da parte à audiência trar-lhe-á consequências prejudiciais. Se a ausência for do autor, o processo será extinto sem resolução do mérito — a que o art. 844, *caput*, da CLT, se refere como "arquivamento da reclamação"; se do réu, será considerado revel (*idem*, *ibidem*), presumindo-se verdadeiros os fatos alegados na petição inicial (CPC, art. 344), salvo se ocorrer uma das situações especificadas nos incisos I a IV do art. 345 do mesmo Código.

Nas ações de dissídio coletivo não se verificam essas consequências, pois o art. 865 da CLT declara que, se nenhuma das partes comparecer à audiência de conciliação, "o presidente submeterá o processo a julgamento".

d) Extensão da decisão

Os arts. 868 e 869 da CLT permitem que as novas condições de trabalho sejam estendidas a todos os empregados da mesma categoria profissional: a) por solicitação de um ou mais empregadores, ou de qualquer sindicato destes; b) a requerimento de um ou mais sindicatos de trabalhadores; c) *ex officio*, pelo tribunal que houver proferido a decisão normativa; d) a requerimento do Ministério Público do Trabalho.

Para que essa extensão dos efeitos do acórdão normativo seja possível, é necessário o prévio cumprimento do requisito previsto no art. 870 da CLT: três quartos dos empregadores ou dos empregados, ou das respectivas entidades sindicais, concordem com a extensão.

e) Execução

O art. 872 da CLT estabelece que celebrado o acordo ou transitado em julgado o acórdão normativo, dar-se-á o respectivo cumprimento. A denominada *ação de cumprimento* pode ser ajuizada pelos trabalhadores ou pelo sindicato representativo da categoria, independentemente de outorga de poderes dos associados deste, sendo defeso questionar acerca de matéria factual ou de direito apreciada no acórdão.

Havia dúvida sobre se o acórdão normativo fosse (integralmente) reformado, por força de recurso, esse fato afetaria a ação de cumprimento, nele baseada, cuja decisão transitara em julgado. Diante disso, a SBDI-I, do TST, editou a OJ n. 277, com este teor:

> **"277. AÇÃO DE CUMPRIMENTO FUNDADA EM DECISÃO NORMATIVA QUE SOFREU POSTERIOR REFORMA, QUANDO JÁ TRANSITADA EM JULGADO A SENTENÇA CONDENATÓRIA. COISA JULGADA. NÃO CONFIGURAÇÃO (*DJ* 11-08-2003).** A coisa julgada produzida na ação de cumprimento é atípica, pois dependente de condição resolutiva, ou seja, da não modificação da decisão normativa por eventual recurso. Assim, modificada a sentença normativa pelo TST, com a consequente extinção do processo, sem julgamento do mérito, deve-se extinguir a execução em andamento, uma vez que a norma sobre a qual se apoiava o título exequendo deixou de existir no mundo jurídico."

Por outro lado, a mesma SBDI dissipou, por meio da OJ n. 188, a dúvida quanto ao fato de o trabalhador promover ação individual (não se trata de ação de cumprimento) quando o direito material por ele invocado já foi reconhecido pelo acórdão normativo:

> **"188. DECISÃO NORMATIVA QUE DEFERE DIREITOS. FALTA DE INTERESSE DE AGIR PARA AÇÃO INDIVIDUAL (inserida em 08-11-2000).** Falta interesse de agir para a ação individual, singular ou plúrima, quando o direito já foi reconhecido através de decisão normativa, cabendo, no caso, ação de cumprimento."

No tocante ao momento em que passa a fluir o prazo prescricional para o exercício da ação de cumprimento, assim assentou a Súmula n. 350 do TST:

> **"PRESCRIÇÃO. TERMO INICIAL. AÇÃO DE CUMPRIMENTO. SENTENÇA NORMATIVA (mantida) – Res. n. 121/2003, *DJ* 19, 20 e 21-11-2003.**
>
> O prazo de prescrição com relação à ação de cumprimento de decisão normativa flui apenas da data de seu trânsito em julgado."

Chegou-se a sustentar, em doutrina, que a peça de provocação do exercício da jurisdição normativa nem mesmo necessitaria conter pedidos, em face do disposto no art. 858. Parece-nos que essa conclusão derivou de uma interpretação equivocada da alínea "*b*", desse preceptivo legal. Sem embargo, a sobredita alínea, ao fazer referência à indicação dos "motivos do dissídio", deixa implícita a necessidade de esses motivos serem acompanhados dos correspondentes pedidos. Se fôssemos levar à risca a literalidade dos artigos da CLT que versam sobre dissídio coletivo, seríamos forçados a concluir que esse tipo de ação não permitiria resposta do "suscitado", em especial, de contestação, pois inexiste, no mencionado elenco de artigos, previsão quanto à *defesa* do "suscitado".

O Precedente Normativo n. 37 (positivo) do TST, ao estatuir que: "Nos processos de dissídio coletivo só serão julgadas as cláusulas fundamentadas na representação, em caso de ação originária ou recurso", faz vir à mente, ainda que de maneira subentendida, a conclusão de que há necessidade não apenas da existência de pedidos (cláusulas) expressos, como estes devem ser fundamentados, sob pena de não serem apreciados.

A jurisdição normativa, característica dessa modalidade de conflitos classistas de interesses, não autoriza o tribunal a substituir-se ao "suscitante", no que respeita à formulação de pretensões (cláusulas).

Capítulo VII

Condições da Ação

As condições da ação foram realçadas na doutrina de Enrico Tullio Liebman e acabaram sendo perfilhadas pelo Código de Processo Civil de 1973, de nosso país, como demonstravam, dentre outros, os seus arts. 3.º e 267, VI. Posteriormente, no entanto, o notável jurista peninsular reformulou, em parte, o seu pensamento, no particular, conforme veremos adiante. O CPC de 2015, de maneira correta, faz referência, apenas, ao *interesse* e à *legitimidade*, como condições para o exercício do direito constitucional de ação (art. 17).

Ausente quaisquer dessas condições, o autor será considerado carecedor ou carecente da ação, cuja consequência será a extinção do processo sem resolução do mérito (CPC, art. 485, VI).

Para nós, essa carência não significa que a ação não tenha *existido*, e sim, que não estiveram presentes os requisitos legais para o seu *exercício*.

A ausência de legitimidade e de interesse processual não pode ser suprida, *ex officio*, pelo magistrado. Os arts. 321 e 347 do CPC não podem ser invocados para justificar essa finalidade corretiva, por dizerem respeito a outros assuntos. O que o sistema admite é a possibilidade de o autor substituir o réu quando este alegar (e comprovar) ser parte ilegítima ou não ser responsável pelo prejuízo afirmado na inicial. Diante disso, o juiz fixará o prazo de quinze dias para ser realizada a substituição (CPC, art. 338). Não se pode esquecer que não será suficiente para essa substituição a alegação do réu quanto a ser parte ilegítima ou não ser responsável pelo prejuízo: é indispensável que ele indique a pessoa a substituí-lo (CPC, art. 339). A situação de que estamos a tratar configura exceção ao princípio da estabilidade subjetiva da lide (CPC, art. 108).

a) Possibilidade jurídica do pedido

Liebmann incluía a possibilidade jurídica do pedido como uma das condições da ação.

A clássica expressão *pedido juridicamente impossível*, utilizada para designar aquela classe de postulações que não podem merecer a tutela jurisdicional, sempre foi mal interpretada por determinados setores, tanto da doutrina quanto da jurisprudência. O que essa locução está a significar não é — ao contrário do que se imagina — a falta de previsão legal a amparar o direito alegado pela parte, mas, isto sim, a existência, no ordenamento legal, de um *veto* expresso à formulação desse tipo de pedido.

Muitas vezes, ao tempo da vigência do CPC de 1973, o juiz, convencendo-se de que o sistema normativo não atribuía ao autor o direito que ele imaginava possuir, culminava por declará-lo carecente da ação — o que espelhava um grave deslize técnico do magistrado. Se se tratava de inexistência do direito brandido pela parte, a solução jurídica seria *rejeitar* o pedido por ela formulado, vale dizer, emitir um pronunciamento de mérito oposto à *res in iudicio deducta*, jamais considerá-la, por esse motivo, carecedora da ação. Se, ao contrário, houvesse no ordenamento legal uma proibição no sentido de deduzir-se em juízo determinada pretensão, e esta viesse a ser formulada, o decreto de carência não só estaria correto, como seria necessário.

A doutrina das condições da ação, concebido por Liebman, é sustentada não só por bases científicas, mas por um objetivo de ordem prática, que é a extinção do processo sem exame do mérito. Dessa maneira, se o autor não reúne as condições exigidas para o exercício do seu direito público subjetivo (e constitucional) de ação, pronuncia-se a sua carência e dá-se cobro àquele processo, sem que as questões de fundo sejam tangidas. Com isso, permite-se, teoricamente, que o autor, atendendo, desta feita, a tais condições, retorne a juízo para, em nova ação, pleitear o reconhecimento do direito alegado no processo extinto, cuja cessação anormal (= abreviada) não permitiu que fosse apreciado.

Justamente por isso, é que sempre manifestamos divergência à doutrina liebmaniana, no ponto em que considerava a *possibilidade jurídica do pedido* como uma das condições da ação. Ora, se havia, no ordenamento legal, um veto a determinada pretensão, parecia-nos óbvio que a sentença, ao reconhecer a existência dessa proibição, faria extinguir o processo com julgamento do mérito, de sorte a impedir ao autor intentar, novamente, a ação. Seria mesmo ilógico permitir-se-lhe ajuizar, uma vez mais, a ação, sem que tivesse sido eliminado do sistema normativo aquele veto.

Tempos depois, felizmente, Liebman revê a sua opinião, neste particular, para declarar que "le condizioni dell azione (...) sono i interesse ad agire e la leggitimazione. Esse sono (...) i requisiti di esistennza dell azione, e vanno percio accertate in giudizio (anche se, di solito, per implicito), preliminarmente all esame del merito" (*Manuale*. p. 120).

Em síntese, Liebman excluiu a possibilidade jurídica do pedido do elenco das condições da ação, que ficaram, assim, reduzidas a duas: a) legitimidade *ad causam* e b) interesse de agir.

Não queremos, com isso, dizer que tenha desaparecido o conceito de pedido juridicamente impossível. Nada disso. O que estamos a asseverar é que essa impossibilidade jurídica deverá ser causa de extinção do processo *com* julgamento do mérito, porquanto, conforme esclarecemos, o sistema das condições da ação foi construído com vistas a fazer com que a falta de uma delas acarrete a cessação do processo *sem* pronunciamento acerca das questões de fundo (mérito). Do ponto de vista estritamente legal, a solução que estávamos sugerindo, na vigência do CPC de 1973, esbarrava no art. 267, VI, daquele Código, a teor do qual a impossibilidade jurídica do pedido implicava o fim do processo *sem* exame do mérito. Fosse como fosse, era nosso entendimento que as condições da ação deveriam ser reduzidas a duas: legitimidade e interesse processual. Foi o que acabou por fazer o CPC de 2015 (art. 17).

Sob o rigor da terminologia jurídica, não é correto falar-se em *pedido* juridicamente impossível: a impossibilidade está no *acolhimento* dessa espécie de pedido. Repisando: a *formulação* do pedido não é marcada com o ferrete da impossibilidade; o que se veda é o *acolhimento* ("procedência", na linguagem tão usual quão equivocada) dele. Por esse motivo, chegamos a sugerir que se passasse a aludir a pedido juridicamente *inatendível.*

A despeito disso, sigamos com a tradição, conquanto dela discordando.

Um dos casos de pedido juridicamente impossível, a nosso ver, é o dirigido à obtenção de um pronunciamento jurisdicional declaratório de existência de relação de emprego entre o autor e a União, o Estado-Membro, o Município ou o Distrito Federal, ulteriormente a 5 de outubro de 1988. Sucede que, nessa data, como é notório, entrou a viger a atual Constituição da República, que, em seu art. 37, II, estatui: "*A investidura em cargo ou emprego público depende de aprovação prévia em concurso público de provas ou de provas e títulos,* ressalvadas as nomeações para cargo em comissão declarado em lei de livre nomeação e exoneração" (grifamos).

Na vigência dessa Constituição, portanto, a assunção de qualquer emprego público somente será possível mediante a aprovação em concurso da mesma natureza, exceto nos casos previstos pela própria norma constitucional. A medida decorre da louvável preocupação de evitar que os administradores públicos admitam, sem concurso, pessoas em geral (dentre as quais, por certo, muitos apaniguados, áulicos privilegiados e simpáticos aos ocasionais detentores do poder), em detrimento de tantas outras, que podem estar, até mesmo, aguardando, há muito tempo, nomeação, em virtude de terem sido aprovadas em concurso público.

b) Legitimidade *ad causam*

Pondo à frente as considerações expendidas na letra anterior, podemos afirmar que a legitimidade para a causa constitui a primeira das duas condições para a ação. Essa *legitimatio* tanto pode ser ativa, quanto passiva.

No geral, a legitimidade *ad causam* (interesse processual) diz respeito ao titular do direito material deduzido na causa (*res in iudicio deducta*), daí por que Liebman se refere à pertinência da ação àquele que a "propõe" e em confronto com a outra parte (*L'Azione nella Teoria del Processo Civile.* Nápoles: Morano, 1942. p. 46). Um reparo: a ação, sendo um direito constitucional do indivíduo e das coletividades, não é "proposta", e sim, exercida. Não se "propõe" um direito: exerce-se. Em situações excepcionais, porém, legalmente previstas, estará legitimado para a causa quem não detém a titularidade do direito material. É o caso típico da substituição processual, em que o autor postula, em nome próprio, direito alheio. Consiste esse fenômeno processual, assim, em uma legitimação anômala ou extraordinária. O processo do trabalho atribuiu às entidades sindicais a qualidade de substitutas processuais dos integrantes da categoria (Lei n. 8.073/1990, art. 3.º). Mais adiante, demonstrar que, no Brasil, o que temos denominado de substituição processual, no plano do processo do trabalho, não passa de mero mandato legal *ad litem.*

A legitimidade para a causa consiste, em síntese, na individualização daquele a quem pertence o interesse de agir e daquele perante o qual esses interesses devem ser manifestados.

Salta aos olhos, por isso, o erro em que, não raro, incidem os juízes, ao declararem o autor *carecente da ação*, sempre que se convencem da inexistência da alegada relação de emprego, supondo, com isso, ser o réu parte ilegítima. *Data venia*, se a prestação dos serviços foi feita para a pessoa que figura como ré, na ação, é óbvio que esta será parte legítima para responder às pretensões formuladas pelo autor. O fato de a sentença, mais tarde, declarar a inexistência da pretendida relação de emprego em nada altera a legitimidade do réu. Os que assim não entendem cometem a comprometedora escorregadela de confundir a legitimidade *ad causam* com o resultado da entrega da prestação jurisdicional de mérito. Quando se diz que não há, no caso concreto, relação de emprego, está-se, com isso, emitindo um pronunciamento de mérito, na razão em que, para tanto, houve necessidade de tocar-se no ponto nuclear da *res in iudicio deducta*, significa dizer, realizar a prospecção *do meritum causae.*

Se as condições da ação nada têm a ver com o mérito da causa, e se o pronunciamento jurisdicional declarativo da inexistência de relação de emprego só pode ser feito após o ingresso no exame do mérito, está patente a cincada das sentenças que, apreciando esse tema, declaram o autor carecente da ação, por suposta ilegitimidade do réu para figurar na relação jurídica processual.

Carência haveria, aí sim, se o autor houvesse ajuizado a ação em face de pessoa diversa daquela para a qual prestou serviços, porquanto esta não estaria, legalmente, legitimada para responder às pretensões formuladas na inicial.

Deve-se compreender, de uma vez para sempre, que a circunstância de o órgão jurisdicional não admitir a existência de relação de emprego entre as partes não significa que o réu seja parte ilegítima *ad causam*, porquanto somente este estava legalmente apto para resistir às pretensões do autor, ou com elas concordar, em decorrência da relação jurídica (material) havida ou ainda existente entre ambos.

Como qualquer pronunciamento acerca da existência, ou não, de relação de emprego envolve, inevitavelmente, uma investigação do mérito, o tribunal, toda vez que der provimento ao recurso interposto pelo autor, para reconhecer a presença dessa relação, deve ordenar o retorno dos autos ao juízo de origem, não para que "julgue o mérito" (fórmula errônea), e, sim, para que aprecie os demais pedidos, ou seja, para que complete o julgamento da lide (fórmula correta), pois, como dissemos, o mérito, em seu ponto fundamental (relação de emprego) já foi examinado pelo tribunal.

c) Interesse processual

Outrora, por influência da teoria civilista da ação (para a qual esta nada mais era do que o próprio direito material em estado de reação a uma violência), o interesse de agir em juízo (interesse processual) era considerado como uma espécie de repercussão do interesse protegido pelo direito material, daí por que se afirmava que quando o direito subjetivo era ameaçado de lesão, ou lesado, o que nele se continha recebia a denominação de interesse de agir. A ação seria, desse modo, nada mais do que o direito material preparado para a guerra.

Atualmente, no entanto, em decorrência do reconhecimento da autonomia do direito de ação, já não se confunde o interesse que é característico do direito substancial com o interesse processual.

Dedicando-se ao estudo do problema do interesse no plano processual, a doutrina cindiu-se em duas correntes. A primeira sustenta que o interesse motivador do ingresso em juízo provém da *necessidade* de a parte obter um pronunciamento jurisdicional a respeito da *res in iudicio deducta*; a segunda entende que esse interesse emana da *utilidade* que o decreto jurisdicional proporciona ao autor, como ser dotado de eficácia para solver o conflito de interesses.

Sob a óptica da primeira corrente de opinião, como se nota, o interesse haverá sempre que o indivíduo invocar a prestação da tutela jurisdicional do Estado, tendente à solução do litígio, que não pôde ser autocomposto; já sob o ponto de vista da segunda, o interesse se relaciona com o pressuposto de que o resultado do julgamento seja útil à parte.

Conforme escrevemos em outra obra (*Ações cautelares*. 2.ª ed. São Paulo: LTr Editora, 1991. p. 76-78), não tem sido convergente a opinião doutrinal acerca da existência do interesse processual. Invrea, em 1928, já refutava todas as concepções sobre o tema. A seu ver, a ideia de interesse era supérflua, redundante, porquanto estaria naturalmente vinculada com a propositura da ação; por esse motivo, lançou pesadas críticas às teorias de Mortara (da utilidade) e de Chiovenda (da necessidade). Baseando-se no argumento de que a liberdade jurídica não deve receber restrições desnecessárias, arremata ser imprescindível que exista uma razão jurídica — e não um mero interesse — para ser aceita essa restrição. Para ele, a razão jurídica residiria no fato de o réu haver cometido uma lesão de direito (devendo, por isso, arcar com as consequências do seu ato) ou pela necessidade de o autor obter um provimento jurisdicional para fazer valer o seu direito (considerando que o limite da liberdade jurídica é o direito alheio).

Carnelutti também combateu o conceito de interesse processual, reputando-o "morto, e, se não está morto, moribundo". Essa inferência do ilustre jurista italiano está em harmonia com o seu pensamento de que o conteúdo do processo não é a ação e, sim, a lide que se estabelece quando alguém deseja a tutela de um interesse, em oposição ao interesse de outrem que resiste. Para Carnelutti o interesse é simples reflexo da existência da lide; inexistindo esta, o interesse representa uma daquelas situações que devem ser objeto de um processo, a fim de fazer surgir o direito: "Quando se diz, pois, que existe uma lide (ou uma destas situações) e que, respeito a ela, se deve encontrar naquela relação, que constitui a *legitimatio,* já se disse tudo; e o interesse de agir não representa senão a quinta roda do carro... Se, pois, se considera o próprio processo, não só a lide é uma condição do interesse de agir, mas a sua existência absorve esse inútil requisito: os pressupostos da ação são portanto estes dois: a lide e a legitimação" ("Lite e Processo", em "Studi di Diritto Processuale", vol. III, p. 21 e segs.).

Temos entendimento diverso.

Em primeiro lugar, a existência da lide, por si só, não justifica o interesse processual. Pense-se no caso de um recurso interposto pela parte que foi, integralmente, vencedora na causa: embora haja lide, é patente, em princípio, a sua falta de interesse processual. Afinal, que necessidade, ou, mesmo, utilidade, justificaria o fato de impugnar uma sentença que acolheu, por inteiro, as suas pretensões deduzidas na ação? Em segundo, há casos em que inexiste lide (pretensão resistida e insatisfeita), mas o interesse processual não só é concreto, real, como está previsto em lei, como acontece, *v.g.*, em sede de ação declaratória, cujo pressuposto é, precisamente, a incerteza quanto à relação que constitui o núcleo do litígio;

incerteza objetiva e atual, vale dizer, capaz de infundir uma razoável hesitação da inteligência do autor, no que toca à verdadeira vontade da lei, além de ser, essa incerteza, efetiva e não vaga ou aleatória. Tal situação de dubiedade deve ser, ainda, de natureza jurídica e capaz de acarretar dano ao autor.

O interesse processual não é, portanto, como afirmou Carnelutti, algo desútil e redundante; ao contrário, ele representa a mais característica das condições da ação.

Ausente esse interesse, o ingresso em juízo, salvo situações excepcionais, será produto de mero capricho da parte, de simples espírito de conflitualidade, de emulação, sem qualquer amparo na ordem jurídica ou utilidade pessoal. Só se justifica a invocação da tutela jurisdicional quando o provimento, que se visa a obter, seja necessário ou útil para a proteção do patrimônio jurídico do interessado. O interesse processual deve estar presente, inclusive, no momento em que a sentença de mérito é proferida. Vamos a um exemplo: se alguém impetra mandado de segurança contra ato ilegal ou praticado com abuso de poder, por autoridade pública, e, antes do julgamento da ação, a autoridade apontada como coatora reconsidera o ato, o interesse processual do autor, existente quando do ajuizamento da ação mandamental, desaparece, pois a segurança pretendida deixa de ser necessária, em face do desfazimento voluntário do ato lesivo de seu direito líquido e certo. Nessa hipótese, o autor deverá ser declarado carecente da ação, extinguindo-se o processo sem pronunciamento sobre o mérito (CPC, art. 485, VI).

Como registro histórico, cabe assinalar que o CPC de 1939 exigia que fosse, além de legítimo, *econômico* ou *moral* o interesse de agir em juízo (art. 2.º, *caput*), refletindo, com isso, a regra do art. 76 do Código Civil de 1916, revogado. Adverte Pontes de Miranda que a exigência introduzida nesse Código, no sentido de que fosse "legítimo" o interesse, decorreu de equivocada tradução de Clóvis Beviláqua do texto italiano, em que se inspirou (*Comentários*. p. 154).

O vigente estatuto processual civil — assim como o CPC de 1973 —, em modificação acertada, suprimiu do interesse os adjetivos legítimo, econômico e moral (art. 17). Nada obstante, o CPC de 1973, ao declarar que para "propor" ou contestar ação era necessário haver interesse (e legitimidade), acabou por dizer menos do que pretendia (*minus dixit quam voluit*), porque o interesse era — e segue sendo — também indispensável para excepcionar, reconvir, recorrer, impugnar e o mais. O CPC de 2015 não incorreu nesse equívoco, preferindo fazer uso de uma expressão mais abrangente: "Para *postular em juízo* é necessário ter interesse de legitimidade" (destacamos).

Podemos dizer, em síntese, que o ato de agir em juízo está subordinado, rigidamente, à existência de um interesse, consistente no conseguimento de uma decisão que seja útil ou necessária para satisfazer pretensão juridicamente possível, daquele que invoca a prestação da tutela jurisdicional.

Acabamos de deixar assente que o interesse processual está jungido à necessidade de obtenção de provimento jurisdicional que restabeleça o direito lesado ou impeça a sua lesão. Esse é, deveras, o princípio; mas, não se ignora que, muitas vezes, os princípios comportam exceções. Rememoremos um desses casos — extraídos, aliás, da realidade forense, e sobre o qual já nos manifestamos em páginas transatas.

Um trabalhador ajuizou ação, visando a obter a condenação do réu ao pagamento de horas extras. O pedido foi contestado e o ônus da prova era do autor, segundo a antiga redação do art. 818 da CLT. Todavia, como o réu possuía mais de dez empregados e não dispunha de controle formal de frequência, o juiz, curvando-se a uma tese que estava a vogar naquela altura, dispensou o autor de produzir provas e decidiu a favor deste. Antes disso, na audiência de instrução, o autor, não sabendo qual seria o resultado do julgamento, protestou contra o indeferimento de produção de provas. A sentença, invocando o fato de o réu não dispor de controle de jornada, declarou ser presumida verdadeira a jornada de trabalho indicada na petição inicial e o condenou ao pagamento de horas extras e suas repercussões. Diante disso, o autor não recorreu, por supor que lhe faltava o necessário interesse processual, uma vez que sentença lhe foi favorável. O réu, entretanto, interpôs recurso, a que o tribunal, discordando — com razão — da tese, perfilha pelo juízo de primeiro grau, sob o fundamento de que o autor não se desincumbiu do ônus da prova, deu provimento integral ao recurso ordinário e rejeitou os pedidos formulados na inicial. Esse foi o fato real. Pois bem. Não temos a menor dúvida de que o autor, mesmo diante da sentença que lhe foi favorável, possuía interesse processual em impugná-la por meio de recurso ordinário. Qual seria esse interesse? Ele arguiria a nulidade do processo, a partir do momento em que não lhe foi permitido desincumbir-se do *onus probandi*, argumentando que a sentença, por haver acolhido tese insustentável, revelava-se frágil e não resistiria a um ataque pela via recursal (como, efetivamente, aconteceu), caracterizando-se, por esse modo, o prejuízo do autor, designadamente, diante da circunstância de não ser admissível recurso de revista fundado em reexame de fatos e provas (TST, Súmula n. 126). O seu pedido, em grau de recurso ordinário, seria para que o tribunal regional, após declarar a nulidade do processo, determinasse ao magistrado de primeiro grau que assegurasse ao autor o direito de produzir as provas que pretendia, a fim de que a nova sentença fosse, juridicamente, fundamentada e, assim, pudesse sobreviver a um recurso contra ela dirigido. Ainda que essa segunda sentença viesse a ser desfavorável às pretensões do autor, isso não lhe subtrairia o direito de interpor recurso da sentença anterior.

Embora o fato que acabamos de narrar tenha sido extraído da pujante e sempre surpreendente realidade forense, a alguns poderia parecer que eventual recurso interposto pelo autor, tendo como objeto a sentença que lhe foi favorável, seria tema mais apropriado para estudos psiquiátricos. Nada mais equivocado. O tema, na verdade, pertence àquela área sutil e recôndita do conhecimento humano, pouco explorada pela ciência processual, e na qual mitos, princípios e dogmas, mesmo inveterados, muitas vezes não conseguem sobreviver.

Lembremo-nos, a propósito, da alegoria (ou mito) da caverna, de que nos falou Platão (*A República*, Livro VII), em que as sombras provocadas por uma fogueira externa projetavam no interior da caverna a figura de pessoas do lado de fora, iludindo os sentidos ou a percepção dos prisioneiros que viviam na caverna desde a infância. Platão estabelece, com essa alegoria, um interessante cotejo entre o conhecimento e a ignorância humana, a realidade e a imaginação.